술상 머리

인문학

서문(序文)

대개 술을 즐기는 일은 감성적이고 유희적인 활동이며, 삶의 여유로움 속에서 친교를 나누는 활동이다. 그러므로 술상 머리에서는 서로에게 부담이 없는 한담(閑談)을 나누는 자리가 되어야 한다. 그 자리가 어떤 이유로든 부담스럽고 불편하다면 바로 일어서는 편이 낫다.

위와 같은 관점에서, 술을 즐기는 사람들, 이런저런 이유로 술을 자주 마셔야 하는 사람들, 직장 술자리에서 어른 역할을 해야 하는 사람들에게 즐겁고 한편은 품격까지 있는 술자리를 제안하고 싶었다. 또한 이런 사람들에게 권주한시(勸酒漢詩)와 우리말 권주가(勸酒歌)를 읽고, 옛 선인들의 멋과 풍류를 본받도록 어떤 촉매제 역할이 가능할지를 고민했다.

그런 고민 끝에 첫째, 우리말 권주가에 직간접적으로 깊은 영향을 끼쳤던 권주한시를 자세히 살펴, 우리말 권주가의 시원(始原)을 밝히는 동시에, 한시(漢詩)의 세계로 들어가는 디딤돌을 놓고자 했다. 둘째, 정철(鄭澈)의 장진주사(將進酒辭), 박인로(朴仁老)의 권주가, 권주 시조(時調), 18세기 이후 성행한 십이가사(十二歌詞) 가운데 권주가나 권주가류(勸酒歌類) 등, 우리말 권주가에 권주한시가 어떻게 녹아들어 있는지를 살펴보고자 했다.

김만중(金萬重, 1637~1692)은 「서포만필(西浦漫筆)」에서 어떤 사람이 정철의 「관동별곡(關東別曲)」을 칠언시로 번역했는데, 우리말을 맛깔스럽게 표현하는 데는 한계가 있었다고 지적했다. 우리 정서가 깃든 우리말 시문(詩文)을 우리글로 표현하지 않고, 한문(漢文)으로 표현함은 단지 앵무새가

사람의 말을 흉내 낸 것에 불과하다고 말했다.[1] 미국의 번역 이론가였던 해리 셀즈니크(Harry Selsnick)는 1955년 그의 저서 「Translation as Problems and Solutions」에서 번역한 글을 읽는 것은 다른 사람이 음식을 대신 씹어서 먹여 주는 것과 같기에, 그 맛을 제대로 느낄 수 없다고 비유했다는데, 김만중과 서로 뜻이 통한다. 그렇다면 한시(漢詩)는 한문을 읽어서 맛을 느껴야 하고, 영시(英詩)는 영어를 읽어서 맛을 느껴야 한다. 우리말 번역문은 원문을 제대로 감상하기 위한 도구이며 징검다리에 불과하다.

한시의 작시법(作詩法)은 매우 수준 높은 퍼즐 조각을 풀어내는 것에 비유될 정도로 어렵다. 웬만큼 한문을 공부한 사람도 한시를 짓겠다고 나서기는 쉽지 않다. 고작해야 한시를 읽고 의미를 이해하는 데에 만족해야 한다. 그런데 이 또한 60~70년대 이후 한글 세대에게는 그리 쉽지 않은 일이다. 결국, 한시는 일부 지식층만이 즐기는 전유물로 전락할 수밖에 없었다. 왜 그런 일이 벌어졌는가?

2016년 중국으로 연수 출장을 갔었다. 중국에서 석사과정을 공부한 통역자까지 대동했다. 북경사범대학을 방문했는데, 그 대학 교수가 특강을 했고, 그 통역자가 통역했다. 그런데 그 교수가 뭔가를 한참 동안 말했는데, 그 통역자는 이해하기 쉽도록 설명을 덧붙여 자세히 통역하여도 부족한 판에 우리에게는 간단히 요지만 말했다. 통역자 자신은 이해했으니, 통역자 말을 듣는 연수 참가자들 역시 이해할 것으로 믿었던 듯하다. 통역은 통역자의 말을 듣는 사람이 중심이 되어야 한다. 나중에 보니 그는 한국 여행자의 현지 가이드였고, 제대로 통역을 공부한 사람이 아니었다.

---

[1] 김만중, 「서포만필(西浦漫筆) 下」 심경호 譯 (문학동네, 2010) pp.664~667.

비슷한 일이 한시 번역에서도 벌어진다. 번역자 자신은 그 시를 충분히 이해했으니, 그 한시를 멋스럽게 번역하려고 한다. 그런데 한시를 멋스럽게 번역할수록 초심자(初心者)에게는 원문의 의미를 파악하기 어렵게 만드는 요인이 되기도 하며, 한시 본연의 맛을 느끼기에는 한계가 있다. 가능한 자의(字義) 그대로 번역하는 친절함이 초심자에게는 오히려 도움이 된다.

그래서 본서는 권주한시와 우리말 권주가를 소개하기에 앞서, 전반적인 이해와 감상에 필요한 배경 설명을 먼저 곁들였고, 관련 고사(故事) 등을 자세히 소개했다. 또한 권주한시와 우리말 권주가를 깊고 꼼꼼하게 읽고 (deep and close reading) 싶은 독자를 위한 친절한 안내서이자 참고서로서 역할에 충실했다. 가능한 자전(字典) 없이도 읽고 이해하도록 시의 해석, 한자의 뜻, 문법적 역할까지도 자세히 안내하였다. 이 때문에 간결함이 없어 보인다는 주변의 충고가 있었다.

한시를 깨우치는 지름길은 원문과 번역문을 여러 번 반복해서 읽는 것이다. 그게 고작 지름길이란 말인가? 사실 그런 방법 말고, 다른 지름길은 없다. 때로는 큰 소리로 원문과 번역문을 읽어보자. 자주 여러 번 읽다 보면, 어느 순간부터 그 시의 애매함과 모호함까지도 이해하게 된다. 암송(暗誦)할 정도에 이르면 더 좋다. 맹자삼천독(孟子三千讀) 「맹자」를 삼천 번 읽으면, 유툭탁지성(有툭탁之聲) '툭탁'하고 문리 트이는 소리가 난다는 말이 있다. '인디언 추장이 기우제를 지내면 반드시 비가 온다.'라는 말과 서로 통한다. 인디언 추장은 비가 올 때까지 기우제를 지내기 때문이다.

※

어린 시절 한학(漢學)에 익숙한 분위기 속에서 성장했다. 조부님께서 1983

년에 「은월집(隱月集)」이라는 문집(文集)을 출간하셨다. [후면 날개 참조] 그런 영향으로 자연스럽게 한시의 향기를 어렴풋이 깨닫게 되었다. 1989년에는 서울 낙원상가 소재 전통문화연구회에서 「고문진보(古文眞寶)」 등을 수강했고, 그 뒤로 한시와 우리말 권주가 관련 도서를 탐독했다. 그런 배경이 계기가 되어 「술상 머리 인문학」이라는 책을 출간하기에 이르렀다.

조부님께서는 틈틈이 책을 읽으셨고, 한시를 쓰셨던 지조 높은 선비셨으며, 술을 즐기셨지만 흐트러짐 없이 단정하셨다. 사랑방에는 늘 친구분들이 찾아오셨고, 그때마다 술상을 차려 대접하시는 일은 어머님 몫이었다. 조부님께서 「은월집」 끝부분에 칠언(七言) 이백련구(二百聯句)로 당신의 시심(詩心)을 표현하셨는데, 조부님 앞에서 이 이백련구를 읽고 공부했다. 그때 한문 공부를 더 열심히 했으면 하는 후회도 남는다. 그 가운데 술과 관련된 아직도 기억에 또렷한 일부 시편을 소개하고자 한다.

아래 시편들은 시를 짓고 술을 즐기셨던 조부님의 낭만적인 시심을 그대로 드러내셨다. 특히, 첫 번째 시편을 감상하면서 한문으로 그렇게까지 섬세하게 시상(詩想)을 표현하셨다니 놀랍고 감탄스러웠다. 두 번째 시편은 유독 친구와 만남을 즐기셨던 성향을 표현하셨다. 마음에 맞는 친구는 만남만으로 즐거운데, 술까지 함께 마시니 술병 바닥이 드러날까 두려워함은 술꾼들의 똑같은 심정이리라.

花陰酌酒杯生色　　화음작주배생색
꽃그늘 아래에서 술을 따르니 술잔에 꽃 색깔 배어나고,
蘭露題詩筆生香　　난로제시필생향
난에 맺힌 이슬로 시로 지으니 붓끝에서 난 향기가 나는구나.

棋朋對席欣開局   기붕대석흔개국

바둑 친구와 자리를 마주하니 바둑 두는 일이 기쁘고,

酒友逢時恐渴壺   주우봉시공갈호

술친구와 때맞춰 만나니 술병 바닥이 드러날까 두렵구나.

菊香觸鼻將醅酒   국향촉비장배주

그윽한 국화주 향기가 코를 찌르니 술에 취하여 배부를 듯하고,

月色滿眸可讀書   월색만모가독서

밝은 달빛이 눈앞에 가득하니 책을 읽어도 될 듯하네.

將(장) : ~하려고 하다.
醅(배) : 취하고 배부르다(醉飽). 거르지 않은 술.
將醅(장배) : 장(將)은 조동사, 배(醅)는 본동사 역할을 한다.
眸(모) : 눈동자. 눈.

한편, 조부님께서는 술을 즐기셨지만, 술을 지나치게 마심을 경계하셨다. 즐거워서 마신 술인데, 술자리 끝은 아름답지 못하고, 부끄럽고 참담한 경우도 많다. 명사들 가운데도 술이 화근이 되어 어느 날 갑자기 추락하기도 한다. 제1부에서 살펴보겠지만, 취기가 중간쯤 오를 때까지만 마시고, 그치는 적중이지(適中而止)의 지혜가 절실하다.

滿架好書難盡讀   만가호서난진독

가득 찬 서가의 좋은 책들은 다 읽기 어렵지만,

盈樽美酒易須傾   영준미주이수경

가득 찬 술통의 맛있는 술은 모름지기 기울이기 쉽다오.

昔醉未醒添酌好　작취미성첨작호

어제 술에 취하여 아직 깨지 않았는데 잔에 술을 더 따름은 즐겁지만,

昔非不覺改過難　석비불각개과난

지난날의 그릇됨을 깨닫지 못하여 그 허물은 고치기 어렵다오.

*

이 책이 출간되기까지 여러분의 도움이 컸다. 한국고전번역원 및 전통문화연구회 번역 사업에 참여하시는 전철근 선생님께서는 늘 막혔던 부분을 시원스럽게 풀어주셨다. 강천중학교 강기추 교장, 태평중학교 백숙종 교장께서는 원고 집필을 도와주셨고, 보평중학교 김주연 선생님께서는 음악 관련 부분을 조언하셨다. 교육 도서 출판사 (주)에듀니티 김병주 대표께서 이 책이 출간되기까지 용기를 북돋아 주셨기에 오늘에 이르렀다. 끝으로 출간에 따른 진솔한 조언에 (주)바른북스 김병호 대표께 감사드리고, 표지 디자인과 내용 편집에 수고하신 (주)바른북스 황금주 선생님께 감사드린다.

차례

제3부 │ 우리말 권주가(勸酒歌)의 멋과 풍류

제1부

품격 있는 술자리를 위한 제언

술의 묘미는 취하는 데 있지 않고, 절제하는 데 있다.

우리 민족은 예로부터 술과 노래와 춤을 즐겼다. 이미 학창 시절 국사 시간에 들었던 내용이다. 중국 서진(西晉)의 진수(陳壽)가 편찬한 「삼국지(三國志) 위지(魏志) 동이전(東夷傳)」의 기록을 살펴보자.[1] 부여(夫餘) 사람들은 '은나라 역법으로 정월이 되어 하늘에 제사를 올릴 때, 온 나라 사람들이 큰 모임을 열고, 며칠 동안 마시고 먹고 노래 부르고 춤을 추는데(連日飮食歌舞), 그 모임을 영고(迎鼓)라 부른다.' 고구려(高句麗) 사람들은 '노래 부르고 춤추는 것을 좋아하여(喜歌舞) 나라의 촌락마다 저녁나절만 되면 남녀가 무리를 지어 서로 노래를 부르면서 놀이를 즐긴다. (중략) 그 나라 사람들은 깨끗한 것을 좋아하고 술을 잘 빚는다.' 동예(東濊) 사람들은 '늘 시월이 되면 하늘에 제사를 지내고, 밤낮으로 술을 마시고 노래와 춤을 즐기는데(晝夜飮酒歌舞), 이를 무천(舞天)이라 부른다.' 마한(馬韓) 사람들은 '귀신에게 제사를 지낸 다음 무리 지어 노래와 춤을 즐기는데, 술 마시기를 밤낮으로 그치는 법이 없다(飮酒晝夜無休).' 변한(弁韓)의 풍습에 '노래 부르고 춤추며 술 마시기를 좋아한다(喜歌舞飮酒).' 중국 남북조시대(南北朝時代) 남조(南朝) 송(宋)의 범엽(范曄)이 편찬한 「후한서(後漢書) 동이열전(東夷列傳)」에도 우리 민족의 음주 가무에 관한 기록이 있지만, 진수(陳壽)의 그것과 유사하여 더 이상 거론하지 않겠다.

같은 사람이 하룻저녁이라면 모를까, 밤낮으로 계속해서 술을 마시고 노래와 춤을 즐기기는 쉽지 않다. 다소 과장이 섞여 있겠지만, 어쨌든 밤낮

---

1) 「정역 중국정사 조선, 동이전 1」 문성재 譯 (우리역사연구재단, 2021) pp.148~150, 201~202, 303~306, 353~354, 373~374.

으로 술을 마시고 노래와 춤을 즐겼다는 부분이 참으로 흥미롭다. 영조는 재위 기간 내내 금주령을 내렸고, 엄하게 단속했다. 그러나 정조는 그의 할아버지와는 다르게 술에 대하여 관용적이었다. 「조선왕조실록」 정조 14년(1790) 4월 26일, 대사간(大司諫) 홍병성(洪秉聖)의 상소를 살펴보자. "근래 도성 안에 큰 술집이 골목에 차고, 작은 술집이 처마를 잇대어, 온 나라가 미친 듯이(擧國若狂) 오로지 술 마시는 일에 힘쓰고 있습니다(專事街杯)." 마치 요즘 우리 주변 이야기 같다. 도심 어디를 가나 노래방, 가요주점 등, 술을 판매하는 술집이 넘쳐나고, 술 소비량도 상상을 초월한다. 옛 조상의 음주 가무 DNA가 지금의 후손에게까지 면면이 계승되고 있다고 설명할 수밖에 없다.

술의 종류 또한 다양했다. 「수운잡방(需雲雜方)」의 저자 김유(金綏, 1491~1555)의 호는 탁청정(濯淸亭)이다. 1525년 생원시에 합격했으나 출사보다는 현재의 안동 예안 향리에 머물며 부모를 봉양했다. 탁청정이라는 정자를 짓고, 선비들과 교유(交遊)하며, 빈객을 정중하게 대접하였다. 그의 저서 「수운잡방(需雲雜方)」은 음식의 조리법을 정리한 책인데, 지금 그대로 재현이 가능할 만큼 내용이 매우 자세하다. 총 122항목의 조리법 가운데 거의 절반에 해당하는 60항목에서 다양한 술의 주조법을 소개하고 있다.[2]

2017년 7월 26일 「매일경제」의 기사를 살펴보자. 2016년 1년 동안 하이트진로의 참이슬 360㎖ 출고량은 17억 병이었다. 국내에서 생산되는 다른 소주들까지 포함하면, 소주 소비량은 약 34억 병이다. 2016년 소주 소비량 34억 병을 한 줄로 연결하면, 서울과 부산(428km)을 1,708회 왕복할 만큼 많이 마셨다.

---

2) 김유, 「수운잡방(需雲雜方)」 김채식 譯 (글항아리, 2015) p.19.

2017년 2월 15일 「동아일보」의 기사를 살펴보자. 1998년 10월 출시된 참이슬은 2016년 10월까지 누적 판매량이 265억 병을 돌파했다. 265억 병을 한 줄로 연결하면, 서울과 부산을 6,656회 왕복하는 거리가 되고, 지구를 142바퀴 회전하는 거리가 된다. 아마도 같은 기간에 막걸리, 맥주, 양주, 포도주 등 모든 주종을 포함했다면, 틀림없이 달까지 왕복하고도 남았겠다.

술을 마시면 흥취가 나서 노래를 부르고 춤을 즐기는 사람들이 있다. 그럴 만한 자리라면 이를 탓할 일은 아니다. 다른 사람들에게 해가 되지 않고, 자신의 직분을 망각하지 않는 범위 내에서 말이다. 그런데 술을 적당히 마시고 그만두기는 좀처럼 쉽지 않다.

「조선왕조실록」 태종 18년(1418) 6월 3일의 기사를 살펴보자. 이날은 양녕대군을 세자에서 폐위하고, 충녕대군을 세자로 책봉한 날이다. 그날 태종은 충녕대군을 다음과 같이 평가했다. "충녕대군(忠寧大君)은 천성(天性)이 총명하고 민첩하고 자못 학문을 좋아하여, 비록 몹시 추운 때나 몹시 더운 때에도 밤이 새도록 글을 읽으므로, 나는 그가 병이 날까 두려워 항상 밤에 글 읽는 것을 금지하였다. 그러나 나의 큰 책(冊)은 모두 청하여 가져갔다. (중략) 중국의 사신을 접대할 적이면 신채(身彩)³⁾와 언어(言語) 동작(動作)이 두루 예(禮)에 부합하였고, 술을 마시는 것이 비록 무익(無益)하나, 중국의 사신을 대하여 주인으로서 한 모금도 능히 마실 수 없다면, 어찌 손님을 권하여서 그 마음을 즐겁게 할 수 있겠는가? 충녕은 비록 술을 잘 마시지 못하지만, 취기가 중간쯤 오를 때까지 마시고, 그친다(忠寧 雖不能飲 適中而止)."

---

3) 몸의 풍채.

적중이지(適中而止) : 중간쯤까지 가면 그친다. 적(適)은 '가다. 이르다.'의 뜻이고, 이(而)는 접속사로서 '~하면'으로 해석한다.

충녕대군은 학문을 좋아하고 게으르지 않았다(好學不倦).[4] 술은 적당히 마셨다. 취기가 중간쯤 오를 때까지만 마시고, 그만두기는 좀처럼 쉽지 않은데, 젊은 시절부터 절제를 잘했다. 소주 한 병이 주량인 사람이 반병쯤 마시고, 더 마시지 않는다는 게 그렇게 쉽겠는가? 충녕대군은 양녕대군의 부족한 점을 메꾸기에 충분했다. 태종의 충녕대군에 대한 평가 속에는 양녕대군의 못된 술버릇과 한량 기질로 끝내 세자 자리에서 폐위하게 된 아쉬움이 묻어난다.

---

4) 「조선왕조실록」 태종 18년(1418) 6월 3일 양녕대군을 세자에서 폐위하고, 충녕대군을 세자로 책봉한 날의 기사 가운데, '충녕대군은 호학불권(好學不倦), 곧 학문을 좋아하고 게으르지 않다.'라고 신하들이 충녕대군을 칭송했다.

술상 머리에서는 권위와 나이를 포기하고, 대화는 테니스 공을 주고받듯이

대학 2학년 때 형님과 함께 시골 이모님 댁을 방문했었다. 할아버님(이모님의 시아버지), 이모님 내외, 이종사촌들, 이렇게 3대가 행복하게 살고 있었다. 이모님 댁에 도착하여 먼저 할아버님 방에 들어가서 큰 절로 인사를 드렸다. 그 할아버님께서는 연세가 75세쯤 되셨는데, 관절염 때문에 바깥출입을 자제하셨다. 말씀을 나누는 중간에 그 할아버님께서 다음과 같이 말씀하셨다.

"젊었을 때는 건강하여 멀리 있는 친구라도 찾아가 술 한잔 마셨는데, 요즘은 몸이 불편하여 친구는 있지만 서로 만나기가 쉽지 않아. 가끔은 아들 친구들이 오면, 사랑방에 와서 나에게 인사를 하는데, 아들 친구들과 친구가 되어 세상 돌아가는 이야기를 나누고 싶지만, 바로 밖으로 나가더라구. 생각해보니 아들 친구들이 담배를 피우고 싶은데, 내 앞에서는 피울 수 없으니 나가버리는 거야. 그래서 아들 친구들에게 괜찮으니 그냥 함께 담배를 피우자고 말했지만, 그래도 불편한지 나가더라구. 요즘은 손자 친구 녀석들과 친구가 되어 동네 돌아가는 사정을 듣고 있네. 올 때마다 사탕이나 과자를 주니 손자 친구 녀석들이 이 방에 들어오거든. 자네들도 담배를 피울 것 같으니 나와 함께 한 대 피우세."

사실, 그 무렵에 담배를 피우지 않았다. 그렇지만 연로한 어르신께서 간곡하게 말씀하시면서 담배를 주시니 처음에는 거절하다가, 그냥 그 할아버님 앞에서 형님과 함께 담배를 피웠다. 그 할아버님께서는 함께 대화를 나눌 상대가 필요했다. 이처럼 친구들이나 젊은 사람들과 함께 대화를 나누면서 술 한잔 나누고 싶다면, 포기해야 하는 어떤 것들이 있다. 권위를 포기하든지, 나이를 포기하든지, 말하기보다는 그들의 말을 들어주든지, 술값을 부담하든지, 그런 것들 말이다.

40대 후반이 되면 한 번에 출근하기 어렵고, 한 번에 퇴근하기 어렵다고 한다. 현관을 나와서 엘리베이터 타고 1층까지 갔는데, 갑자기 뭔가를 놓고 나왔다는 생각이 번뜩 떠올라 다시 올라갔던 기억이 있는가? 그래서 나이 들수록 말수를 줄여야 하는 이유가 바로 여기에 있다. 아버님, 어머님께서는 과거의 어떤 일을 여러 번 말씀하셔서 거의 외울 지경인 이야기들도 있다. 그런데 아버님, 어머님께서는 처음 하시는 말씀이다. 왜 그럴까? 기억력이 떨어져 그런 말씀을 하셨던 사실조차 잊기 때문이다.

「남자의 물건」이라는 책에 이런 말이 있다. "오늘도 술잔 앞에 두고 부하 직원들에게 한 이야기 하고, 또 하지 말자는 거다. 이제 다 외울 지경인 윗사람 이야기, 참고 또 들어줘야 하는 일이 얼마나 고통스러운지 잘 알면서 도대체 왜들 그러는가?"[5] 이 글을 읽는 여러분 가운데 직장의 그 어떤 사람의 모습이 떠오르는가? 여러분도 어느 순간부터 그런 사람이 될 수 있는데, 그런 사실조차 인식하지 못하게 될 가능성이 있다.

미국 소설가 마크 트웨인(Mark Twain)은 다음과 같이 말했다. "설교가 20분을 넘으면 죄인도 구원받기를 포기한다."[6] 죄인은 분명 참회하고 구원받아야 하는데, 목사님의 기도가 너무 길어지면, 구원받기를 포기하고 싶어진다는 해학이 넘치는 말이다. 직장 상사가 젊은 동료들 앞에서 저지르는 실수다. 특히, 자신보다 젊은 사람들과 어울리고 싶다면 명심해야 하

---

5) 김정운, 「남자의 물건」 (21세기북스, 2012) p.70.
6) 이기주, 「말의 품격」 (황소북스, 2017) p.92.

는 명언이다.

고등학교 영어 교과서에서 다음과 같은 이야기를 읽었다. 어느 영어 모국어 화자가 일본에서 경험했던 이야기다. 그가 살았던 나라에서는 대화 상대와 테니스나 배구 경기에서 공을 주고받듯이 대화를 주고받았는데, 일본 사람들은 볼링 경기에서처럼 다른 사람의 말을 듣기만 하고, 자신의 순서를 기다렸다가 드디어 말을 했다는 것이다. 술상 머리뿐만 아니라 어느 자리에서라도 테니스나 배구 경기에서 공을 주고받듯이 자연스럽게 맞장구치면서 대화를 나누는 게 좋다. 참석자가 여러 명이면 볼링 방식도 좋다. 그렇지만 스스로 잘난 한 사람의 독무대가 되지 말아야 한다.

술상 머리에도 품격이 있는가?

중국 북송(北宋) 중기의 유학자인 정호(程顥)의 호는 명도(明道)이고, 그의 동생 정이(程頤)의 호는 이천(伊川)이다. 그 형제의 학설을 정리하여 명나라 학자 서필달(徐必達)이 「이정전서(二程全書)」를 간행했다. 그 가운데 다음과 같은 이천(伊川)의 어록이 있다.

共君一夜話 勝讀十年書[7]
그대와 함께 하룻밤 나눈 대화가 10년 동안 책을 읽은 것보다 낫다.

사실, 위 어록은 이천의 말이 아니고, 이천이 인용한 속담 비슷한 말이다. 오랜 세월 동안 어떤 분야를 갈고닦았지만, 좀처럼 풀리지 않았던 의문들이 있었다. 그런 계제에 그 분야의 석학을 만나서 그 의문들이 모두 해결되었다면, 위와 같은 말이 가능할 것이다. 그런 경우는 흔한 일이 아니다. 대개는 배우고 깨달은 바가 많았을 때, 상대방을 칭찬하는 말로 인용하면 좋을 듯하다.

시간은 제한되어 있고 만나야 할 사람이 많다면, 누구부터 만나야 할까? 당연히 배울 점이 많은 사람, 나에게 도움이 되는 사람부터 만나야 한다. 술상 머리에서는 누구와 함께 마셔야 할까? 역시 같다. 그다음 만나야 할 사람은 누구인가? 자신과 뜻이 같은 사람을 만나야 한다. 서로에게 위안이

---

7) 정호(程顥), 정이(程頤), 「譯註 二程全書 3」崔錫起, 姜導顯 譯 (전통문화연구회, 2020) pp.113~114.

되고, 서로를 지지하는 그런 사람 말이다.

말에 품격이 있듯이 술상 머리에서도 품격이 있다. 술상 머리에서 품격이란 무엇인가? 분위기 있는 자리에서 값이 비싼 안주에 명품 술을 마셔야 하는가? 높은 직위에 있는 사람이나 어떤 업적을 이룩한 저명한 사람과 함께 마셔야 하는가? 그게 아니다. 오늘 만났는데 내일 또 만나고 싶은 사람이 있다. 왜 유독 어떤 그 사람을 다시 만나고 싶은가? 그 사람의 인간 됨으로부터 나오는 묵직한 이야기를 듣고 싶기 때문이다. 배울 점이 많다는 말이다. 그런 사람일수록 상대방을 배려하고 상대방의 말을 듣고 싶어 한다. 그러니 자연스럽게 대화의 꽃이 필 수밖에 없다. 그게 술상 머리의 품격이다.

건배(乾杯)하지 말고 함배(銜杯)하자.

함배(銜杯)나 건배(乾杯)를 자전에서 찾으면 의미가 크게 구별되지 않는다. 함배나 건배를 정확히 정의하려면 한자의 뜻을 살펴야 한다. 함(銜)은 행(行) + 금(金)의 합자로 말의 입에 물리는 금속, 곧 재갈을 뜻한다. 여기서 뜻이 전이되어 '마시다' 또는 '맛보다'의 뜻이 나왔다. 따라서 함배는 그냥 마시는 게 아니라 맛을 음미하면서 마신다는 뜻까지 포함한다. 반면에 건배는 술잔의 술을 다 마셔 비운다는 뜻이다.

앞으로 제2부에서 살펴보겠지만, 이백(李白)의 대주부지(待酒不至)에 '정호함배시(正好銜杯時) 바로 술 마시는 시기로 알맞다.' 두보(杜甫)의 음중팔선가(飮中八仙歌)에 '함배낙성칭피현(銜杯樂聖稱避賢) 성인이라 일컬음을 즐기며, 현인을 피한다고 하면서 술을 마셨다.' 최혜동(崔惠童)의 봉화동전(奉和同前)에 '상봉상치차함배(相逢相値且銜杯) 서로 만나서, 서로 자리를 함께했으니, 우선 술 한잔하세.' 이런 표현이 있다. 모두 건배가 아니고 함배라고 했다.

술을 마시는 과정에 따라 지칭하는 표현은 다음과 같이 구별된다.[8] 함배와 건배는 뜻에 차이가 있음은 분명하다.

① 거배(擧杯) : 술잔을 들어 올리는 단계
② 정배(停杯) : 술잔을 들고 잠시 뜸을 들이는 단계로서, 요즘은 이 단계에서 술을 권하고 분위기를 돋우는 권주사(勸酒辭)을 한다.

---

8) 손종섭, 「노래로 읽는 당시(唐詩)」 (김영사, 2014) p.311.

③ 함배(銜杯) : 술잔을 입술에 대고 맛을 보는 단계
④ 경배(傾杯) : 술을 마시는 단계
⑤ 건배(乾杯) : 술잔을 비우는 단계

정약용(丁若鏞)은 유배지 강진에서 둘째 아들이 술을 많이 마신다는 말을 듣고, 남양주에 기거하는 둘째 아들에게 편지를 보내 다음과 같이 술을 조심하라고 타일렀다.

誠以酒之味在沾脣

참으로 술맛이란 입술을 적시는 데에 있다.

彼牛飮者 酒未嘗沾脣漬舌 而直達于喉嚨 有何味也

소가 물을 마시듯 마시는 저 사람들은 술로 먼저(嘗) 입술이나 혀를 적시지 않고, 곧바로 목구멍(喉嚨)으로 넘기니, 무슨 맛이 있겠느냐?

酒之趣在於微醺

술의 정취는 살짝 취하는 데에 있다.

彼面如朱鬼 吐惡物困睡者 有何趣也9)

저 얼굴빛이 붉은 귀신(朱鬼)과 같고, 오물을 토하고, (술에 취하여) 곤히 잠자는 사람들이 무슨 정취가 있겠느냐?

沾(점) : 젖다. 적시다(=霑).
嘗(상) : 일찍이. 맛보다.
漬(지) : 담그다. 적시다.
喉嚨(후롱) : 목구멍.
于喉嚨(우후롱) : 목구멍에. 우(于)는 전치사로 '～에, ～으로'의 뜻이다.

---

9) 한국고전종합DB 「여유당전서(與猶堂全書)」 제1집 시문집 제21권 기유아(寄游兒).

微(미) : 작다. 적다. 몰래. 은밀히. 엿보다.

醺(훈) : 술에 취하다.

於微醺(어미훈) : 살짝 취하는 데에. 어(於)는 전치사로 '~에'의 뜻이다.

吐(토) : 토하다.

困睡(곤수) : 곤히 잠자다.

정약용은 함배와 건배를 직접 구별하여 말하지는 않았지만, 술을 마시게 된다면 천천히 조금씩 맛을 음미(함배)하면서 마시기를 당부했다. 또한 함배의 과정 없이 소가 물을 마시듯 곧바로 목구멍으로 넘기는 건배를 경계했다. 술이 술을 먹는다. 이런 말이 있다. 이 정도가 되면 술을 마신다기보다는 차라리 술을 목구멍에 붓는다는 표현이 더 옳다. 조지훈이 말한 주도(酒道) 8단 관주(觀酒), 곧 병이 깊어 술을 보고도 마시기 어려운 단계, 주도 9단 열반주(涅槃酒), 곧 술로 말미암아 저승으로 떠나게 되는 단계로 치닫는 길이다. 여러분은 천천히 술의 맛을 음미하면서 마시는 편인가? 아니면 소가 물을 마시듯 마시는 편인가? 여러분은 친구를 만나기 위하여 술을 마시는가? 술을 마시기 위하여 친구를 만나는가?

시와 술은 연인과 닮은꼴이다.

중국 청(淸)나라 오교(吳喬)는 그의 저서 「위로시화(圍爐詩話)」 1권에서 산문과 시의 차이를 다음과 같이 말했다.[10]

산문(文)	시(詩)
산문(文)의 글(詞)은 뜻을 분명하게 전달한다.	시(詩)의 글(詞)은 뜻을 겉으로 드러내지는 아니하지만, 속으로 의미를 전달하는 정도가 깊고 간절하다.
글을 써서 세상일(政事)을 표현한다. 그런 까닭에 마땅히 글(詞)은 뜻을 분명하게 전달하여야 한다.	시를 써서 마음(性情)을 표현한다. 그런 까닭에 마땅히 글(詞)은 뜻을 겉으로 드러내지는 아니하지만, 속으로 의미를 전달하는 정도가 깊고 간절하여야 한다.
뜻(意)은 쌀에 비유된다. 밥과 술은 같은 원료에서(所同) 나온다.	
산문(文)은 불을 때서 밥을 짓는 것에 비유된다.	시(詩)는 발효시켜 술을 빚는 것에 비유된다.
산문(文)에서는 글자의 쓰임이 반드시 뜻에 합당해야 한다. 마치 밥은 쌀의 모양이 변하지 않지만, 밥을 먹으면 배가 부른 것과 같다.	시(詩)에서는 글자의 쓰임이 반드시 뜻에 합당해야 하는 것은 아니다. 마치 술은 쌀의 모양이 다 변했지만, 술을 마시면 취하는 것과 같다.

「위로시화(圍爐詩話)」 '화롯가에서 시를 말한다.' 제목부터 낭만적이다. 오교는 산문과 시의 차이를 밥과 술에 빗대어 절묘하게 설명하고 있다. 우선 달(達)과 완(婉)의 해석이다. 달(達)은 사실대로 분명하게 전달한다는 뜻이

---

10) 文之詞達. 詩之詞婉. 書以道政事 故宜詞達. 詩以道性情 故宜詞婉. 意喻之米 飯與酒所同出. 文喻之炊而爲飯. 詩喻之釀而爲酒. 文之措詞必副乎意. 猶飯之不變米形 啖之則飽也. 詩之措詞不必副乎意. 猶酒之變盡米形 飮之則醉也.

다. 그래서 산문은 달(達)이다. 반면에 완(婉)은 에둘러 말한다는 뜻이다. 다시 말하면 겉으로 드러내지는 아니하지만, 속으로 의미를 전달하는 정도가 깊고 간절하다는 뜻이다. 그래서 시는 완(婉)이다. 이런 측면에서 시는 애매하고 모호하며, 그래서 이해하기 어렵고, 따라서 유익함이 없어 보인다. 그렇지만 이런 애매하고 모호함이 사람을 홀려 감동하게 만드는 무한한 매력이 있다.

밥은 생명 유지에 꼭 필요하지만, 술은 그렇지는 않다. 하지만 사람이 어찌 배부름만으로 만족하겠는가? 그래서 독서, 음악, 미술, 여행 등, 취미 생활을 즐기고, 뜻이 같은 사람을 만나서 술을 마시며 정담을 나눈다. 이런 활동들은 생명 유지와는 직접 관련이 없지만, 분명 인생을 풍요롭게 만들고, 감성을 자극하는 요소다. 이런 측면에서 산문을 밥에, 시를 술에 비유한 오교의 논리가 돋보인다.

중국의 시인들이나 우리나라 시인들에게서 가장 큰 공통분모를 찾는다면, 아마도 술과 관련된 시를 권주가 삼아 읊조리며 술을 즐겼다는 점이 아닐까 한다. 시를 짓고 읊조리는 일은 매우 지적인 활동이고, 한편은 건전한 생산적 활동이다. 술을 즐기는 일은 감성적이고 유희적인 활동이며, 삶의 여유로움 속에서 친교를 나누는 활동이다. 따라서 흥청망청 술만 마시지 말자. 술상 머리에서는 대화의 주제가 중요하다. 시시콜콜하게 정치적 견해를 말하거나, 종교적 견해를 말하거나, 남을 험담하지 말자. 술상 머리에서는 나와 너를 즐겁게 하는 대화를 나누자. 선인들의 멋진 권주시나 권주 시조를 읊조리고, 아니면 멋진 권주가를 부르거나, 아니면 멋진 권주사(勸酒辭)라도 준비하여 안주로 삼자.

다음과 같은 면에서 시와 술은 연인과 닮은꼴이다. 첫째, 한 번에 모든 것들을 보여주지 않는다. 어떤 시를 한 번 읽고, 그 시가 품고 있는 뜻을 헤아리기 쉽지 않다. 어떤 술을 한 잔 또는 한 모금만 마시고, 그 술의 진수를 알기 어렵다. 연인 역시 한두 번 만나고, 그의 속마음을 헤아리기 쉽지 않다. 둘째, 자주 여러 번 접촉하여야 그 속에 담긴 깊은 뜻을 이해하게 된다. 어떤 시를 자주 여러 번 읽다 보면, 어느 순간부터 그 시의 애매함과 모호함까지도 이해하게 된다. 어떤 술을 자주 여러 번 마시다 보면, 그 술의 진수를 이해하게 된다. 연인 역시 자주 여러 번 만나다 보면, 그의 깊은 속마음을 이해하게 된다. 셋째, 한 번 빠지면 계속 관계를 유지한다. 시의 묘미를 깨닫는 순간부터 시를 자주 접하게 되고, 계속 읽게 된다. 어떤 술의 참맛을 느끼게 되면, 그 술을 계속 찾게 되고 즐겨 마시게 된다. 연인의 매력에 빠지게 되면, 만나기 전부터 마음이 설레고, 아끼고 배려하는 가운데 관계를 지속하게 된다.

위 주장에 동의한다면, 시와 술이 마음을 설레게 만드는 연인이 되게 하자!

제2부

권주한시(勸酒漢詩)의 멋과 풍류

권주한시(勸酒漢詩)의 정의 및 의의

권주한시(勸酒漢詩)란 무엇인가? 술을 권(勸)하는, 또는 술을 칭송(稱頌)하는 한시(漢詩)를 통틀어 권주한시라고 정의하고자 한다. 이런 관점에서 제2부에서 살펴볼 한시들은 대개 권주한시라고 하겠다.

조선시대 우리말 권주가(勸酒歌)에서는 권주한시의 일부 구절(句節)을 인용한 사례가 다수 발견된다. 그만큼 우리말 권주가와 권주한시는 정서적으로 상당히 맞닿아 있다. 그래서 제2부에서는 우리말 권주가에 직간접적으로 깊은 영향을 끼쳤던 권주한시의 멋과 풍류를 자세히 살펴, 한시의 세계로 들어가는 디딤돌을 놓고자 한다. 이는 우리말 권주가의 시원(始原)을 밝히는 작업이며, 동시에 우리말 권주가에 권주한시가 어떻게 녹아들어 있는지를 살펴보는 사전 작업이기도 하다.

영원한 술의 고향, 중국 감숙성(甘肅省) 주천(酒泉)

중국 감숙성(甘肅省) 주천(酒泉)은 서한(西漢)의 무제(武帝, BC156~BC87)와 곽거병(霍去病) 장군의 일화가 서려 있는 곳이다. [부록 1.] 주천이라는 지명은 '술이 솟아오르는 샘'이라는 뜻인데, '술이 솟아오르는 샘'이라는 말만으로도 주당(酒黨)들에게는 흥미롭고도 낭만적인 상상에 빠져들게 한다. 주천은 여러 한시(漢詩) 작품들과 우리말 권주가에도 등장한다. 그래서 지명에 대한 배경 설명이 필요하다.

중국 사람들은 북쪽의 오랑캐라는 뜻으로 북방 민족을 북적(北狄)이라고 얕잡아 불렀지만, 동시에 중국 사람들에게 북방 민족은 공포의 대상이기도 했다. 그래서 중국의 역대 왕조들은 북방 민족의 침입에 대비하여 끊임없이 장성(長城)을 신축하거나 증축하거나 개축했다. 성 쌓기에 골몰했던 문명이었다[1]는 평가는 과언이 아니다. 그만큼 북방 민족으로부터 나라를 안전하게 지키는 일이 중요했다.

무더운 여름이 끝나고 서늘한 가을이 시작되면 '하늘은 높고 말은 살찐다'는 천고마비(天高馬肥), '등불을 가까이할 만하다'는 등화가친(燈火可親)의 계절이라 하여 우리는 책 읽기에 좋은 계절이라고 했다. 그러나 중국 사람들에게 천고마비는 다른 의미로 다가왔다. 과거나 현재나 전쟁에서는 상황에 따라 재빠르게 움직이거나 대처하는 기동성(機動性)이 매우 중요하다. 과거에는 그 기동성을 담보하는 것이 바로 건강한 말로 편성된 기병(騎兵)

---

1) 유광종, "말이 살찌면 전쟁, 중국인에게 천고마비는 트라우마" 「중앙일보」 2018.10.20.

이었다. 북방 민족은 혹독한 겨울에 살아남기 위해서 식량을 확보해야 했다. 그래서 북방 민족에게 천고마비는 여름철에 싱싱한 풀을 먹여 살이 찐 건강한 말을 몰아, 남쪽으로 내려와 식량을 약탈하기에 좋은 기회였다. 반면에 중국 사람들에게 천고마비는 북방 민족의 침입을 경고하는 조짐이었다.

상황이 이러했으니 중국의 역대 왕조는 북방 민족을 정벌하는 데 게을리할 수 없었다. 특히, 서한의 무제는 북방 민족인 흉노 정벌에 집착했다. 그의 그런 외치(外治) 덕분에 서한은 영토를 크게 확장했고, 동서양을 연결하는 실크로드를 열게 했다. 무제의 영토 확장에 곽거병 장군이 큰 공헌을 했는데, 곽거병의 어머니는 무제의 황후 위자부(衛子夫)의 맏언니였다. 그러니 무제는 곽거병에게 이모부였다. 곽거병은 무제의 총애와 전폭적인 지원 속에서 18세에 관직을 시작하면서부터 흉노 정벌에 나섰고, 여러 차례 큰 전공(戰功)을 세웠다.

감숙성 주천에는 실제로 주천이라는 샘이 있는데, 주천 바로 뒤에 그 내력을 기록한 비석이 세워져 있다. [후면 날개 참조] 그 내용은 다음과 같다.

주천(酒泉)을 옛날에는 금천(金泉)이라고 불렀다고 대대로 전한다. 어떤 사람이 이곳에서 물을 마시고 금을 얻게 되어, 그래서 금천이라는 이름이 세상에 전한다.

서한(西漢)의 표기장군(驃騎將軍) 곽거병(霍去病)이 이곳으로 군대를 이끌고 와서 흉노(匈奴)를 몰아내고 지켰으며, 전공을 여러 차례 세우고, 이곳에 군대를 주둔시켰다. 무제(武帝)가 어주(御酒)를 하사하고, 관리를 보내어 군사(軍士)들에게 음식을 차려 먹이고 상을 주어 위로했다. 장군은 공(功)이 전군(全軍)에게 있다고 여겼는데, 술은 적고 사람은 많아서, 그래서 술병을 기울여 샘에 붓게 했고, 장군과 병사가 함께 물을 떠서 함께 마셨고, 마침내 주천이라고 부르게 되었다.

또한 그 샘은 물맛이 단술(醴)과 같은 까닭에 주천이라고 했다고 한다. 이 샘의 물맛은 달고 시원했으며, 거울처럼 몹시 맑고 깨끗했으며, 언제나 마르지 않았고, 겨울에 얼지 않았다. 물기가 증발하여 피어오르는 모양이 구름이나 연기가 피어오르는 모양과 같아서 큰 구경거리가 되었고, 그런 유래로 대단한 명성을 얻게 되었다.[2]

곽거병이 흉노의 정벌에서 여러 차례 큰 전공을 세울 수 있었던 까닭은 무엇이었을까? 무제가 하사한 술을 혼자 마시지 않고, 술병을 기울여 샘에 붓게 했고, 장군과 병사가 함께 물을 떠서 함께 마셨다는 일화(BC 121 또는 120 추정)가 사실이었다면 장군과 병사가 장사(將士) 동행(同行)했다는 것이다. 이런 군대는 사기(士氣) 충천(衝天)하기 마련이다.

그러나 안타깝게도 곽거병은 전승이 거듭되면서 오만에 젖어 들었던 것 같다. 높은 관직에 올라갈수록 초지일관(初志一貫)이 더욱 중요한데 말이다. 사마천(司馬遷)은 위장군표기열전(衛將軍驃騎列傳)에서 다음과 같이 곽거병의 오만함을 지적했다.

그는 젊어서 시중(侍中)을 지내는 등, 신분이 매우 존귀해지자 휘하 병사들을 잘 살피지 못했다. 군사를 이끌고 출정할 때면, 한무제는 그를 위해

---

2) 酒泉古稱金泉 相傳. 有人於此 飮水得金 而名世傳. 西漢 驃騎將軍 霍去病 出師 抵禦匈奴 屢建戰功 駐兵於此. 武帝賜御酒 遣使犒賞. 將軍以功在全軍 酒少人多 乃傾酒入泉 與將士 取 而共飮 遂稱酒泉. 又云其泉 如醴故 曰酒泉. 是泉 水味甘冽 澄淸如鏡 永無乾涸 冬不結冰. 水氣蒸騰狀 如雲煙蔚 爲大觀 素負盛名.

태관(太官, 식품을 담당하는 관리)을 시켜 수십 승(乘)[3] 분량의 식품을 보내주었다. 돌아온 뒤 물품 수레를 보면 좋은 쌀과 고기가 남아돌았다. 그러나 병사들 가운데는 굶주린 자가 있었다. 그가 변경 밖에 있을 때, 병사들은 식량이 부족해 애를 먹었다. 어떤 병사는 스스로 일어나 움직일 수 없는 지경인데도, 표기장군은 땅에 줄을 긋고 구역을 정한 뒤 공치기를 즐겼다.[4]

---

3) 수레를 헤아리는 수사(數詞).
4) 사마천, 「사기열전 2」 신동준 譯 (위즈덤하우스, 2015) p.443.

이유원(李裕元) 분우락(分憂樂) : 이 생전에 오래 술에 취하는 것보다 더 나은 것이 없다오.

「장자(莊子)」 제29편은 전설상의 유명한 도적(盜賊)인 도척(盜跖)5)이 편명이다. 제1장에서는 공자(孔子)가 도척을 만나서 수모를 겪는 소설 같은 장면이 묘사되고 있다. 공자가 도척을 교화하고자 찾아갔을 때, 마침 도척은 사람의 간(肝)으로 회를 쳐서(膾) 그것을(之) 간식으로 먹고 있었다.6) 온몸을 오싹하게 만드는, 한편으로는 엽기적인 이야기로 시작된다. 도척은 거침없는 언변으로 공자를 궁지로 몰아간다. 도척은 공자를 그럴듯한 말로 세상을 어지럽히고, 재산과 지위를 얻으려 한다고 힐난하면서 다음과 같이 말한다. "도적질로 말하면 그대보다(於子) 큰 도적질이 없는데, 천하 사람들은 어찌하여(何故) 그대(子)를 도적 구(盜丘)라고 하지 않고, 도리어(而乃) 나를 도척이라고 하는가?"7)

공자가 도척을 교화하고자 찾아갔지만, 오히려 공자는 도척의 훈계를 듣는 처지가 된다. 그 가운데 장자는 도척의 입을 통하여 사람의 수명을 하수(下壽), 중수(中壽), 상수(上壽)로 구분한다. 이는 인간의 기대 수명에 대한 개념으로서, 하수 60세는 일반적으로 사람들에게 예상되는 기대 수명이고, 중수 80세는 좀 더 장수하는 사람들에게 예상되는 기대 수명이며, 상수 100세는 가장 장수하는 사람들에게 예상되는 기대 수명으로 해석하면

---

5) 도척(盜跖)의 이름은 척(跖)이고, 도적이기 때문에 앞에 도(盜)를 붙인 것이다. 이처럼 도척은 공자의 이름 구(丘) 앞에 도(盜)를 붙어 도구(盜丘)라고 비난했다.

6) 膾人肝而餔之

7) 盜 莫大於子 天下 何故 不謂子爲盜丘 而乃謂我爲盜跖

이해하기 쉬울 듯하다. 원문은 다음과 같다.

<ruby>人<rt>인</rt></ruby> <ruby>上壽百歲<rt>상수백세</rt></ruby> <ruby>中壽八十<rt>중수팔십</rt></ruby> <ruby>下壽六十<rt>하수육십</rt></ruby> <ruby>除病瘦死喪憂患<rt>제병수사상우환</rt></ruby>[8] <ruby>其中<rt>기중</rt></ruby> <ruby>開口而笑者<rt>개구이소자</rt></ruby> <ruby>一月<rt>일월</rt></ruby>
<ruby>之中<rt>지중</rt></ruby> <ruby>不過四五日而已矣<rt>불과사오일이이의</rt></ruby>

사람은 상수가 100세이고, 중수가 80세이며, 하수가 60세이나, 병들고(病
瘦) 누군가 돌아가셔서 장례를 모시고(死喪) 근심하고 걱정하는(憂患) 날을
빼고 나면, 그 가운데 입을 열고, 그리고 웃을 날이(而笑者) 한 달 가운데
불과 4, 5일에 지나지 않는다.

> 瘦(수) : 파리하다. 여위다. 마르다.
> 瘐(유) : 병들다.
> 而笑者(이소자) : 이(而)는 접속사로 '그리고'. 여기서 자(者)는 '~하는 날'로 해석한다.
> 而已矣(이이의) : 종결사 이이(而已)＋종결사 의(矣)가 결합된 형태로 한정을 나타낸다.

한시(漢詩)나 옛시조에서 사람의 수명과 관련하여 백세(百歲), 일정백년(一
定百年) 등이 자주 등장하는데, 사람 수명의 최대치를 100세로 본 장자의
견해가 후대 사람들에게 깊은 영향을 끼친 것으로 추정된다. 물론, 위 원
문과 유사한 내용이 「열자(列子)」 제7장 양주(楊朱)에도 있다.

＊

조선 말기의 학자 이유원(李裕元)[9]의 시문집인 「가오고략(嘉梧藁略)」 소악

---

8) 전통문화연구회 동양고전종합DB 「장자(莊子)」 제29편 도척(盜跖) 제1장 除病瘦死喪憂
患의 각주에서 瘦(수)는 瘐(유)의 오자(誤字)라는 지적이 있다. 위 해석은 이에 따랐다.
9) 이유원(李裕元, 1814~1888)은 영의정까지 역임한 재상이었고, 제물포조약(1882)을 체
결한 전권대신이었다. 또한 「가오고략(嘉梧藁略)」 등을 저술한 학자였다.

부(小樂府) 45수는 우리말 시조를 한문으로 번역한 한역시(漢譯詩)다. 그 가운데 분우락(分憂樂)이라는 시가 있는데, 위 장자의 글로 유추하면 쉽게 이해가 된다.

아래 시에서 우락중분(憂樂中分)과 미백년(未百年)은 인과(因果) 관계가 아니기에 그렇게 해석하면 매우 어색하다. 사람이 얼마나 오래 사느냐에 관계없이 살아 있는 동안에는 근심과 즐거움이 서로 엇갈리는(中分) 지난(至難)한 삶을 강조한 것이고, 백 년 수명을 누리는 것은 누구에게나 거의 불가능함을 역설한 것이다.

장자의 앞선 글에서와 같이, 누구에게나 병들고 누군가 돌아가서서 장례를 모시고 근심하고 걱정하는 날이 수두룩하다. 그래서 불교에서는 인생을 고해(苦海), 곧 괴로움으로 가득 찬 고통의 바다라고 했다. 일 년을 360일로 잡고 백 년을 산다고 가정할 때, 삼만 육천(三萬六千) 날이 된다. 이백(李白)의 양양가(襄陽歌)에 "백년삼만육천일(百年三萬六千日) 백 년 곧 삼만 육천 날, 일일수경삼백배(一日須傾三百杯) 하루라도 빠짐없이 꼭 삼백 잔을 기울여야 한다네."라는 표현이 있다. 이 삼만 육천 날이 고통이니 오래 술에 취하는 것보다 더 나은 것이 없단다. 술 한 잔 더 마시자는 제안이다.

分憂樂　분우락 [부록 2.]
근심과 즐거움이 서로 엇갈리다

人生能得百年壽　인생능득백년수
인생은 백 년 수명을 누릴 수 있다지만(能得),
憂樂中分未百年　우락중분미백년
(살아 있는 동안에는) 근심과 즐거움이 서로 엇갈리고(中分), 백 년 수명을

누리는 것은 (더욱) 아니라오(未百年).

三萬六千難若是   삼만육천난약시

삼만 육천 날의 고난이(難) 이와 같으니(若是),

無如長醉此生前   무여장취차생전

이 생전에(此生前) 오래 술에 취하는 것보다(長醉) 더 나은 것이 없다오(無如).

能(능) : ~할 수 있다.
能得(능득) : 얻을 수 있다. 누릴 수 있다. 능(能)은 조동사, 득(得)은 본동사 역할을
한다.

다음과 같은 권주 시조가 1728년 원본 「청구영언(靑丘永言)」에 실려 있
다. 아마도 이유원이 아래 권주 시조를 한역하지 않았나 추정한다. 조선
후기에 성행한 「조선가요집성(朝鮮歌謠集成)」과 「가요집성(歌謠集成)」의
권주가에도 아래 권주 시조와 유사한 구절이 있다. 또한 「춘향전」의 다른
본(本)인 「남원고사(南原古詞)」에도 몽룡과 춘향의 첫날밤에 춘향은 권주
가와 함께 '연자(年字) 타령'을 불렀는데, 바로 그 연자 타령에 아래 권주
시조와 유사한 구절이 있다.

백년(百年)을 가사인인수(假使人人壽)라도
우락(憂樂)이 중분(中分) 미백년(未百年)을,
하물며 백년(百年) 반듯하기 어려우니,
두어라 백년전(百年前)까지는 취하고 놀려 하노라.

가사(假使) : 가령. 만일.
백년(百年)을 가사인인수(假使人人壽)라도 : 가령 사람마다 백 년 수명을 누리더라도(壽).
두어라 : 어떤 일이 필요하지 않거나 스스로 마음을 달랠 때 영탄조로 하는 말.

19세기 후반에 창작된 것으로 추정되는 한문 소설 「포의교집(布衣交集)」
에도 다음과 같은 한시가 있다.

百年假使人人壽   백년가사인인수
가령 사람마다 백 년 수명을 누리더라도(壽),
憂樂中分未百年   우락중분미백년
(살아 있는 동안에는) 근심과 즐거움이 서로 엇갈리고(中分), 백 년 수명을
누리는 것은 (더욱) 아니라오(未百年).
況是百年難盡數   황시백년난진수
하물며(況) 백 년은(百年) 다 살기에 어려운 세월이니(是 ~ 難盡數),
不如長醉百年前   불여장취백년전
백 년 전까지는(百年前) 오래 술에 취하는 것보다(長醉) 더 나은 것이 없다
오(不如).

難盡數(난진수) : 다 살기에 어려운 숫자. 다 살기에 어려운 세월.

왕유(王維) 위성곡(渭城曲) : 그대에게 권하노니 다시 한 잔 술을 드시게나.

왕유(王維)의 위성곡(渭城曲)은 조선 후기에 성행했던 「조선가요집성(朝鮮歌謠集成)」의 권주가에서 인용할 만큼 유명한 권주가다. 위성곡의 다른 제목은 송원이사안서(送元二使安西)이다. '안서(安西) 사신(使臣)으로 가는 원이(元二)[10]라는 친구를 송별(送別)하다.'라는 뜻이다.

안서는 현재 중국의 신강위구르자치구와 대부분 겹치는 지역으로서 본래 당나라 영토가 아니었다. 안서에는 고창국(高昌國) 등, 그 지역을 통치했던 고대 국가들이 있었는데, 당나라는 그 국가들을 정복하고, 그 지역을 통치하고 무역로를 보호하기 위하여 안서도호부(安西都護府)[11]를 설치했다. 요즘 말로 표현하면 식민지를 통치하기 위한 정부 출장소를 설치했다. 위그루 소수민족 갈등의 발단이 이때부터 시작되었다.

왕유는 친구 원이가 안서 사신으로 가게 되어 위성(渭城)의 객사(客舍)에서 송별연을 열었다. 객사는 여행자에게 식사와 잠자리를 제공하는 여관이다. 위성은 지금의 섬서성(陝西省) 서안(西安)의 서북쪽에 위치한 함양(咸陽)의 옛 지명이다. 위성은 비가 많이 내리지 않는 대체로 건조한 지역이다. 객

---

10) 원이(元二)라는 이름의 작명(作名)은 백거이(白居易)의 문유십구(問劉十九) 참조.

11) 당나라는 영토를 확장하면서 6도호부(都護府)를 설치했다. 고구려의 옛 수도 평양성에 안동(安東), 현재 중국의 신강위구르자치구에 안서(安西), 베트남 북부에 안남(安南), 몽골고원과 바이칼호 일대에 안북(安北)도호부 등을 설치했다. 중국 서안(西安)의 옛 지명은 장안(長安)이다. '편안하다'는 의미의 안(安)이 들어갔다. 편안하다는 의미의 녕(寧)이 들어간 지명도 있다. 서안의 서북쪽에 청해성(靑海省) 서녕(西寧)이 있다. 또한 서안으로부터 거의 정남쪽 남중국해 가까이에 남녕(南寧)이 있다. 편안하다는 의미의 안(安)이나 녕(寧)이 들어간 지명을 지어서 이(異)민족의 침입으로부터 안전하기를, 또 그 도시가 평화롭게 오랜 세월 지속되기를 기원한 측면이 있다.

사 주변에는 버드나무 몇 그루가 있었는데, 친구 원이와 송별연 날, 마침 비가 내려서 버들 빛이 더욱 푸르렀다. 버드나무는 한자로 류(柳)인데, '머무르다'는 뜻의 류(留)와 중국어 발음[liu]이 같다. 안서 사신으로 가는 친구 원이와 더 오래 자리를 함께 하고 싶은 마음에서 버드나무 류(柳)를 등장시켰다. 한편, 왕유로서는 친구 원이의 안전도 걱정이었다. 안서는 기후도 건조하고 척박한데다, 본래 당나라 영토가 아니었기 때문이다. 그래서 서쪽으로 양관(陽關)12)을 나서면 술 권할 벗이 없을 것이니 친구 원이에게 한 잔 술을 더 마시라고 권한다. 양관은 안서로 가는 관문이다. 친구와 우정을 나누는 마음이 매우 간절하고 절실하다.

渭城曲　위성곡
위성의 노래

王維　왕유13)

渭城朝雨浥輕塵　위성조우읍경진
위성의 아침 비가 흙먼지를(輕塵) 씻어내니(浥),
客舍靑靑柳色新　객사청청유색신
객사에 푸르고 푸른 버들 빛 (더욱) 새롭구나(新).
勸君更盡一杯酒　권군갱진일배주
그대에게 권하노니 다시(更) 한 잔 술을 드시게나(盡),
西出陽關無故人　서출양관무고인
서쪽으로 양관을 나서면 술 권할 벗이(故人) 없으리니.

浥(읍) : 젖다. 적시다.　　　　　　　　　　　塵(진) : 티끌. 먼지.

---

12) 양관은 오아시스 도시 돈황(敦煌)에서 서남쪽으로 70km 지점에 있다. 옥문관(玉門關)과 함께 서역으로 가는 관문이었다.
13) 성당(盛唐)의 시인.

잠삼(岑參) 촉규화가(蜀葵花歌) : 술상 머리에서는 술 사는 돈을 아끼지 마시게.

봄의 전령사 진달래, 개나리, 벚꽃은 기껏해야 열흘 남짓 꽃을 반짝 피우고 사라진다. 우무릉(于武陵)은 권주(勸酒)라는 시에서 화발다풍우(花發多風雨) 꽃이 피면 비바람이 많다고 읊었다. 이를 증명이라도 하는 듯, 벚꽃이 만발한 화창한 봄에 밤새 벚꽃을 시샘하는 비바람이 친다. 이튿날 아침, 흐드러지게 피었던 벚꽃은 너저분하게 바닥에 뿔뿔이 널려 있고, 벚꽃 사이에 숨어 있던 푸른 새싹이 돋아난다. 벚꽃은 대개 이렇게 끝나기 십상이다.

촉규화(蜀葵花)는 꽃 모양이 접시를 닮아서 접시꽃이라고 한다. 접시꽃은 꽃 피는 모습이 벚꽃과는 다르다. 나이 든 시인은 새로운 봄을 맞이했지만, 생동하기는커녕 오히려 기력이 작년만 같지 못한데, 접시꽃은 6월경부터 8월경까지 꽃이 피고 지기를 반복한다. 또한 접시꽃은 가을에 땅 위의 줄기 부분이 말라 죽어도 뿌리는 살아남아서, 봄이면 줄기와 잎이 다시 돋아나는 여러해살이풀이다. 시인은 이런 접시꽃을 관찰하고, 사람의 늙음이 접시꽃만 같지 못함을 이제야 깨달았다. 그래서 그대에게 떨어진 꽃을 쓸 때, 아쉬운 마음을 품을 필요가 없다고 말했다. 여기서 그대는 시인 자신이다.

최남선(崔南善) 소장본 「청구영언(靑丘永言)」의 권주가 종장은 다음과 같다. "명사십리(明沙十里) 해당화(海棠花)[14]야, 꽃 진다고 설워 마라. 명년(明年) 삼월(三月) 돌아오면 너는 다시 피려니와, 가련(可憐)하다 우리 인생(人生) 뿌리 없는 평초(萍草)라." 전반적인 분위기가 잠삼의 촉규화가를 닮았다. 접시꽃이나 해당화는 꽃이 피고 지기를 반복하고, 내년 봄 개화(開花)까지 기약한다. 그렇지만 인생은 나이 들수록 기력이 작년만 같지 못하고, 내년 봄의 생동을 기약하기 어렵다. 보잘것없고 초라한 인생이다. 그러니 술상 머리에서는 다음 기회를 기약할 필요 없이 돈을 아끼지 말고, 지금 마음껏 마시라고 시인은 자신을 훈계하고 있다.

蜀葵花歌　　촉규화가

岑參　　잠삼[15]

昨日一花開　　작일일화개
어제도(昨日) 꽃 한 송이 피었고,
今日一花開　　금일일화개
오늘도 꽃 한 송이 피었구나.
今日花正好　　금일화정호
오늘 꽃은 막(正) 활짝 피었는데(好),
昨日花已老　　작일화이로
어제 꽃은 이미(已) 시들었구나(老).
始知人老不如花　　시지인로불여화
사람의 늙음이 꽃만 같지 못함을(不如花) 이제야(始) 깨달았기에(知),
可惜落花君莫掃　　가석낙화군막소
그대는(君) 떨어진 꽃을(落花) 아쉬워하면서(可惜) 쓸지 마시게(莫掃).

---

14) 해당화는 꽃 모양이 장미와 유사하며 관목(灌木), 곧 키가 작은 나무다. 5월경부터 7월경까지 꽃이 피고 지기를 반복한다.
15) 성당(盛唐)의 시인.

人生不得長少年   인생부득장소년

인생은 언제나(長) 젊은 시절이(少年) 아니기에(不得),

莫惜床頭沽酒錢   막석상두고주전

술상 머리에서는(床頭) 술 사는 돈을(沽酒錢) 아끼지 마시게(莫惜).

請君有錢向酒家   청군유전향주가

그대는(君) 돈이 있다면(有錢) 술집으로(酒家) 가시게나(請 ~ 向),

君不見蜀葵花   군불견촉규화

그대는 촉규화를 보지 않았는가?

正(정) : 바로. 막. 때마침. 바르다. 올바르다. 정당하다.

可(가) : ~해야 한다.

惜(석) : 아쉬워하다. 애처로워하다. 아끼다. 소중히 여기다.

可惜(가석) : 아쉬워해야 한다. 가(可)는 조동사, 석(惜)은 본동사 역할을 한다.

沽(고) : 술을 사다.

請君(청군) : 그대에게 청(요구)하다. 청(請)이 앞에 오면 '~하여 주시오.'와 같이 부탁하거나 요구하는 의미가 된다.

왕한(王翰) 양주사(涼州詞) : 술에 취하여 모래사장에 눕더라도 그대는 웃지 말게나.

한시 가운데 변방에서의 전쟁을 배경으로 읊은 시를 변새시(邊塞詩)라고 한다. 왕한(王翰)의 양주사(涼州詞) 역시 대표적인 변새시다. 양주는 지금의 감숙성(甘肅省) 무위시(武威市) 일대로서, 그 무렵 양주는 당나라의 변방이었다. 감숙성은 건조한 지역이지만, 일조량이 풍부하고 일교차가 커서 당도 높은 포도를 생산하기에 적합했다. 그 무렵에도 포도 농사가 성행했던 듯하다.

감숙성 난주(蘭州)에서 감숙성 돈황(敦煌)까지, 남쪽의 기련산과 북쪽의 합려산 사이의 긴 복도 같은 지형을 하서회랑(河西回廊)이라고 하는데, 바로 그 기련산이 옥돌의 생산지다. 중국 사람들은 전통적으로 옥 제품을 선호했다. 그 가운데 하나가 야광배(夜光杯)다. 그 옥돌을 얇게 가공하여 술잔으로 만들었는데, 달밤에 그 술잔에 술을 부으면 달빛이 반사되어 마치 스스로 빛을 내는 것처럼 보였다. 그래서 야광배라고 했다.

전쟁에 나가는 병사를 위로하고 사기(士氣)를 북돋우기 위하여 야광배에 가득 부은 맛있는 포도주로 주연(酒宴)을 베풀었다. 그런데 전쟁 상황은 예측하기 어렵다. 수시로 출정(出征)을 재촉한다. 그러니 지금 마음껏 마시고, 술에 취하여 모래사장에 눕더라도 웃지 말라고 당부한다. 전장에 나가면 다음을 기약하기가 쉽지 않기 때문이다. 양주사(涼州詞)는 전쟁의 참혹함을 말하는 듯하지만, 그보다는 기회가 될 때 술을 더 마시자는 권주의 의미가 크다.

涼州詞　양주사

양주의 노래

王翰　왕한[16]

葡萄美酒夜光杯　포도미주야광배

야광배에 (가득 담긴) 맛있는 포도주(葡萄美酒),

欲飮琵琶馬上催　욕음비파마상최

막 마시려 하는데(欲飮) 비파 소리(琵琶) 말 위에서 출정을 재촉하네(催).[17]

醉臥沙場君莫笑　취와사장군막소

술에 취하여(醉) 모래사장에 눕더라도(臥沙場) 그대는(君) 웃지 말게나(莫笑),

古來征戰幾人回　고래정전기인회

예로부터(古來) 전쟁에 나가서(征戰) 몇 사람이나(幾人) 돌아왔던고(回)?

---

16) 성당(盛唐)의 시인.

17) 야광배에 가득 부은 맛있는 포도주를 막 마시려 하는데, '말 위에서 비파 소리가 흥취를 돋운다.'로 해석한 사례도 있다.

이백(李白) 산중대작(山中對酌) : 한 잔(一杯) 한 잔(一杯) 또(復) 한 잔(一杯)

술은 누구와 함께 마시는가에 따라, 또는 어디서 마시는가에 따라 술맛이 다르고, 취기에 이르는 정도가 다르다. 다음과 같은 중국 속담이 있다.[18]

酒逢知己千杯少　　주봉지기천배소
술은 지기를 만나면 천 잔으로도 부족하고,
話不投機半句多　　화불투기반구다
말은 마음이 맞지 않으면 반 마디도 많다.

投機(투기) : 투기하다. 견해가 일치하다. 마음이 잘 맞다.

지기(知己)란 지기지우(知己之友)의 줄임말로서 나의 속마음을 진심으로 알아주는 친구, 곧 마음이 통하는 친구라는 말이다. 이런 경우에는 대개 서로 지기 관계이다. 친구라고 말하기는 쉽지만, 그 친구를 지기라고 말하기는 쉽지 않다. 그만큼 지기를 만나기는 쉽지 않다. 그런 지기를 만나 정담을 나누면 밤을 지새워도 부족하고, 천 잔을 마셔도 부족한 심정이리라. 마침 이백은 꽃이 활짝 핀 화창한 봄날에 그런 지기를 만났다. 그러니 술이 술술 들어갈 수밖에. 그래서 한 잔, 한 잔, 또(復) 한 잔, 쉴 새 없이 마시게 되었다. 그날은 틀림없이 술을 지나치게 마셨다. 지기를 만났으니 거리낌이 없다. 이백 자신은 취하여 잠자려 하니, 그 친구에게 그만 집으로

---

18) 본래 주봉지기천배소(酒逢知己千杯少) 화불투기반구다(話不投機半句多)는 중국 송(宋)나라 구양수(歐陽脩)의 시 춘일서호기사법조운(春日西湖寄謝法曹韻)의 한 구절이다.

돌아가라고 말한다. 그렇지만 내일 아침 술 생각 있거든 거문고 안고 다시 오라고 하여, 또다시 아름다운 술자리를 약속한다.

山中對酌 산중대작[19]
산속에서 술잔을 기울이다

李白 이백[20]

兩人對酌山花開 양인대작산화개
둘이서(兩人) 술잔 기울이고(對酌) 산에는 꽃이 피고,
一杯一杯復一杯 일배일배부일배
한 잔, 한 잔, 또(復) 한 잔.
我醉欲眠君且去 아취욕면군차거
나는 취하여 잠자려 하니(欲眠) 그대(君) 또한(且) 돌아가시게(去),
明朝有意抱琴來 명조유의포금래
내일 아침 술 생각 있거든(有意) 거문고 안고(抱琴) 다시 오시게나.

---

19) 산중대작(山中對酌)의 다른 제목은 산중여유인대작(山中與幽人對酌)이다. '산속에서 유인(幽人), 곧 은사(隱士)와 술잔을 기울이다.'라는 뜻이다.
20) 자(字) 태백(太白). 성당(盛唐)의 시인. 하지장(賀知章)은 적선인(謫仙人), 곧 귀양 온 신선이라고 하였다.

이백(李白) 월하독작(月下獨酌) : 내가 노래 부르니 달이 머뭇거리고

두보(杜甫)의 음중팔선가(飮中八仙歌)에 따르면, 이백은 당 현종(玄宗) 앞에서 자신을 주중선(酒中仙), 곧 술 취한 신선이라 말했다. 그만큼 이백은 술을 즐겼다. 이백의 시 1,500여 수 가운데 11.3%인 170수가 술과 관련된 시라는 통계가 있다. 과연 주선답다. 술과 관련된 시 가운데, 백미(白眉)는 아마도 여기서 소개할 월하독작(月下獨酌), 바로 다음에 소개할 독작(獨酌), 그리고 제2부 끝부분에서 소개할 장진주(將進酒), 이렇게 3수가 아닐까 한다. 그리고 오랜 세월 동안 아마도 주당들 사이에 가장 많이 입에 오르내렸을 듯하다.

이백은 재능이 뛰어난 천재 시인이었지만, 이에 만족하지 않고, 관직에 올라 자신의 재능을 펼칠 기회를 엿보았다. 그렇지만 42세 때 현종의 곁에서 잠시 시를 짓는 궁정(宮廷) 시인으로서의 관직을 제외하고는 별다른 관직을 얻지 못했다. 이백의 명성은 이미 자자한데, 그럴만한 관직 없이 산속에 묻혀 살아가는 이백의 삶이 세속의 사람들은 궁금했다. 그래서 세속의 사람들은 이백에게 산속에 묻혀 '왜 당신의 재능을 썩히느냐?'고 그 이유를 물었다. 그런 질문을 받았을 때 처음에는 나름대로 변명을 늘어놓았겠지만, 비슷한 질문을 계속 받게 되니 일일이 대응하기는 쉽지 않은 일이었다.

그래서 터득한 방식이 웃고 대답하지 않는 것(笑而不答)이었다. 그랬더니 마음이 저절로 한가롭게 됨을 깨닫게 되었다. 또한 이백 스스로 삼은 위안은 고독하지만, 번잡한 세상과 일정 거리를 두고 자연과 더불어 살아가는 것이었다. 자연은 이렇다 저렇다 이백에게 따지지 않았다. 그곳에서는 어떤 속박도 없이 자유를 만끽했다.

다음은 도교에 심취하여 자신의 마음을 다스리는 것이었다. 복숭아꽃이 흐드러지게 피었는데, 건듯 바람에 복숭아꽃이 떨어졌고, 흐르는 물 따라 아득히 흘러갔다. 이는 인간 세상이 아니라 또 다른 세상이라 하여, 높은 정신적 고양의 단계에 이르고자 고군분투(孤軍奮鬪)하는 모습이다.

山中問答   산중문답[21]
산속에서 묻고 답하다

李白   이백

問余何事栖碧山   문여하사서벽산
나에게(余) 무슨 일로(何事) 푸른 산에(碧山) 사느냐고(栖) 묻기에,
笑而不答心自閑   소이부답심자한
웃고 대답하지 않으니 마음 절로(自) 한가롭네(閑).
桃花流水杳然去   도화유수묘연거
복숭아꽃 흐르는 물 따라(流水) 아득히(杳然) 흘러가니(去),
別有天地非人間   별유천지비인간
또 다른(別) 세상이고(有天地) 인간 세상이(人間) 아니라오(非).

---

21) 산중문답(山中問答)의 다른 제목은 산중답속인(山中答俗人)이다. '산속에서 속인(俗人)에게 답하다.'라는 뜻이다.

栖(서) : 깃들이다. 살다. 거처하다.
碧(벽) : 푸르다. 푸른빛.
杳(묘) : 아득하다. 어둡다. 희미하다.
杳然(묘연) : 아득한 모양.

＊

위 산중문답(山中問答)을 이해했다면, 아래의 월하독작(月下獨酌)에서 홀로 술을 따라 마시는 이백의 모습을 이해할 만하다. 이백이 잔을 들어 밝은 달을 맞이하고, 달에 비친 자신의 그림자를 마주하니, 셋이 친구가 되었다는 부분은 한편은 천진난만(天眞爛漫)하면서도 장난기(氣)가 발동하는 뛰어난 시적 상상이다. 특히, 이백 자신이 노래 부르니 달이 서쪽으로 지다가 잠시 멈추고, 머뭇거린다는 표현에서 그의 시적 상상은 극한으로 치닫고 있다. 그렇게 자신의 슬픔과 회한을 극복하면서 자연과 더불어 고독한 삶을 즐기는 모습이 인상적이다. 그렇게 이백은 한편은 술로써 흥취를 돋우고(以酒助興), 한편은 술로써 번민을 풀고(以酒解悶) 있다.

月下獨酌   월하독작
달 아래서 홀로 술을 따라 마시다

李白   이백

花下一壺酒   화하일호주
꽃 아래 한 동이 술,
獨酌無相親   독작무상친
서로 친한 이 없이(無相親) 홀로 술을 따라 마신다네(獨酌).

舉杯邀明月   거배요명월

잔을 들어(擧杯) 밝은 달을 맞이하고(邀),

對影成三人   대영성삼인

그림자를 마주하니(對影) 세 사람이 되었다네(成).

月旣不解飮   월기불해음

달은 본래(旣) 술을 마시지 못하지만(不解飮),

影徒隨我身   영도수아신

그림자는 부질없이(徒) 내 몸짓을 따라(我身) 술을 마시는구나(隨).

暫伴月將影   잠반월장영

한동안(暫) 달을 벗하고(伴月) 그림자를 거느리니(將影),

行樂須及春   행락수급춘

(술을 마시면서) 즐겁게 지냄이(行樂) 모름지기(須) 봄날에 이른 듯 흥겹구
나(及春).

我歌月徘徊   아가월배회

내가 노래 부르니 달이 머뭇거리고(徘徊),

我舞影凌亂   아무영릉난

내가 춤을 추니 그림자는 어지럽게 흔들리는구나(凌亂).

醒時同交歡   성시동교환

깨어 있을 때에는(醒時) 함께(同) 기쁨을 나누고(交歡),

醉後各分散   취후각분산

취한 뒤에는 각자(各) 흩어지는구나(分散).

永結無情遊   영결무정유

인정에 얽매이지 않는 교유를(無情遊) 영원히 맺어(永結),

相期邈雲漢   상기막운한

아득히 먼(邈) 은하에서(雲漢) 서로 만남을 기약하세(相期).[22]

邀(요) : 맞다. 맞이하다.

不解飲(불해음) : 마시지 못하다. 해(解)는 능(能)과 같다. 해(解)는 조동사, 음(飲)은 본동사 역할을 한다.

徒(도) : 부질없이. 무리.

暫(잠) : 잠깐. 잠시.

伴(반) : 짝. 반려(伴侶). 동반자(同伴者). 벗.

將(장) : 장수(將帥). 거느리다.

凌(릉) : 심하다. 정도가 지나치다.

遊(유) : 서로 사귀어 왕래(往來)한다는 의미의 교유(交遊)를 뜻한다.

邈(막) : 멀다. 아득하다.

雲漢(운한) : 은하(銀河).

---

22) 보통 사람들은 권력, 부, 명예에 얽매여 교유(交遊)하는데, 그런 사사로운 이익과 욕심에 얽매이지 않는 교유를 영원히 맺어, 그날 밤의 만남을 다음 세상, 곧 은하수가 흐르는 하늘나라까지 이어가자는 약속이다. 김필년, 「대륙을 꿈꾸는 자 한시를 읽어라」 (산과글, 2018) p.219. 참조.

이백(李白) 독작(獨酌) : 세 잔 술에 대도(大道)에 통하고, 한 말 술에 자연(自然)에 합치되네!

아래 시는 대략 내용 면에서 3단으로 구분된다. 1단에서는 술을 마셔야 하는 기발(奇拔)한 근거를 제시하고 있다. 하늘에는 술을 관장하는 주성(酒星)이 있고, 땅에는 술과 관련된 고사(故事)가 서려 있는 주천(酒泉)이 있다. 이는 하늘과 땅이 이미 술을 좋아했다는 증거이기에, 이백 자신이 술을 좋아함은 부끄러운 일이 아니라 하여, 억지스럽지만 익살스러운 논리를 끌어들인다.

2단의 이문청비성(已聞淸比聖) 부도탁여현(復道濁如賢)은 「삼국지 위지(魏志)」 서막전(徐邈傳)의 다음과 같은 흥미로운 고사에 근거한다.[23] 서막(徐邈)은 위(魏)나라 건국 초기에 상서랑(尙書郞)이 되었다. 그 무렵은 가뭄으로 식량이 부족했고, 또한 군량미를 확보하기 위하여 금주령이 내려졌다. 그런데 서막은 몰래 밀주(密酒)를 마시고 몹시 취하였다. 형리(刑吏)였던 조달(趙達)이 따져 물으니, 서막은 중성인(中聖人), 곧 '성인에 합당하다.'라고 대답하였다. 조달이 이 사실을 보고하자, 조조(曹操)는 서막이 성인을 자처한 것으로 알고 크게 노했는데, 선우보(鮮于輔)가 앞으로 나와 '취객은 맑은 술(청주)을 성인이라 하고, 탁한 술(탁주)을 현인이라고 하니, 서막이 성인(청주)에 취한 것입니다.'라고 말했다. 여기서 청성탁현(淸聖濁賢)이라는 한자 성어가 나왔다. 이백은 위 고사에 근거하여 성인에 비견되는 청주를 마셨고, 현인과 같은 탁주를 마셨으면 그만이지, 어찌하여 신선

---

23) 「고문진보(古文眞寶) 전집(前集)」 (을유문화사, 2007) p.542. 참조.

주(神仙酒)까지 찾으려 하느냐고 익살을 떤다.

3단에서는 술을 마셔야 하는 목적을 제시하고 있다. 세 잔 술에 대도에 통하고, 한 말 술에 자연에 합치된다고 하여, 술은 득도(得道)에 이르는 촉매이며, 그에게 술은 온갖 시름을 잊게 하는 망우물(忘憂物)이었다. 다만 술 취한 가운데 흥취를 얻으면 그만이니, 그 흥취를 술 마시지 않는 사람들에게 알려주지 말라고 재치가 섞인 당부까지 한다. 주당들에게 속담과 같은 삼배통대도(三杯通大道) 일두합자연(一斗合自然)은 여기서 비롯되었다. 「증광현문(增廣賢文)」에는 역시 주당들이 즐겨 애용하는 다음과 같은 유명한 표현이 있다.

有花方酌酒 無月不登樓 三杯通大道 一醉解千愁
유 화 방 작 주　무 월 부 등 루　삼 배 통 대 도　일 취 해 천 수
꽃이 있으니 바야흐로(方) 술을 따르고, 달이 없으니 누각에 오르지 않는다오. 세 잔 술에 대도에 통하고, 한 번 취하니 천 가지 근심이 풀린다오.

獨酌　독작
홀로 술을 따라 마시다

李白　이백

天若不愛酒　천약불애주
하늘이 만약에(若) 술을 좋아하지 않았다면,
酒星不在天　주성부재천
주성이 하늘에 있지 않았을 것이오(不在).
地若不愛酒　지약불애주
땅이 만약에(若) 술을 좋아하지 않았다면,

地應無酒泉　　지응무주천

땅에 주천 (또한) 없었을 것이오(應無).

天地既愛酒　　천지기애주

하늘과 땅이 이미(既) 술을 좋아하니,

愛酒不愧天　　애주불괴천

술을 좋아함은 하늘에 부끄러운 일이 아니라오(不愧).

已聞淸比聖　　이문청비성

청주는(淸) 성인에 비견된다고(比聖) 이미 들었고(已聞),

復道濁如賢　　부도탁여현

탁주는(濁) 현인과 같다고(如賢) 또다시(復) 말했다오(道).

賢聖既已飮　　현성기이음

현인(탁주)과 성인(청주)을 이미(既) 벌써(已) 마셨는데,

何必求神仙　　하필구신선

어찌하여(何必) (또다시) 신선(주)을 찾으려 하시오?

三杯通大道　　삼배통대도

세 잔 술에 대도에 통하고,

一斗合自然　　일두합자연

한 말 술에 자연에 합치되네.

但得醉中趣　　단득취중취

다만(但) 술 취한 가운데(醉中) 흥취를(趣) 얻으면 그만이니(得),

勿爲醒者傳　　물위성자전

(그 흥취를) 술 마시지 않는 사람들에게(醒者) 알려주지(傳) 마시오(勿爲).

愧(괴) : 부끄럽다. 부끄러워하다.
道(도) : 길. 도리(道理). 말하다.
趣(취) : 흥취(興趣).
醒者(성자) : 술을 마시지 않는 사람.

＊

누구나 가장 가까운 가족에게조차 말하고 싶지 않은 사연을 품고 살아가기 마련이다. 그 사연이 그날따라 더욱 선명하다. 또는 그날따라 그런 사연으로 마음이 우울하다. 아마도 그런 날이 혼자서 술을 마시고 싶은 날이 아닐까? 그런데 그날따라 딱히 함께 자리할 친구도 없다. 그러니 독작할 수밖에. 그런데 술이 몇 잔 거듭되면서 그날따라 그 어떤 사람이 더욱 그립다. 그렇다고 전화로라도 속마음을 말하기에는 왠지 부끄럽고 용기도 나지 않고, 그래서 전화기만 매만진다. 그런 분위기가 다음과 같은 독작이 아닐까?

독작(獨酌)

박시교

상처 없는 영혼이
세상 어디 있으랴

사람이
그리운 날
아, 미치게

그리운 날

네 생각
더 짙어지라고
혼자서
술 마신다

이백(李白) 대주부지(待酒不至) : 봄바람과 함께 취한 손님, 오늘 참으로 서로 어울리시네!

누구나 어린 시절 생일날이나 설날, 추석날, 또는 그 어떤 날을 손꼽아 애타게 기다렸던 추억 하나쯤 있다. 어린 시절에 어머니께서 먼 길을 걸어서 읍내 시장에 다녀오시는 날이 가끔 있었다. 아마도 그날이 목이 빠지게, 눈알이 빠지게 어머니를 기다렸던 최고로 간절한 기다림이 아니었을까?

교통이 불편했던 60~70년대 시골에서 읍내 시장에 가려면, 30여 분을 걸어가서 다시 뜸하게 다니는 버스를 타고 30여 분을 가야만 했다. 학교에서 돌아온 아이는 덩그러니 혼자 집을 지키면서 어머니를 기다렸다. 그때는 6.25 참전 용사들 가운데 부상으로 한쪽 팔을 잃거나 한쪽 다리를 잃은 상이군인(傷痍軍人)들이 물건을 팔러 다니기도 했다. 또는 구걸하러 다니는 행려자(行旅者)들도 많았다. 어린 시절에 혼자 집을 지키는 일은 너무나 무서웠다. 그래서 대문을 잠그고 마을 친구를 꾀어, 어머니께서 읍내에서 돌아오시는 길목까지 마중을 나갔다. 드디어 어머니께서 물건을 머리에 이고 손에 들고 오시는 모습이 보이면, 한걸음에 달려가서 물건을 받아 들고, 함께 집으로 돌아왔던 기억이 생생하다. 기형도의 '엄마 걱정'도 그런 간절했던 기다림이었다. 유년 시절 어머니를 간절히 기다렸던 활동사진(活動寫眞) 같은 추억 여행을 잠시 떠나자.

엄마 걱정

기형도

열무 삼십 단을 이고
시장에 간 우리 엄마
안 오시네, 해는 시든 지 오래
나는 찬밥처럼 방에 담겨
아무리 천천히 숙제를 해도
엄마 안 오시네, 배춧잎 같은 발소리 타박타박
안 들리네, 어둡고 무서워
금 간 창틈으로 고요히 빗소리
빈방에 혼자 엎드려 훌쩍거리던

아주 먼 옛날
지금도 내 눈시울을 뜨겁게 하는
그 시절, 내 유년의 윗목

※

옥 술병에 푸른 실을 매달은 까닭은 무엇이었을까? 들고 다니기에 편리하도록, 또는 다른 술병들과 구별하기에 편리하도록 푸른 실을 매달았을까? 그보다는 멋을 내려는 장식적 의미가 더 크지 않았을까? 왕한(王翰)의 양주사(涼州詞)에서 살펴보았듯이 중국 사람들은 전통적으로 옥 제품을 선호했다. 그 가운데 하나가 야광배(夜光杯)다. 옥 술병 역시 아끼는 물건이었음에 틀림이 없다. 산에는 꽃들이 활짝 피어 술 마시기에 알맞은 계절이다.

그래서 분위기를 돋우려고 평소에 아끼는 옥 술병에 푸른 실까지 매달아 술을 받아 오도록 사람을 보냈는데, 어떤 연유인지 오지 않으니 답답한 노릇이다. 초대한 손님은 벌써 당도하였고, 컬컬한 목을 축이고 싶은 마음 간절한데, 어느새 해까지 기울고 있었다. 학교에서 돌아온 아이가 덩그러니 혼자 집을 지키면서 어머니를 기다렸던 심정만은 못하겠지만, 그 간절함은 비등하지 않았을까?

드디어 저녁 무렵 동산 아래에서 손님과 술을 주거니 받거니 하는데, 꾀꼬리들까지 다시 날아와서 분위기를 돋우고, 봄바람이 불어 그윽한 꽃향기가 코끝을 자극한다. 술을 기다렸던 간절함이 컸으니 술맛이야 말할 것도 없었겠다.

待酒不至   대주부지
술을 기다려도 오지 않으니

李白   이백

玉壺繫靑絲   옥호계청사
옥 술병에(玉壺) 푸른 실 매달았는데(繫),
沽酒來何遲   고주래하지
술을 사서(沽酒) 오는데(來) 어찌 늦는가(何遲)?
山花向我笑   산화향아소
산에 핀 꽃들이 나를 보고(向我) 웃으니,
正好銜杯時   정호함배시
바로(正) 술 마시는 시기로(銜杯時) 알맞다오(好).

晚酌東山下　　만작동산하

저녁 무렵(晚) 동산 아래에서 술을 따르니(酌),

流鶯復在玆　　유앵부재자

날아다니는 꾀꼬리들(流鶯) 다시(復) 여기에 모였다오(在玆).

春風與醉客　　춘풍여취객

봄바람과 함께(與) 취한 손님,

今日乃相宜　　금일내상의

오늘 참으로(乃) 서로 어울리시네(相宜).

壺(호) : 병. 단지.

繫(계) : 매다. 이어매다. 묶다. 매달다.

遲(지) : 늦다. 더디다.

正(정) : 바로. 막. 때마침. 바르다. 올바르다. 정당하다.

酌(작) : 잔에 술을 따르다. 술잔을 서로 주고받다. 대작(對酌)하다. 술.

鶯(앵) : 꾀꼬리.

玆(자) : 여기. 이곳.

與(여) : ~와(과). 함께. 주다. 베풀다.

乃(내) : 의외로. 뜻밖에. 이에. 곧. 비로소.

宜(의) : 마땅하다. 알맞다. 화목하다. 형편이 좋다. 아름답다.

두보(杜甫) 음중팔선가(飮中八仙歌) : 이백은 술 한 말에 시 백 편을 짓고

두보(杜甫)는 당(唐) 현종(玄宗) 시대에 주당으로서 명성이 높았던 여덟 사람의 독특했던 면모를 흥미롭게 노래했다. 그런데 그 주당들이 그냥 흥청망청 마시면서 술주정이나 하는 몰상식한 술주정뱅이였다면, 그 주당들을 술 취한 신선으로까지 위치를 격상시켰을까? 두보는 음중팔선가(飮中八仙歌)에서 그들의 술과 관련된 독특한 면모를 소개하면서도, 그들만의 사람됨과 장점까지도 드러내려고 의도했다고 이해함이 더 올바른 해석이다.

두보 역시 누구보다도 술을 즐겼다. 이백이 주선(酒仙), 시선(詩仙)이라는 별칭을 얻었듯이, 두보는 주성(酒聖), 시성(詩聖)이라는 별칭을 얻었다. 인물만이 인물을 알아보는 법이다. 두보가 시의 소재로 여덟 사람을 가려 뽑은 것은 우연이 아니다. 「한시외전(韓詩外傳)」 5권에 다음과 같은 말이 있다.24)

同明相見 同音相聞 同志相從 非賢者 莫能用賢
현명한 수준이 같으면(同明) 서로 사람됨을 알아본다(相見). 주장이나 견해가 같으면(同音) 서로 주장이나 견해를 이해하고 인정한다(相聞). 지향점이나 목표가 같으면(同志) 서로 어긋남이 없이 함께 잘 어울린다(相從). (그러므로) 현자가 아니면 현자를 쓰지 못한다.

---

24) 韓嬰, 「譯註 韓詩外傳 1」 許敬震 等 譯 (전통문화연구회, 2020) p.326.

能(능) : ~할 수 있다.
能用(능용) : 능(能)는 조동사, 용(用)은 본동사 역할을 한다.

*

음중팔선가(飲中八仙歌)의 첫 번째 등장인물은 하지장(賀知章)[25]인데, 이백의 사람됨을 바로 간파했다. 하지장은 격식이나 관습에 얽매이지 아니하고, 행동이 자유로운 사람이었다. 그랬으니 이백과는 통하는 면이 많았다. 하지장은 이백보다 40세 연상이었지만, 나이 차를 극복하고, 친구가 되어 대작했는데, 처음 만난 자리에서 이백을 적선인(謫仙人), 곧 귀양 온 신선이라고 불렀다는 고사(故事)로 유명하다. '대주억하감(對酒憶賀監) 술을 앞에 놓고 하감(賀監), 곧 비서감(秘書監) 하지장을 그리워하다'라는 이백의 시에서 이를 소개하고 있다. 하지장이 궁중 도서를 관장하는 비서감을 역임하여 하감(賀監)이라고 하였다.

四明有狂客　　사명유광객[26]
사명산에 광객이 있었으니,
風流賀季眞　　풍류하계진
풍류객 하계진이라오.
長安一相見　　장안일상견
장안에서 처음 서로 만났을 때(一相見),
呼我謫仙人　　호아적선인
나를 귀양 온 신선이라(謫仙人) 불렀다오(呼).

---

25) 초당(初唐)의 시인. 자(字) 계진(季眞).
26) 사명산(四明山)은 중국 절강성(浙江省)에 있는 명산이다. 하지장이 만년(晩年)에 관직을 그만두고 이 산에 은거하여 스스로 사명광객(四明狂客)이라고 하였다.

昔好杯中物   석호배중물

옛날(생전)에는(昔) 술깨나(杯中物) 즐기시더니(好),

今爲松下塵   금위송하진

지금은 소나무 아래 진토가(松下塵) 되었구려(爲).

金龜換酒處   금귀환주처

금거북을 (풀어) 술과 바꿨던(換酒) 그때 그곳을(處)

却憶淚沾巾   각억누첨건

돌이켜 생각하니(却憶) 눈물이(淚) 수건을 적신다오(沾巾).

狂客(광객) : 세속에 구애받지 않고 자유분방하게 행동하는 사람.
杯中物(배중물) : 잔 속의 물건이라는 말로 술을 뜻한다.
塵(진) : 티끌. 먼지. 흙먼지.
金龜(금귀) : 중국 당나라 때 3품 이상의 관리가 관복의 띠에 매는 거북 모양의 금으로 된 장식물이다. 하지장은 금귀를 풀어 술값으로 냈다.
却(각) : 물리치다. 다시. 반대로.
却憶(각억) : 돌이켜 생각하다.
沾(첨) : 젖다. 적시다.

*

두보(杜甫)의 음중팔선가(飮中八仙歌)에 첫 번째로 등장하는 하지장(賀知章)은 바로 앞에서 살펴보았고, 이제부터는 나머지 일곱 사람의 독특했던 면모를 살펴보자.

여양(汝陽)[27]은 술 세 말을 마셔야 드디어 천자를 배알했다니, 가히 말술

---

27) 여양(汝陽)은 당 현종(玄宗)의 형의 맏아들 이진(李璡)이다. 여양군왕(汝陽郡王)에 봉해졌다.

의 원조였다. 길에서 누룩 실은 수레만 만나도 입에서 침을 흘렸고, 주천 (酒泉)으로 봉지를 옮겨 책봉되지 못했음을 한탄했다는 표현에서 그의 주도의 단계를 짐작하게 한다. 그런가 하면 술고래의 원조도 있다. 바로 좌상(左相) 이적지(李適之)[28]다. 그는 하루 유흥에 만전이나 쓸 정도로 통이 큰 사람이었다. 그리고 술을 어찌나 많이 마셨는지 큰 고래가 모든 하천의 물을 마시듯 술을 마셨다.

최종지(崔宗之)[29]는 나이에 비하여 무척이나 얼굴이 맑고 깨끗한 요즘 말로 꽃미남이었다. 술잔을 들고 흰 눈으로 푸른 하늘을 쳐다볼 때의 모습까지도 아름다웠다. 일반적으로 백안(白眼)은 업신여기거나 하찮게 여겨 깔본다는 멸시(蔑視)의 의미를 포함한다. 그런데 그에게 백안은 마치 송아지의 눈망울처럼 맑고 순수했다. 어린아이는 울어도 이쁘고, 나이 든 사람은 웃어도 밉다는 말이 있다. 그만큼 나이 들면서 세월의 흔적이 얼굴에 남아 있기 마련인데, 최종지에게서는 그런 세월의 흔적이 없었다. 그런데 단지 그의 모습이 동안(童顔)이었기 때문에 아름다웠을까? 아니다. 그는 그만큼 사람됨도 맑고 깨끗했기 때문이었음이 분명하다.

소진(蘇晉)[30]은 평소 불교에 귀의하여 정진(精進)했지만, 가끔은 술에 취하여 참선을 게을리했다. 그의 인간적인 면모를 강조했고, 술은 그만큼 환속(還俗)하도록 만드는 영물(靈物)이었다.

한편, 술이 그 사람의 장점을 드러내도록 만드는 경우도 있었다. 이백(李

---

28) 좌상(左相)은 좌승상(左丞相) 이적지(李適之)다. 평소에 손님 접대를 즐겼고, 말술을 마셨다.
29) 최종지(崔宗之)는 이백(李白), 두보(杜甫)와 교유(交遊)했던 문인이다.
30) 소진(蘇晉)은 당 현종(玄宗)이 태자였던 때부터 옆에서 살폈다. 불교에 귀의, 정진(精進)했다.

白), 장욱(張旭), 초수(焦遂)가 그렇다. 이백은 술 한 말에 시 백 편을 지을 정도로 뛰어난 주선이었고 시선이었다. 이백에게 술은 이주조흥(以酒助興) 술로써 흥취를 돋우고, 차주부시(借酒賦詩) 술을 빌어 시를 짓고, 차주소수(借酒消愁) 술을 빌어 근심을 없애는 친구와 같은 존재였다.

장욱(張旭)은 술을 마시고, 고함을 지르면서 초서를 썼다. 때로는 먹물을 머리카락에 묻혀 글을 쓸 정도로 기행을 일삼았다. 붓을 휘둘러 글을 쓸 때는 구름이나 연기가 휘날리는 듯하여, 초서를 잘 쓰는 사람, 곧 초성(草聖)이라는 별칭까지 얻었다. 그 무렵에는 관(冠)이나 모자(帽子)를 벗고 정수리를 드러내는 것은 예의에 어긋난 행동이었다. 그는 그만큼 격식이나 관습에 얽매이지 아니하고 멋대로 행동했던 자유로운 영혼이었다.

평소에는 말이 없고 숫기가 없다가, 술 몇 잔이 들어가면 다른 사람인 양 좌중을 뒤흔드는 사람이 있다. 아마도 초수(焦遂)[31]도 그런 사람이었던 듯하다. 그런데 초수는 단순히 말을 잘했던 것이 아니라, 고상한 이야기와 씩씩하고 조리가 있는 말솜씨로 좌중을 들었다 놓았다 했다니, 틀림없이 독서를 게을리하지 않았던 사람이다.

---

31) 초수(焦遂)는 포의(布衣), 곧 벼슬이 없는 선비였다.

飮中八仙歌　　음중팔선가

술 취한 여덟 신선에 대한 노래

杜甫　　두보[32]

知章騎馬似乘船　　지장기마사승선

하자장이 (술에 취하여) 말을 타면(騎馬) 배를 탄 듯이 몸이 흔들렸고(似乘船),

眼花落井水底眠　　안화낙정수저면

눈동자가 충혈되고 어지러워(眼花) 우물에 빠져서도 물속에서(水底) 잠잤다오(眠).

　花(화) : 꽃. (꽃이) 피다. 흐려지다. 어두워지다.
　眼花(안화) : 눈에 꽃이 피다. 술에 취하여 눈동자가 충혈되다.

汝陽三斗始朝天　　여양삼두시조천

여양은 술 세 말을 마셔야(三斗) 비로소(始) 천자를 배알했고(朝天),

道逢麴車口流涎　　도봉국거구류연

길에서 누룩 실은 수레만(麴車) 만나도(逢) 입에서 침을 흘렸으며(流涎),

恨不移封向酒泉　　한불이봉향주천

주천으로(向酒泉) 봉지를 옮겨 책봉되지 못했음을(不移封) 한탄했다오(恨).

　朝(조) : 아침. 조정(朝廷). (임금을) 뵈다. 배알(拜謁)하다. (정사를) 펴다. 집행하다.
　涎(연) : 침.

---

32) 성당(盛唐)의 시인.

左相日興費萬錢　　좌상일흥비만전

좌상은(左相) 하루 유흥에(日興) 만전이나 썼고(費),

飮如長鯨吸百川　　음여장경흡백천

큰 고래가(長鯨) 모든 하천의 물을(百川) 마시듯(如 ~ 吸) 술을 마셨으며(飮),

銜杯樂聖稱避賢　　함배낙성칭피현

성인이라 일컬음을(聖稱) 즐기며(樂), 현인을 피한다고 하면서(避賢)[33] 술을 마셨다오(銜杯).

費(비) : 쓰다. 소비하다.
吸(흡) : 마시다.
百(백) : 일백(一百). 여러. 모두. 모든. 온갖.
銜杯(함배) : 술잔을 입에 물다. 맛을 음미하면서 마시다.

宗之瀟灑美少年　　종지소쇄미소년

종지는 얼굴이 맑고 깨끗한(瀟灑) 미남 소년 같았는데(美少年),

擧觴白眼望靑天　　거상백안망청천

술잔을 들고(擧觴) 흰 눈으로(白眼) 푸른 하늘을 쳐다볼 때는,

皎如玉樹臨風前　　교여옥수임풍전

(술에 취하여 흔들리는 모습이) 마치 백옥의 나무가(玉樹) 바람 앞에서 흔들리듯(如 ~ 臨風前) 희고 밝게 빛났다오(皎).

---

33) 앞서 이백(李白)의 독작(獨酌)에서 살펴보았다. 여기서 성(聖)은 청주(淸酒), 현(賢)은 탁주(濁酒)를 뜻한다. 이적지(李適之)의 시에 다음과 같은 구절이 있다. "피현초파상 (避賢初罷相) 현인을 피하여 처음 재상에서 파직되었으니, 낙성차함배(樂聖且銜杯) 성인을 즐겨 우선 마시리라." 피현초파상(避賢初罷相)에서 현(賢)은 좌상(左相)이라는 관직과 탁주를 동시에 뜻한다. 「고문진보(古文眞寶) 전집(前集)」 (을유문화사, 2007) p.542. 및 「고문진보(古文眞寶) 전집(前集)」 (명문당, 2005) p.564. 참조.

瀟(소) : (물이) 맑고 깊다.

灑(쇄) : (물을) 뿌리다. 깨끗하다. 소제(掃除)하다.

觴(상) : 잔(盞).

白眼(백안) : 눈의 흰자위. 나쁘게 여기거나 업신여겨서 흘겨보는 눈.

皎(교) : 달빛. 희다. 밝다. 깨끗하다.

玉樹(옥수) : 아름다운 나무. 뛰어나고 고결한 풍채를 비유하는 말.

蘇晉長齋繡佛前   소진장재수불전

소진은 수불 앞에서(繡佛前) 오래도록 재계했었는데(長齋),

醉中往往愛逃禪   취중왕왕애도선

술에 취하면(醉中) 때때로(往往) 참선하다 말고 도피하기를(逃禪) 좋아했다오.

齋(재) : 재계(齋戒)하다. 몸과 마음을 깨끗이 하다. 정진(精進)하다. 집. 명복(冥福)
을 비는 불공.

繡(수) : 수(繡). 수(繡)를 놓다.

繡佛(수불) : 수(繡)를 놓아 만든 부처의 형상.

逃(도) : 달아나다. 벗어나다. 피하다.

李白一斗詩百篇   이백일두시백편

이백은 술 한 말에(一斗) 시 백 편을 짓고(詩百篇),

長安市上酒家眠   장안시상주가면

장안의 시장 바닥(市上) 술집에서(酒家) 술에 곯아떨어졌다오(眠).

天子呼來不上船   천자호래불상선

천자가 오라고 불러도(呼來) 배에 오르지 못하고,[34]

---

34) 현종(玄宗)이 일찍이 백련지(白蓮池)에서 연회를 열고, 악부(樂府)의 새로운 가사를 짓
   도록 사자(使者)를 보내서 이백을 불렀다. 그때 이백은 장안의 시장 바닥 술집에서 잠

自稱臣是酒中仙　　자칭신시주중선

'신은(臣) 술 취한 신선입니다(是酒中仙).'라고 스스로 불렀다오(自稱).

張旭三杯草聖傳　　장욱삼배초성전

장욱은 술 세 잔을 마시고 초서를 써서(三杯) 초서의 성인으로(草聖) 전해 지는데,

脫帽露頂王公前　　탈모노정왕공전

왕이나 귀족 앞에서도 모자를 벗고(脫帽) 정수리를 드러내는 무례를 범했지만 (露頂),

揮毫落紙如雲烟　　휘호낙지여운연

붓을 휘둘러(揮毫) 종이 위에 쓰니(落紙) 구름이나 연기가 휘날리는 듯했다오.

露(로) : 이슬. 드러나다. 드러내다.
王公(왕공) : 왕(王)과 공(公). 신분(身分)이 높은 사람.
揮(휘) : 휘두르다. 지휘하다.
毫(호) : 터럭(몸에 난 길고 굵은 털). 털. 붓.

焦遂五斗方卓然　　초수오두방탁연

초수는 술 다섯 말을 마셔야(五斗) 바야흐로(方) 탁연했는데(卓然),

高談雄辯驚四筵　　고담웅변경사연

고상한 이야기와(高談) 조리가 있는 말솜씨로(雄辯) 연회에 참석한 사방의 사람들을(四筵) 놀라게 했다오(驚).

자고 있었다. 이백은 백련지에 당도했지만 취하여 스스로 배에 오르지 못했고, 현종이 환관 고력사(高力士)에게 명하여, 부축하여 배에 오르게 하였다.

卓然(탁연) : 여럿 가운데 높이 뛰어나 의젓한 모양(模樣).

高談(고담) : 고상(高尙)한 말. 거리낌이 없이 큰 소리로 말함.

雄辯(웅변) : 조리가 있고 막힘이 없이 당당하게 말함.

筵(연) : 대자리. 좌석. 연회(宴會).

두보(杜甫) 곡강(曲江) 2수(二首) : 인생에서 일흔 살은 예로부터 드물었다오.

이백이 시선(詩仙), 주선(酒仙)이라는 별칭을 얻었듯이, 두보는 시성(詩聖), 주성(酒聖)이라는 별칭을 얻었다. 두보는 그만큼 많은 작품을 남겼고 술을 즐겼다. 그렇지만 곡강(曲江)[35] 변에서 떨어지는 꽃잎을 보고, 봄이 덧없이 흘러감을 아쉬워하며 술에 한껏 취했고(제1수), 조정의 조회(朝會)를 마치고 돌아오면 날마다 봄옷을 전당 잡히고, 매일 곡강 변에서 한껏 취하여 돌아온 데에는 다른 이유가 있었다(제2수).

712년 두보는 유학(儒學)을 신봉하는 비교적 부유한 가문에서 태어났다. 이런 배경은 그가 어린 시절부터 독서에 전념하고, 중국을 두루 유람하는 밑거름이 되었다. 공교롭게도 두보가 태어난 712년, 당(唐) 현종(玄宗)이 즉위했다. 현종은 집권 전반기 약 28년 동안에는 현명한 관리를 등용하고 정사를 잘 살폈다. 바야흐로 개원(開元)의 치(治)라고 칭송하는 태평 성세를 맞이했다.

그 무렵 사회는 안정되고, 백성들의 삶은 여유롭고 넉넉했으며, 문화의 꽃이 활짝 피는 성당(盛唐)의 시기였다. 이런 풍요로움은 지식인들이 이곳저곳을 두루 유람하기에 좋은 조건을 제공했다. 그 무렵에는 독만권서(讀萬卷書) 만 권의 책을 읽고, 행만리로(行萬里路) 만 리 길을 여행한다는 풍조가 있었다. 책상 위 지식에 머물지 않고, 이곳저곳을 두루 살펴보고 견문을 넓히며, 명사나 문인을 만나서 교유(交遊)했다. 두보 역시 20세에 여행

---

35) 곡강(曲江)은 중국 장안 북쪽 인근에 있었던 연못으로 곡강지(曲江池)라고도 한다.

을 시작하여 34세 때까지 세 차례나 긴 여행길을 떠나 이백 등 여러 문인과 교유하고, 관직에 나아가 군왕을 잘 보필하고 나라를 바로 잡겠다는 유학자로서의 꿈을 키웠다.[36]

35세(746)에 두보는 십여 년의 긴 유람을 끝내고 장안으로 돌아왔는데, 그때 부친이 세상을 떠나면서 가세가 기울기 시작했다. 그때부터 그는 궁핍한 삶에 시달려야 했다. 장안성 남쪽 종남산에서 약초를 캐서 시장에 팔아 입에 풀칠하였고, 먹다 남은 술이나 식은 음식을 구걸까지 했다.

이런 삶이 그의 시작(詩作)에 전환점이 되었다. 마침내 질병과 궁핍에 시달리는 서민의 삶이나 부패한 정치권력에 눈을 떴다.[37] 그는 그런 것들을 시의 소재로 삼았다. 그 무렵에 그는 남조(南詔, 현재의 雲南省 大理) 정벌에 따른 폐해를 비난하는 병거행(兵車行)을 40세(751)에 지었고, 황실의 양귀비(楊貴妃)와 그의 자매들을 풍자하는 여인행(麗人行)을 42세(753)에 지었다. 755년부터 763년까지 약 9년 동안 나라를 뒤흔든 안녹산(安祿山)과 사사명(史思明)의 전란(戰亂)을 온몸으로 겪으면서도 누군가로부터 밥과 술을 얻어먹은 사실까지 꼼꼼히 시로 기록했다. 이런 연유로 그의 시를 '시로 쓴 역사'라고 칭송하기도 한다.[38]

안사(安史)의 전란이 시작된 755년 11월 어린 아들은 굶어 죽었다. 가족들을 데리고 극심한 추위와 배고픔을 참고, 폭우를 맞으면서 피난길에 올랐다. 반란군이 드디어 장안 인근까지 들이닥쳤다. 현종은 장안성을 버리고 촉(蜀)으로 도망쳤다. 그때 양귀비 일족은 모두 죽임을 당했다. 태자는

---

36) 한성무, 「두보 평전」 김의정 譯 (호미, 2007) pp.24~25.
37) 위의 책, p.74.
38) 같은 책, p.5.

영무(靈武)로 몸을 피했다. 그가 바로 현종의 뒤를 이은 숙종(肅宗)이다.

757년 관군이 장안을 수복하고, 그해 12월에 현종은 성도(成都)에서 장안으로 돌아왔다. 그런데 조정은 전란을 수습하고 서민의 삶을 보살피기보다는, 현종을 따라 촉으로 갔던 세력과 숙종을 따라 영무로 갔던 세력이 서로 권력투쟁에 몰두했다. 그 무렵 두보는 좌습유(左拾遺)라는 관직을 제수받았는데, 좌습유는 비록 그리 높지 않은 관직이었지만, 황제의 실정(失政)을 비판하고 간언(諫言)할 권한이 있는 영예로운 자리였다. 그렇지만 권력에 눈멀고 부패한 그 무렵의 정치 상황에서 그는 간관(諫官)으로서 설 자리가 없었다. 그는 관리가 되어 나라를 바로 세우려는 꿈을 꾸었지만, 모두 허사였다.

곡강 제1수에서 두보는 곡강(曲江) 변에서 떨어지는 꽃잎을 보고, 봄이 덧없이 흘러감을 아쉬워하며 술에 잔뜩 취했다. 얼핏 보기에는 삶의 여유와 함께 인생의 무상(無常)을 노래한 듯하지만, 사실은 암담하고 절망적인 그 무렵의 정치, 사회적 현실을 표현했다.[39] 조상의 무덤의 규모는 그 가문의 부귀와 명성의 상징과도 같았다. 그래서 무덤 주변에 여러 석상(石像)을 세우고, 무덤의 봉분을 높게 만들었다. 그런 무덤을 돌보는 일은 오로지 후손의 몫인데, 당장 먹고살기에 바쁘면 조상의 무덤을 보살피기 어렵다. 봉분이 높은 무덤에는 기린 석상이 쓰러져 있지만, 이를 바로 세우고 보살피는 후손이 없다. 역시 암담하고 절망적인 그 무렵의 정치, 사회적 현실을 빗대어 표현했다. 그런 상황에서 그는 더 이상 희망을 찾기 어려웠다. 그는 헛된 명성으로 자신을 속박하여 어디에 쓰겠느냐며 숙종과의 결별을 결심하고 있었다.

---

39) 같은 책, p.144.

두보의 조부와 부친은 예순 무렵에 세상을 떴다. 그 무렵 묘지명(墓誌銘), 곧 묘지에 기록한 글에 근거하여 5,000여 명의 평균 나이가 59.3세라는 통계가 있다는데,[40] 묘지명을 남겼던 사람들은 그래도 경제적으로 어느 정도 넉넉했다. 묘지명을 남기지 못한 무수한 사람들이 있었을 터이니, 평균 나이는 그보다 더 떨어질 것이다. 아래 곡강 제2수는 언뜻 보면 인생칠십고래희(人生七十古來稀) 인생에서 일흔 살은 예로부터 드물었기에 외상이라도 술에 한껏 취함이 당연한 듯하다. 곡강에서 나비나 잠자리를 관찰하고 묘사한 부분은 그림으로 그린 듯 절묘하다. 봄 경치에게 말을 걸어 먼저 가지 말고, 자신과 함께 흘러 잠시나마 함께 즐겼으면 좋겠다는 부분은 세월의 무상함을 묘사한 듯하다. 그런데 그게 아니다. 두보는 암담하고 무력한 자신의 처지를 곡강이라는 시를 통하여 토로했다.[41]

曲江 第一首　곡강 제1수

一片花飛減却春　일편화비감각춘
한 조각 꽃잎이(一片花) 날려도 봄이 줄어들건만(減却),
風飄萬點正愁人　풍표만점정수인
바람이(風) 만 조각 꽃잎을(萬點) 날리니(飄) 참으로(正) 사람을 수심에 잠기게 한다오(愁人).
且看欲盡花經眼　차간욕진화경안
잠시(且) 다 져가는 꽃잎이(欲盡花) 눈앞에서 날려감을(經眼) 보며(看),
莫厭傷多酒入脣　막염상다주입순
지나치게 많은(傷多) 술이(酒) 입술로 들어옴을(入脣) 꺼리지 않는다오(莫厭).

江上小堂巢翡翠　　강상소당소비취

곡강 변(江上) 작은 집에는(小堂) 물총새가(翡翠) 둥지를 틀었고(巢),

苑邊高塚臥麒麟　　원변고총와기린

원림 가장자리(苑邊) 높은 무덤에는(高塚) 기린 석상이(麒麟) 누워있다오(臥).

細推物理須行樂　　세추물리수행락

사물의 이치를(物理) 자세히 헤아려서(細推) 모름지기(須) 즐겨야 하니(行樂),

何用浮名絆此身　　하용부명반차신

헛된 명성으로(浮名) 이 몸을(此身) 속박하여(絆) 어디에 쓰겠는가(何用)?

減(감) : 덜다. 가볍게 하다.

却(각) : 본자(本字) 각(卻). 물리치다. 쫓아 버리다. 조사로서 료(了).

감각(減却) : 덞. 줄임. 각(却)은 조사로서 료(了)의 의미다.

飄(표) : 나부끼다. 떨어지다.

欲(욕) : ~하려고 하다.

盡(진) : 다하다. 다 없어지다.

經(경) : 지나다. 통과하다. 통치하다. 경영하다. 경서(經書). 불경(佛經).

傷(상) : 상처. 상처를 입히다. 지나치게. 과도하게.

傷多(상다) : 지나치게 많음.

巢(소) : 새집. 깃들이다. 보금자리를 짓다.

翡翠(비취) : 짙은 초록색의 경옥(硬玉). 물총새.

塚(총) : 무덤.

推(추) : 밀다. 헤아리다. 추측하다.

絆(반) : 얽어매다. 묶다. 줄.

曲江 第二首　　곡강 제2수

朝回日日典春衣　　조회일일전춘의

조정의 조회를 마치고 돌아오면(朝回) 날마다(日日) 봄옷을 전당 잡히고(典),

每日江頭盡醉歸　　매일강두진취귀

매일 곡강 변에서(江頭) 한껏 취하여(盡醉) 돌아온다오.

酒債尋常行處有　　주채심상행처유

외상 술값은(酒債) 으레(尋常) 가는 곳마다(行處) 있는데,

人生七十古來稀　　인생칠십고래희

인생에서 일흔 살은 예로부터(古來) 드물었다오(稀).

穿花蛺蝶深深見　　천화협접심심현

이 꽃에서 저 꽃으로 날아다니는(穿花) 나비는(蛺蝶) 사라진 듯 숨었다가(深深) 다시 나타나고(見),

點水蜻蜓款款飛　　점수청정관관비

곡강 물 위에 꼬리로 점을 찍었던(點水) 잠자리는(蜻蜓) 느릿느릿(款款) 날아가는구나.

傳語風光共流轉　　전어풍광공유전

봄 경치에게(風光) 부탁하노니(傳語) (나와) 함께(共) 흘러 돌아서(流轉),

暫時相賞莫相違　　잠시상상막상위

잠시나마 서로 봄 경치를 즐기고(相賞) 서로 어긋나지 않았으면 좋겠구나(莫相違).

朝回(조회) : 조정에서 돌아옴. 조정의 조회를 마치고 돌아옴.
典(전) : 전당(典當) 잡히다. 법. 규정. 책. 서적.
頭(두) : 머리. 근처. 근방.
尋(심) : 찾다. 캐묻다. 보통. 평소.

尋常(심상) : 보통. 예사로움. 대수롭지 않음.

穿(천) : 뚫다. 구멍.

穿花(천화) : (나비가) 이 꽃에서 저 꽃으로 날아다니다.

蛺蝶(협접) : 나비.

深深見(심심현) : 사라진 듯 숨었다가 나타나다. 현(見)은 현(現)과 같다.

點(점) : 점찍다. 떨어지다. 떨어뜨리다. 점.

點水(점수) : 물에 꼬리를 댐. 물을 참.

蜻蜓(청정) : 잠자리.

款款(관관) : 느릿느릿한 모양.

風光(풍광) : 경치.

傳語風光(전어풍광) : 풍광에게 말을 전하다. 풍광에게 부탁하다.

共流轉(공유전) : 함께 흘러 돌다.

賞(상) : 즐기다. 구경하다. 상주다. 상.

相違(상위) : 서로 어긋남.

두보(杜甫) 견흥(遣興) 제5수(第五首) : 꽁꽁 동여맨 시신은 결국에는 빈손으로 산등성이에 묻히게 된다오.

두보의 견흥 제5수는 앞에서 소개했던 곡강 2수의 연장선에 있다. 그는 46세(757)에 좌습유(左拾遺)라는 관직을 제수받았지만, 권력에 눈멀고 부패한 그 무렵의 정치 상황에서 그는 간관으로서 설 자리가 없었다. 그나마 그 관직도 일 년 남짓밖에 되지 않았다. 그가 47세(758) 때, 숙종(肅宗)은 그를 화주(華州)[42]의 사공참군(司功參軍)으로 좌천시켰다. 이로써 그는 중앙 정치 무대에서 멀어지게 되었고, 조정을 떠나서 서민의 삶의 현장에서 사실주의 시가(詩歌)를 창작하는 계기가 되었다.[43]

한편, 그는 그해 겨울에 화주를 떠나 낙양의 옛집을 찾아갔다. 안사의 난으로 뿔뿔이 흩어졌던 동생들이 그리웠다. 그러나 동생들은 아직 돌아오지 않았고, 적막한 옛집만 둘러보고 쓸쓸히 화주로 돌아왔다. 그때 억제이수(憶弟二首)를 지어 동생들을 그리워하는 슬픈 감정을 표현했다.

759년 관중(關中)[44]은 극심한 가뭄으로 쌀값이 폭등하고, 먹을 양식이 모자라서 굶주리다 목숨을 잃는 사람들이 속출했다. 그런 가운데도 숙종은 자신을 따르는 무리만을 관리로 등용했고, 정국은 여전히 혼란스러웠다. 두보는 더 이상 숙종을 믿고 따를 만한 인물이 되지 못함을 직감했다. 그래서 그는 사공참군의 직위를 사직하고 가족을 데리고 진주(秦州)[45]로 길

---

42) 현재 중국 섬서성 화현(華縣).
43) 한성무, p.148.
44) 현재 중국 섬서성 지역.

을 떠났다. 이때부터 그는 진주를 시작으로 농주(隴州), 파촉(巴蜀)을 떠도는 불우한 고난의 길이 시작되었다.[46)

그렇다면 진주에서 두보의 삶은 어떠했을까? 그는 2년 동안 관직에 있으면서 조금이나마 돈을 모았다. 그는 그 돈을 화주에서 진주까지의 노비(路費)로 썼고, 진주에서 초라한 집 한 채를 빌려 머물렀지만, 당장 먹을 식량이 넉넉하지 못하여 가족들은 배고픔에 시달렸다. 사정이 이러했으니 옷은 따습게 입었겠는가? 진주로 와서 늦가을을 맞이했건만, 여전히 칡으로 만든 여름옷을 입고 있었다. 이때 그의 빈천(貧賤)한 처지를 견흥 제5수로 풀어냈다.[47)

아침에 부잣집 장례를 마주했는데, 화려한 상여와 상복을 입은 수많은 사람의 대열이었다. 그렇지만 생전의 부귀(富貴)나 빈천(貧賤)과는 상관없이, 죽음 이후에는 누구나 꽁꽁 동여매어 빈손으로 산등성이에 묻히게 된다. 이런 면에서 어쩌면 누구나 죽음 이후에는 큰 차이가 없다. 무력한 두보 자신의 처지와 궁핍에 시달리는 가족, 자신의 이상을 펼치지 못한 회한(悔恨), 안사의 난 이후 뿔뿔이 흩어진 동생들에 대한 그리움 등이 묻어난다. 한편은 빈천한 자신을 스스로 위로하는 측면도 엿보인다.

---

45) 현재 중국 감숙성 천수.
46) 한성무, pp.179~184.
47) 위의 책, pp.188~190.

遣興 第五首 견흥 제5수
즉흥을 좇아 읊다

杜甫 두보

朝逢富家葬 조봉부가장
아침에 부잣집 장례를(富家葬) 마주했는데,
前後皆輝光 전후개휘광
(장례 행렬의) 앞과 뒤가 모두(皆) 화려하게 빛났다오(輝光).
共指親戚大 공지친척대
(이런 장례 행렬은) 한마디로(共) 친척이(親戚) 번창하다는(大) 뜻으로(指),
緦麻百夫行 시마백부항
상복을 입은(緦麻) 수많은 사람의(百夫) 대열이었다오(行).
送者各有死 송자각유사
(그렇지만) 고인과 석별하는 사람들(送者) 각자도(各) (결국에는) 죽음을
맞이하게 되나니(有死),
不須羨其强 불수선기강
구태여(須) 그 집안의 강성함을(其强) 부러워하지 마시게(不羨).
君看束縛去 군간속박거
그대는(君) 꽁꽁 동여맨 시신이(束縛) 떠나는 모습을(去) 보게나(看),
亦得歸山岡 역득귀산강
역시(亦) 산등성이로(山岡) 돌아가게 된다오(得歸).

輝(휘) : 빛나다. 광채를 발하다. 빛. 광채.

輝光(휘광) : 화려하게 빛나다.

指(지) : 가리키다. 지시하다. 손가락.

總麻(시마) : 제3부 장진주사(將進酒辭) 참고.

百(백) : 일백(一百). 여러. 모두. 모든. 온갖.

行(항) : '줄'이나 '대열'의 뜻이면 '항'으로 읽는다.

羨(선) : 부러워하다. 탐내다.

束縛(속박) : 몸을 동여맴. 습(襲)과 염(斂)을 끝마친 시신.

得(득) : ~할 수 있다. '가능'을 나타내는 가(可)나 능(能)과 쓰임이 유사하다.

得歸(득귀) : 득(得)은 조동사, 귀(歸)는 본동사 역할을 한다.

岡(강) : 언덕. 구릉. 산등성이.

최민동(崔敏童) 연성동장(宴城東莊) : 꽃을 바라보면서 몇 번이나 술에 취할 수 있겠는가?

바로 뒤에서 소개할 최혜동(崔惠童)은 최민동(崔敏童)의 친형이라는 설과 사촌 형이라는 설이 있다. 성동장(城東莊)은 최혜동의 별장이라는 설과 다른 누군가의 별장이라는 설이 있다. 연성동장(宴城東莊)은 '성동장에서의 연회'라는 뜻이다. 최민동과 최혜동이 성동장의 연회에 함께 참석했음은 분명하다. 연회에 초대받은 최민동이 먼저 권주가로 시를 지어 흥취를 돋운 듯하다.

매서운 겨울이 끝나고 따뜻한 봄이 시작되면서 들판에는 이름 모를 꽃들이 피어나고, 새싹이 돋아날 때면 신비로운 마음마저 든다. 누구도 돌보지 않는 이 풀들은 어떻게 봄철을 느끼고 꽃을 피우는가? 한 해가 또 지나가면 만물이 생동하는 또 다른 한 해의 봄이 시작되는데, 나이 든 시인은 새로운 봄을 맞이했지만, 나이 한 살 더 먹었다는 것을 제외하고 생동하기는커녕 오히려 기력이 작년만 같지 못함을 실감한다. 해가 거듭될수록, 나이가 들수록 세월의 속도는 야속하게도 더욱 빠르기만 하다.

장자(莊子)는 가장 장수하는 사람들에게 예상되는 기대 수명으로 상수(上壽)라 하여 100세라고 말했지만, 100세까지 살았던 사람은 일찍이 없었고, 당시로서는 하수(下壽) 60세를 넘기는 사람도 그리 많지 않았다. 그래서 60세 회갑을 성대하게 잔치를 열어 축하했다. 우리나라 60~70년대까지도 그랬다. 요즘에는 80세를 넘겨 돌아가셔도 장수했다고 말하지 않고, 90세는 넘겨야 장수했다고 말하는 세상이 되었다. 100세 인간(Homo

Hundred)이라는 신조어까지 등장했다. 격세지감(隔世之感)을 느끼게 된다.

꽃을 바라보면서 앞으로 몇 번이나 술에 취할 수 있을지 상념에 잠겼다는
것은 그만큼 나이가 들었다는 말이다. 그 나이가 되면 술을 절제할 줄도
알고, 술을 즐길 줄도 알고, 술의 참맛을 느끼면서 마시기 마련이다. 그렇
지만 값이 비싼 술을 사겠으니 가난하다고 사양하지 말라고 한다. 이는 호
기(豪氣)가 아니다. 세월이 빨리 흘러가고, 점점 더 늙어가는 게 야속하고,
그렇게라도 세월에 끝을 조금이라도 더 잡고 싶은 심정 때문이리라.

宴城東莊　　연성동장
성동장에서의 연회

崔敏童　　최민동48)

一年又過一年春　　일년우과일년춘
한 해가(一年) 또 지나가면(又過) 또 다른 한 해의 봄인데(一年春),
百歲曾無百歲人　　백세증무백세인
백세가 지나가도(百歲) 일찍이(曾) 백세까지 살았던 사람은 없다오(無百歲人).
能向花中幾回醉　　능향화중기회취
꽃을 바라보면서(向花中) 몇 번(幾回)이나 술에 취할 수 있겠는가(能 ~ 醉)?
十千沽酒莫辭貧　　십천고주막사빈
값이 비싼(十千) 술을 사겠으니(沽酒) 가난하다고 사양하지 마시게(莫辭貧).49)

---

48) 성당(盛唐)의 시인.

49) 술을 사는 주체가 누구냐에 따라 십천고주막사빈(十千沽酒莫辭貧)을 다음과 같이 해석
하는 것이 가능하다. 첫째, (내가) 값이 비싼 술을 사겠으니 (그대는) 우리 형편에 이렇
게 값이 비싼 술을 마실 처지가 아니라고 말하면서 사양하지 마시게. 위 해석은 여기
에 해당된다. 둘째, (그대는) 값이 비싼 술을 사는 데 가난 핑계는 대지 마시게.

十千(십천) : 일만(一萬).
沽(고) : 술을 사다.
十千沽酒(십천고주) : 일만 전으로 술을 사다. 값이 비싼 술을 사다.

최혜동(崔惠童) 봉화동전(奉和同前) : 서로 만나서, 서로 자리를 함께 했으니, 우선 술 한잔하세!

겨울과 여름 사이에 낀 봄날은 짧기만 하다. 최영미 시인의 '선운사에서'라는 시를 잠시 감상해보자.

꽃이
피는 건 힘들어도
지는 건 잠깐이더군
골고루 쳐다볼 틈 없이
님 한 번 생각할 틈 없이
아주 잠깐이더군

그대가 처음
내 속에 피어날 때처럼
잊는 것 또한 그렇게
순간이면 좋겠네

멀리서 웃는 그대여
산 넘어가는 그대여

꽃이
지는 건 쉬워도
잊는 건 한참이더군

영영 한참이더군

동백이 꽃을 피우기까지는 매서운 북풍한설(北風寒雪)을 견뎌야 했다. 그렇게 어렵게 꽃을 피웠건만 꽃이 지는 건 잠깐이고, 얼마나 짧은지 시인은 골고루 쳐다볼 틈도 없었고, 님 한 번 생각할 틈도 없었단다. 동백과 진달래로 시작해서, 개나리, 벚꽃, 영산홍, 철쭉이 차례대로 피었다가 눈 깜짝할 사이에 사라지고, 장미꽃이 필 무렵이면 뻐꾸기 울어대는 여름으로 들어간다.

최혜동(崔惠童)은 다음 시 봉화동전(奉和同前)에서 봄 경치(春色)는 흐르는 물과 같이 후다닥 지나가고, 오늘 시든 꽃은 어제 핀 꽃이라고 했다. 최영미나 최혜동뿐만 아니라, 꽃이 지는 모습을 아쉬워하는 사람 누구에게나 세월은 더욱 덧없이 흘러가고, 나이를 먹고 늙는 데 가속도가 붙는다. 그렇지만 그 여운은 오래 남고, 마음은 뒤숭숭하다.

'한 달에 주인은 몇 번(幾回)이나 웃는가?'는 「장자(莊子)」 제29편에서 살펴본 바와 같이 '병들고 누군가 돌아가셔서 장례를 모시고 근심하고 걱정하는 날을 빼고 나면, 그 가운데 입을 열고, 그리고 웃을 날이 한 달 가운데 불과 4, 5일에 지나지 않는다.'에 대한 질문처럼 보인다. 과거도 지금처럼 먹고 사는 일이 그렇게 녹록하지 않았는가 보다. 그래서 더욱 술 한 잔으로 마음을 달래고 싶었겠다.

그런 계제에 마음이 통하는 친구를 만났으니 얼마나 기뻤겠는가? 서로 만나서, 서로 자리를 함께 했으니 우선 술 한잔할 수밖에. 최혜동이나 최민동은 술의 참맛을 알고 있다. 「증광현문(增廣賢文)」에 다음과 같은 말이 있다.

상 봉 불 음 공 귀 거　동 구 도 화 야 소 인
相逢不飮空歸去 洞口桃花也笑人

서로 만나서 술을 마시지 않고 부질없이(空) 집으로 돌아가면

마을 입구 복숭아꽃 역시(也) 그 사람들을 비웃을 것이니라.

奉和同前　　봉화동전50)

앞의 시와 같은 제목으로(同前) 화답하다(奉和)

崔惠童　　최혜동51)

一月主人幾回笑　　일월주인기회소

한 달에 주인은52) 몇 번이나(幾回) 웃는가?

相逢相値且銜杯　　상봉상치차함배

서로 만나서(相逢), 서로 자리를 함께했으니(相値), 우선(且) 술 한잔하세(銜杯).

眼看春色如流水　　안간춘색여유수

흐르는 물과 같은(如流水) 봄 경치를(春色) 눈으로 본 것이니(眼看),

今日殘花昨日開　　금일잔화작일개

오늘 시든 꽃은(殘花) 어제(昨日) 핀 꽃이라오(開).

奉(봉) : 받들다. 이어받다.
同前(동전) : 앞의 시와 같은 제목으로.
逢(봉) : 만나다.
値(치) : 만나다. 값. 가격. 가치.
銜杯(함배) : 술잔을 입에 물다. 맛을 음미하면서 마시다.

---

50) 화민동시(和敏童詩) '최민동의 시에 화답(和答)하다.'라는 제목으로 소개되기도 한다.

51) 성당(盛唐)의 시인.

52) 주인(主人)은 성동장의 주인을 지칭한다.

백거이(白居易) 문유십구(問劉十九) : 술이나 한잔 아니 마시겠는가?

과거 대가족 제도 아래에서는 아들이 혼인하면 집을 넓혀 부모와 함께 살거나, 부모 집 가까이에 새로 집을 짓고 아들 내외가 기거하도록 했다. 농경사회에서는 농사를 짓는 일손이 매우 중요했기 때문이다. 그리고 손자들이 줄줄이 태어나면서 이름을 지어 주기 마련인데, 과거 중국에서는 첫째 아들의 손자냐, 둘째 아들의 손자냐, 구분 없이 손자들이 태어나는 차례에 따라 숫자로 이름을 대신하는 경우도 많았던 것 같다. 이런 방식으로 이름을 지으면 사촌 형제 사이에 위계가 확실해진다는 점에서 좋게 말하면 장점이다. 유십구(劉十九)는 유(劉)씨 집안에 열아홉 번째 손자다.

백거이(白居易)가 시를 지어 친구 유십구(劉十九)를 술자리에 초대했다. 술은 빚은 지 며칠이 지나서 알맞게 잘 익었다. 술을 거르려고 술독을 들여다보니 뽀글뽀글 소리를 내면서 그윽한 향기와 함께 푸른 거품이 계속 올라오고 있다. 그게 바로 푸른 거품, 녹의(綠蟻)다. 술을 즐기는 사람이라면 이런 모습만 보아도 절로 입에서 침이 고인다. 계절은 겨울이라서 술자리가 춥지 않도록 자그마한 화로까지 준비했다. 홍니(紅泥)는 말 그대로는 붉은 진흙이지만, 불꽃 벌겋게 핀 숯불을 그렇게 묘사했다.

마침 날이 저물어 저녁이 되자 하늘은 눈이라도 내릴 듯하니 더욱 술이 끌리는 모양이다. 그래서 백거이는 친구 유십구에게 술이나 한잔 아니 마시겠느냐고 부정 의문으로 술자리를 제안했다. 이는 꼭 술자리를 함께 하자는 간곡한 표현이다. 춥고 쓸쓸한 겨울밤이 따뜻하고 우정이 넘치는 멋진 겨울밤이 되었을 것이다.

問劉十九　　문유십구

유십구에게 묻다

白居易　　백거이[53]

綠蟻新醅酒　　녹의신배주

푸르스름한 거품 이는(綠蟻) 갓 익은 술(新醅酒),

紅泥小火爐　　홍니소화로

불꽃 벌겋게 핀(紅泥) 자그마한 화로.

晚來天欲雪　　만래천욕설

저녁 되자(晚來) 하늘은 눈이라도 내릴 듯(天欲雪),

能飮一杯無　　능음일배무

술이나 한잔(一杯) 아니 마시겠는가(能飮 ～ 無)?

　蟻(의) : 개미. 술 위에 뜨는 거품.

　醅(배) : 거르지 않은 술.

　泥(니) : 진흙.

　欲雪(욕설) : 눈이 내리려고 하다. 욕(欲)은 조동사, 설(雪)은 본동사 역할을 한다.

　能(능) : ～할 수 있다.

　能飮(능음) : 마실 수 있다. 능(能)은 조동사, 음(飮)은 본동사 역할을 한다.

　無(무) : ～아니 하겠는가?

---

53) 자(字) 낙천(樂天). 호(號) 취음선생(醉吟先生). 중당(中唐)의 시인.

백거이(白居易) 동이십일취억원구(同李十一醉憶元九) : 취하여 꽃가지를 꺾어 술잔을 셈하는 산 가지로 삼았다네!

백거이 나이 38세(809) 때 장안에 머물면서 동이십일취억원구(同李十一醉憶元九)를 지었는데, 그 무렵 그의 지기(知己)였던 원진(元九 곧 元稹)[54]은 사천성(四川省)의 새로운 임지(任地)로 길을 떠났다. 시절은 바야흐로 꽃망울을 터뜨리고, 움츠렸던 마음과 몸이 풀리는 봄철이었다. 백거이는 설레는 춘심을 달래고자 친구 이건(李十一 곧 李建)[55]과 함께 곡강(曲江)[56]과 자은사(慈恩寺)를 유람하고 대작(對酌)했다. 주연의 분위기는 무르익고, 거나하게 취기가 돌면서, 둘이서 꽃가지 꺾어 술잔을 헤아리며 마셨다. 누가 더 많이 쌩쌩하게 마시는가 내기를 걸었는지, 아니면 양조장과 대결을 신청했는지 모르겠지만, 어쨌든 분위기만은 매우 낭만적이다. 그런데 백거이는 마음 한구석에 먼 길 떠났던 원진이 그리웠다. 그래서 술잔을 헤아리던 꽃가지로 친구 원진의 여정을 헤아리니 아마도 오늘쯤 양주(梁州)[57]에 당도했겠다는 계산이 나왔다.

---

54) 원구(元九)의 이름은 원진(元稹)이며, 백거이의 지기지우(知己之友)였다.
55) 이십일(李十一)의 이름은 이건(李建)이며, 백거이의 친구였다.
56) 곡강(曲江)은 중국 장안(長安) 북쪽 인근에 있었던 연못으로 곡강지(曲江池)라고도 한다. 곡강 인근에는 자은사(慈恩寺)라는 사찰이 있었다.
57) 양주(梁州)는 현재 중국 섬서성(陝西省) 남정현(南鄭縣)이다.

同李十一醉憶元九　동이십일취억원구

이십일(李十一)과 함께(同) 취하여(醉) 원구(元九)를 그리워하다(憶)

白居易　백거이

花時同醉破春愁　화시동취파춘수

꽃이 피는 시절에(花時) 함께 취하여(同醉) 봄날의 시름을(春愁) 떨치고(破),

醉折花枝當酒籌　취절화지당주주[58]

취하여(醉) 꽃가지를(花枝) 꺾어(折) 술잔을 셈하는 산 가지로(酒籌) 삼았다네(當).

忽憶故人天際去　홀억고인천제거

문득(忽) 먼 길 떠났던(天際去) 옛 친구가(故人) 그리워서(憶),

計程今日到梁州　계정금일도양주

여정을(程) 헤아리니(計) 오늘쯤(今日) 양주에(梁州) 당도했겠네(到).

> 파(破) : 깨다. 깨뜨리다. 지우다.
> 당(當) : 임무나 책임을 맡다. 주관하다.
> 주(籌) : 산(算) 가지. 수효(數爻)를 셈하는 데에 쓰던 막대기. 세다. 헤아리다.
> 주주(酒籌) : 술잔을 셈하는 산(算) 가지.
> 제(際) : 사이. 경계(境界).
> 천제(天際) : 하늘의 끝. 매우 먼 곳.

＊

원진은 실제로 백거이의 계산대로 그날 양주에 당도했다. 원진은 그날 양주 한천역(漢川驛) 객사에서 숙박했는데, 꿈에서 백거이, 이건과 함께 곡

---

58) 다른 본(本)에는 당(當) 대신에 작(作)으로 되어 있다.

강(曲江)을 유람하고, 또 자은사(慈恩寺) 이곳저곳을 노닐다가, 역참 관리의 호통 소리에 꿈에서 깨어나니 몸은(身) 고도(古都) 양주에 있었다는 양주몽(梁州夢)을 지었다. 얼마나 친구 사이의 우정이 돈독했으면 이런 꿈까지 꾸었을까? 우연의 일치라고 말하기에는 너무나 그 사연이 절절하다. 서로 그리워하는 마음이 간절하여, 같은 생각을 하고 이런 꿈을 꾸게 되었던 것은 아닐까?

맹자에게 순임금과 문왕은 이상적인 군주의 모델이었다. 「맹자(孟子)」 이루장구(離婁章句)에는 다음과 같은 구절이 있다.

地之相去也 千有餘里 世之相後也 千有餘歲 得志行乎·中國 若合符節 先聖後聖 其揆一也

(순임금과 문왕은 살았던) 지역의(地之) 서로 거리가(相去也) 천여 리이며(千有餘里), 세대의(世之) 서로 선후가(相後也) 천여 년이지만(千有餘歲), 뜻을 이루어(得志) 중국에(乎·中國) 선정을 베풀었음에는(行) 마치 부절을 합친 듯(若合符節), 앞의 성인과 뒤의 성인의(先聖後聖) 그것(선정을 베풀었음)을 헤아리면(其揆) 하나다.

地之相去也(지지상거야) : 야(也)는 주격 조사로 '~가'로 해석한다.
乎中國(호중국) : 호(乎)는 전치사로 '~에'로 해석한다.
符節(부절) : 예전에 돌이나 대나무, 옥 따위로 만들어 신표로 삼던 물건. 주로 사신들이 가지고 다녔으며 둘로 갈라서 하나는 조정에 보관하고, 하나는 본인이 가지고 다니면서 신분의 증거로 사용하였다. 부계(符契), 부신(符信)과 같은 말이다.
揆(규) : 헤아리다. 가늠하다.
기규일야(其揆一也) : 야(也)는 종결사로 '~이다'로 해석한다.

후대 사람들은 위 「맹자(孟子)」의 순임금과 문왕의 선정을 빗대어, 백거이와 원진의 우정을 천리신우(千里神遇) 천리 사이의 정신적 만남이 약합부절(若合符節) 마치 부절(符節)을 합친 듯했다고 감탄했다.

梁州夢   양주몽
양주에서의 꿈

元稹   원진

夢君同遶曲江頭   몽군동요곡강두
꿈속에서(夢) 그대들과 함께(君同) 곡강(曲江) 변을(頭) 둘러보고(遶),
也向慈恩院院遊   야향자은원원유
또(也) 자은사로(慈恩) 가서(向) 사원 이곳저곳을(院院) 노닐었네(遊).
亭吏呼人排馬去   정리호인배마거[59]
역참의 관리가(亭吏) 말을 끌고 가라며(排馬去) 사람에게 소리쳐서(呼人),
忽驚身在古梁州   홀경신재고양주
갑자기(忽) 놀라서 깨어나니(驚) 몸은(身) 고도 양주에(古梁州) 있었네(在).

遶(요) : 둘러싸다. 에워싸다(=繞).
頭(두) : 머리. 근처. 근방.
也(야) : 또. 또한.
亭(정) : 정자. 역참(驛站).
呼(호) : 부르다. 호통치다.
排(배) : 밀치다. 배척하다.
忽(홀) : 갑자기. 문득.
驚(경) : 놀라다.

---

59) 다른 본(本)에는 정리호인배거마(亭吏呼人排去馬)로 되어 있다.

백거이(白居易) 권주(勸酒) : 전당포에서 빌린 돈으로 술이나 사 마셔보세!

백거이는 772년에 태어났다. 그 무렵은 755년부터 763년까지 약 9년 동안 나라를 뒤흔든 안녹산(安祿山)과 사사명(史思明)의 난으로부터 혼란을 수습하는 시기였다지만, 중앙집권적 지배 체제는 무너지고, 권력은 부패하고, 서민들에 대한 수탈은 더욱 심해졌다. 그렇게 국운(國運)은 쇠락하고 있었다. 그가 38세(809)에 쓴 '매탄옹(賣炭翁), 곧 숯 파는 늙은이'나 39세(810)에 쓴 '중부(重賦), 곧 과중한 세금' 등을 보면, 그 무렵 서민들의 삶이 얼마나 힘겨웠을지 짐작된다.

매탄옹(賣炭翁)에서 숯을 구워서 파는 늙은이는 겨울철임에도 홑옷만 입었다. 그렇지만 숯값이 떨어질까 염려하여 날씨가 더 추워지기를 기대했다. 밤새 눈이 한 자(尺)쯤 내렸건만, 늙은이는 새벽 빙판길로 숯 수레를 몰고 갔다. 수레를 끄는 소도 지치고 늙은이도 허기져서 진흙탕에서 잠시 쉬고 있었다. 그때 궁궐 칙사를 자처하는 자들이 말을 몰고 나타나서 칙명(勅命)이라 지껄이며, 천근이 넘는 숯을 고작 반필(半匹)의 홍사(紅紗)와 일장(一丈)의 비단으로 숯값이라 지불하고 강탈했다. 매탄옹은 그 무렵 서민들을 착취하는 수단이 되었던 궁시(宮市) 제도를 풍자했다.[60] 궁시는 그 무렵 궁궐에서 필요한 물품을 시장에서 직접 구매하는 제도였는데, 점차 헐값에 물건을 구매하는 수단으로 변질되면서, 그 무렵 서민들은 더욱 궁핍한 삶에 허덕이게 되었다.

---

60) 김경동, 「백거이 시선」 (민미디어, 2001) p.35.

중부(重賦)에서는 과중한 세금에 들볶였던 그 무렵 서민들이 삶이 고스란히 담겨 있다. 대략적인 내용은 다음과 같다. 나라에서 밭에 뽕(桑)과 삼(麻)을 심고 가꾸도록 장려함은 백성들을 구제하기 위함이고, 백성들이 베(布)와 비단(帛)을 짜는 일은 우선은 가족을 위함이다. 쓰고 남는 베와 비단을 세금으로 바쳐서 임금을 봉양하니, 나라에서 여름과 가을에 세금을 거두는 양세법(兩稅法)[61]을 제정함은 본래 백성들을 염려했기 때문이다. 처음에는 부당한 과세를 금지하는 칙서(勅)를 신하들에게 내렸고, 규정을 벗어나 하나라도 더 거두면 위법으로 처벌한다고 했었다. 어찌하랴! 세월이 흐르면서 탐욕스러운 관리들이 나쁜 관습을 좇아서 백성들을 쥐어짜, 임금의 총애를 얻으려고 겨울과 봄까지 마구 세금을 거두어 간다. 짜던 비단이 한 필도 되지 않고, 뽑던 실이 한 근도 되지 않는데, 관리들은 세금을 바치라고 들볶아대고 잠시라도 지체함을 용납하지 않는다. 세모(歲暮)가 되어 온 세상이 막히고, 매서운 북풍이 몰아친다. 깊은 밤 온기도 사그라들고, 흰 싸라기눈이 흩날린다. 어린아이는 옷 하나 못 걸치고, 늙은이는 온몸이 싸늘하다. 슬픈 한숨에 냉기가 코를 자극하여 시큼하다. 어제 미납한 세금을 바치러 가서 관청의 창고 속을 힐끔 엿보았더니, 비단은 산더미처럼 쌓였고, 명주실과 솜은 구름처럼 뭉쳐 있었다. 이것들을 남은 물건이라며 매달 임금에게 바쳤으니, 내 몸의 온기를 빼앗아서 너희들은 임금의 총애를 얻고자 했구나. 결국, 그것들이 임금의 창고에 들어가서 세월이 지나면, 먼지가 될 텐데 말이다.

*

백거이는 다음 권주(勸酒)를 56세(827)에 지었다.[62] 그가 38세(809) 때

---

61) 안사(安史)의 난 이후에 조용조(租庸調) 세법 대신에 양세법(兩稅法)이 시행되었다.

62) 윤석우, "飮酒詩에 나타난 中國詩人의 精神世界 : 陶淵明, 李白, 白居易를 중심으로"

쓴 매탄옹(賣炭翁)이나 39세(810) 때 쓴 중부(重賦)에서 토로했던 참담했던 시대 상황은 그때에도 좀처럼 개선되지 않았다. 지금부터는 권주(勸酒)에서 그런 참담했던 시대 상황을 자세히 살펴보자.

오늘은 술을 마시지 말아야지 마음먹은 사람에게 첫째 잔을 권하면, 그 사람은 일단 거절하거나 마지못하여 마시게 된다. 둘째 잔을 권하면, 술 권한 사람의 성의를 무시할 수도 없고, 그래서 이 잔을 또 마셔야 하나 잠시 머뭇거리게 된다. 드디어 셋째 잔까지 마시면, 얼굴은 어제보다 오늘 더 늙었고, 마음은 깨어 있을 때보다 취해 있을 때 더 낫다는 것을 깨닫게 된다. 따라서 술은 기본이 세 잔이다. 매우 재치가 돋보이는 표현이다.

흰 토끼 살고 있는 달과 붉은 까마귀 살고 있는 해는 내기 경주라도 하듯, 서로 뒤좇아 달려간다. 세월은 그렇게 빨리도 흘러간다. 이처럼 덧없는 인생이기에 죽음 이후에 북두칠성을 떠받칠 만큼의 금은보화(金銀寶貨)라도 쓸모가 없고, 살아서 한 통(잔)의 술이 더 낫다.

궁성 밖을 나서면 여전히 서민들은 질병과 궁핍에 시달리고 있었다. 그는 그 무렵 시대 상황을 춘명문외천욕명(春明門外天欲明) 훤훤가곡반사생(喧喧歌哭半死生)이라고 묘사했다. 궁성 춘명문(春明門)[63] 밖을 나서면 동틀 무렵부터 새로운 생명이 태어나 떠들썩하게 노래를 부르거나, 누군가 돌아가셔서 곡을 한다. 이렇게 죽음과 태어남이 엇갈리고 있었다. 여기서 반사생(半死生)은 죽음과 태어남이 꼭 절반이라고 해석하기보다는 그 무렵 서민들은 죽음과 태어남이 동시에 엇갈리는 그런 참담한 상황에 놓여 있었다는 것이다. 다소 과장이 섞여 있겠지만, 춘명문 밖을 지나가는 사람들은

연세대학교 박사학위논문 2004. p.221.

[63] 춘명문(春明門)은 장안성 동쪽에 있는 삼문(三門) 가운데 중문(中門)이다.

말(馬)을 멈추고 나갈 수 없을 만큼 시신을 운구하는 가마와 수레가 그렇게 무수히 지나갔다니, 그 무렵 서민들이 얼마나 질병과 궁핍에 시달리고 있었는지 반증한다.

도연명의 귀거래사(歸去來辭)에서 귀거(歸去)란 벼슬을 그만두고 고향 땅 전원으로 돌아가겠다는 뜻이다. 다음 시에서는 그런 의미가 아니다. 세월은 덧없이 흘러가고, 기쁨과 슬픔, 태어남과 죽음이 늘 엇갈리는 지난(至難)한 세상살이인데, 죽음 이후에 북두칠성을 떠받칠 만큼의 금은보화를 쌓는다 해도 무슨 소용이 있겠는가? 차라리 살아서 한 통(잔)의 술이 더 낫다. 그러므로 전당포에 물건을 맡기고 돈을 빌려, 잠시나마 술이나 마셔 근심과 걱정을 덜어내자는 뜻으로 귀거래(歸去來)를 말하면서 그 무렵 사회를 풍자했다.

勸酒   권주
술을 권하다

白居易   백거이

勸君一杯君莫辭   권군일배군막사
그대에게 첫째 잔을 권하노니(勸君一杯) 그대는 사양하지 마시게(君莫辭).
勸君兩杯君莫疑   권군양배군막의
그대에게 둘째 잔을 권하노니(勸君兩杯) 그대는 머뭇거리지 마시게(君莫疑).
勸君三杯君始知   권군삼배군시지
그대에게 셋째 잔을 권하노니(勸君三杯) 그대는 비로소 깨달을 것이네(君始知).
面上今日老昨日   면상금일노작일
얼굴은(面上) 어제보다(昨日) 오늘(今日) 더 늙었고(老),

心中醉時勝醒時　　심중취시승성시

마음은(心中) 깨어 있을 때보다(醒時) 취해 있을 때(醉時) 더 낫다는 것을(勝).

天地迢遙自長久　　천지초요자장구

천지는 아득히 넓고(迢遙) 본래부터(自) 시간은 장구한데(長久),

白兔赤烏相趁走　　백토적오상진주

흰 토끼 살고 있는 달과(白兔) 붉은 까마귀 살고 있는 해가(赤烏) 서로 뒤

쫓아 달려가는구나(相趁走).

身後堆金拄北斗　　신후퇴금주북두

죽음 이후에(身後) 북두칠성을 떠받칠 만큼(拄) 금을 쌓는다 해도(堆金),

不如生前一樽酒　　불여생전일준주

살아서(生前) 한 통(잔)의 술만(一樽酒) 못하리(不如).

迢(초) : 멀다. 아득하다.

遙(요) : 멀다. 아득하다.

迢遙(초요) : 아득히 멂.

趁(진) : 뒤좇다. 따르다.

堆(퇴) : 쌓다. 쌓이다.

拄(주) : 떠받치다.

君不見　　군불견

그대는 보지 않았는가?

春明門外天欲明　　춘명문외천욕명

궁성 춘명문 밖(外) 동틀 무렵부터(天欲明),

喧喧歌哭半死生　　훤훤가곡반사생

떠들썩하게 노래를 부르거나(喧喧歌), 곡을 하며(哭), 죽음과 태어남이 엇

갈리는 꼴을(半死生).

遊人駐馬出不得　유인주마출부득

그곳을 지나가는 사람들은(遊人) 말을 멈추고(駐馬) 나갈 수 없을 만큼(出不得),

白轝素車爭路行　백여소거쟁로행

흰 가마와(白轝) 흰 수레가(素車) 다투어(爭) 길로 지나감을(路行).

欲(욕) : ~하려고 하다.

欲明(욕명) : 날이 밝으려고 하다. 욕(欲)은 조동사, 명(明)은 본동사 역할을 한다.

喧(훤) : 떠들썩하다. 시끄럽다.

喧喧(훤훤) : 시끄러운 소리.

得(득) : ~할 수 있다. '가능'을 나타내는 가(可)나 능(能)과 쓰임이 유사하다.

出不得(출부득) : 나갈 수 없다. 출(出)은 본동사, 부득(不得)은 조동사 역할을 한다.

歸去來　귀거래

돌아가세나!

頭已白　두이백

머리카락(頭) 이미(已) 하얗게 세었으니(白),

典錢得用買酒喫　전전득용매주끽[64]

전당포에서 빌린 돈을(典錢) 써서(得用) 술이나 사(買酒) 마셔보세(喫)!

歸去來(귀거래) : 래(來)는 귀거(歸去)를 강조하는 조사다.

典(전) : 전당(典當) 잡히다. 법. 규정. 책. 서적.

典錢(전전) : 전당포에 물건을 맡기고 빌린 돈.

得(득) : ~할 수 있다. '가능'을 나타내는 가(可)나 능(能)과 쓰임이 유사하다.

得用(득용) : 득(得)은 조동사, 용(用)은 본동사 역할을 한다.

喫(끽) : 마시다. 먹다. 피우다.

---

64) 다른 본(本)에는 전전장용매주흘(典錢將用買酒吃)로 되어 있다.

나은(羅隱) 자견(自遣) : 오늘 술이 있으면 오늘 술에 취하자!

今朝有酒今朝醉 明日愁來明日當

중국 식당에 갔더니 처마 밑에 위와 같은 글귀가 걸려 있었다. 그렇게 어려운 한자도 없고 앞뒤 글귀가 완벽하게 대구로 되어 있어서 해석하는 데 무리가 없었다.

오늘(今朝)   vs. 내일(明日)
술이 있다(有酒)   vs. 근심거리가 생기다(愁來)
오늘 취하다(今朝醉)   vs. 내일 해결하다(明日當)

반복해서 읽다 보니 리듬까지 타는 느낌이었다. 중국어 사전에서 검색했더니 중국 속담으로 소개하고 있었다. 금조유주금조취(今朝有酒今朝醉) 오늘 술이 있으면 오늘 술에 취하고, 명일수래명일당(明日愁來明日當) 내일 근심거리가 생기면 내일 해결하자.[65] 술꾼들에게는 오늘도 술 마실 좋은 핑계가 생겼다.

이 속담이 나은(羅隱)의 자견(自遣)이라는 시에서 비롯되었다는 것을 나중에야 알게 되었다. 자견(自遣)은 '스스로 자신을 달래다.'라는 뜻이다. 왜 나은이라는 시인은 자신을 달래는 시를 짓게 되었을까? 10여 년 끈질기게 과거시험에 응시했지만 끝내 낙방했다. 10년이면 강산도 변한다는데 말이

---

65) 자견(自遣)에서는 속담 今朝有酒今朝醉 明日愁來明日當의 당(當) 대신에 수(愁)로 되어 있다.

10년이지 얼마나 상심이 컸겠는가? 공부하느라 생계를 꾸리기도 힘들었을 터이고, 그동안 속마음을 털어놓을 술친구는 제대로 만났겠는가? 그렇지만 시인은 자신의 처지를 비관하지 않고 잘 극복하고 있는 듯하다. 현재에 충실하고, 때로는 내일 일은 내일 해결하겠다는 삶의 태도가 오늘을 행복하게 만들 수도 있다. '걱정을 해서 걱정이 없어지면 걱정이 없겠네'라는 책 제목이 갑자기 떠오른다.

自遣   자견
스스로 자신을 달래다

羅隱   나은[66]

得則高歌失則休   득즉고가실즉휴
뜻을 이루면(得則) 흥겹게 노래 부르고(高歌), 뜻을 이루지 못하면(失則) 쉬고(休),
多愁多恨亦悠悠   다수다한역유유
근심이 많고(多愁) 한이 많더라도(多恨) 또한(亦) 마음만은 유유자적(悠悠自適).
今朝有酒今朝醉   금조유주금조취
오늘(今朝) 술이 있으면(有酒) 오늘(今朝) 술에 취하고(醉),
明日愁來明日愁   명일수래명일수
내일(明日) 근심거리가 생기면(愁來) 내일(明日) 걱정하자(愁).

遣(견) : 달래다. 위로하다. 파견(派遣)하다.
得則高歌(득즉고가) 失則休(실즉휴) : 즉(則)은 가정(假定)을 나타내는 접속사로 '~하면'으로 해석한다.
愁(수) : 근심. 근심하다.
今朝(금조) : 오늘. 오늘 아침.

---

66) 만당(晚唐)의 시인.

우무릉(于武陵) 권주(勸酒) : 가득 따른 이 술잔 그대는 사양하지 마시게.

경사를 맞이했을 때 마음이 들뜨기 마련인데, 이런 때일수록 조심하라는 뜻으로 호사다마(好事多魔), 곧 좋은 일에는 마귀가 많이 낀다고 경험 많은 어르신은 말씀하신다. 우리 속담에 어르신 말을 잘 들으면 자다가도 떡이 생긴다고 했다. 조심하여 나쁠 건 없다. 꽃이 피면 오랫동안 꽃을 두고 두고 감상하고 싶지만, 밤사이에 비바람이 몹시 내리쳐 꽃잎이 다 지고 마는 때도 있다. 꽃이 피면 비바람이 많고, 좋은 일이 있으면 좋지 못한 일이 뒤따를 수 있다는 인생의 지혜가 담겨 있다.

요즘 공동주택에서는 마을 어르신이 돌아가셔도 장례식장에서 장례를 모시고, 그 사람이 누구인지도 잘 모르고, 평소 서로 왕래도 없었고, 그래서 나와는 무관하게 느끼는 게 현실이다. 사실, 도시에서는 누가 돌아가셨다는 소식조차 듣지 못한다. 그러나 과거 농촌사회에서 장례나 혼례 등, 마을 대소사는 매우 다른 모습이었다. 그 마을에 거주하는 사람들은 조상 대대로 농사를 지으면서 살아왔기에 서로의 이름을 알고 지낼 뿐만 아니라, 어느 집의 숟가락 숫자까지 알고 있었다. 모내기 철이나 벼 베기 철이 되면 자연스럽게 서로 돌아가면서 품앗이를 했다. 그러므로 동성(同姓) 마을이 아니라도 서로 형님, 동생이라 부르면서 가까운 친척처럼 지냈다.

친척들이 가까이에 살고 있으니 친척 어르신이 돌아가시면 이는 나와 직결되는 일이었지만, 마을 어르신이 돌아가셔도 역시 나와 직결되는 일이었다. 과거에는 영양이 부족하고 의약품도 없고, 그래서 젊은 사람들 가운데도 일찍 죽는 사람들이 많았다. 누군가 돌아가셨다는 소식을 듣게 되면 바로 조문을 가는데, 형편에 맞게 집에서 키운 닭이 낳은 달걀이나, 양조장에서 막걸리 등을 사서 가지고 갔다.

그리고 장례에 따른 습(襲), 염(斂), 입관(入棺), 치장(治葬), 운구(運柩), 조문객 접대까지 모든 절차는 오로지 친척과 마을 사람들의 몫이었다. 이처럼 과거 농촌사회에서는 장례를 자주 접했고, 인생은 이별로 가득 차 있음을 실감했다. 시인은 아마도 슬픈 일을 맞이한 가까운 친척이나 친구를 만나서 술 한잔으로 위로하고 있는 자리가 아니었을까?

勸酒   권주
술을 권하다

于武陵   우무릉[67]

勸君金屈巵   권군금굴치
그대에게(君) 금잔에(金屈巵) 술을 권하노니(勸),
滿酌不須辭   만작불수사
가득 따른 이 술잔(滿酌) 그대는 사양하지 마시게(不須辭).
花發多風雨   화발다풍우
꽃이 피면(花發) 비바람이 많고(多風雨),
人生足別離   인생족별리
인생은 이별로(別離) 가득 차 있다오(足).

---

67) 만당(晩唐)의 시인.

屈(굴) : 굽다. 굽히다.

卮(치) (俗字) 巵 : 잔. 술잔. 큰 잔.

金屈卮(금굴치) : 구부러진 손잡이가 있는 금으로 만든 술잔.

酌(작) : 잔에 술을 따르다. 대작(對酌)하다. 술잔. 술.

須(수) : 모름지기. 반드시. 마땅히.

足(족) : 차다. 채우다. 발.

別離(별리) : 이별(離別)과 같음.

유령(劉伶) 주덕송(酒德頌) : 누룩을 베고 술지게미를 깔고 누우니

유령[68]은 중당(中唐)의 시인 이하(李賀)의 장진주(將進酒), 고려 중기의 문인 이규보(李奎報)의 속장진주가(續將進酒歌), 조선 후기의 권주가 등에 등장할 정도로 유명한 인물이다. 그렇지만 초심자가 유령의 주덕송을 읽고, 주덕송의 메시지가 무엇인지 파악하기는 쉽지 않을 듯하다. 거기에는 그럴 만한 이유가 있다.

중국 위(魏)나라에서 진(晉)나라로의 정권 교체기에 타락한 정치 권력에 등을 돌리고, 자연에 은둔했던 죽림칠현(竹林七賢)이 있었다. 그들은 노장(老莊) 사상을 신봉했는데, 죽림(竹林)에서 거문고와 술을 즐기고 청담(淸談)으로 세월을 보냈다. 그 가운데 한 사람이 유령이다. 「세설신어(世說新語)」임탄편(任誕篇)에는 유령의 기행(奇行)과 관련된 다음과 같은 일화가 있다.[69] 유령이 술을 마시다가 술이 동나서, 부인에게 술을 구해 오도록 부탁했다. 부인은 남편의 건강이 걱정되어 남아 있던 술을 버리고 술그릇까지 깨고, 남편에게 술을 끊도록 애원했다. 유령은 스스로 술을 끊을 수 없으니 귀신(鬼神)에게 술을 끊도록 빌어보겠다고 말했다. 그러면서 제물(祭物)로 술과 고기를 준비하라고 말했다. 드디어 유령이 신(神) 앞에 제물을 차려놓고 다음과 같이 기도했다.

---

68) 위말(魏末) 진초(晉初)의 문인으로 죽림칠현(竹林七賢) 가운데 한 사람이다. 자(字) 백륜(伯倫).
69) 유의경, 「세설신어(世說新語)」 김장환 譯 (지식을만드는지식, 2012) pp.142~144.

^{천 생 유 령} ^{이 주 위 명} ^{일 음 일 곡} ^{오 두 해 정} ^{부 인 지 언} ^{신 불 가 청}
天生劉伶 以酒爲名 一飮一斛 五斗解酲 婦人之言 愼不可聽

하늘이(天) 유령을(劉伶) 태어나게 했음은(生) 술로써(以酒) 명성을 떨치도록 하기 위함이셨습니다(爲名). 한번 마시면(一飮) 열 말이고(一斛), 다섯 말로(五斗) 숙취를 풀었으니(解酲), 부인의 말은(婦人之言) 제발(愼) 듣지 마소서(不可聽)!

斛(곡) : 10말(斗)의 용량.
酲(정) : 숙취(宿醉).
解酲(해정) : '해장'의 원래 말.
愼(신) : 삼가다. 조심하다. 제발. 부디.
可(가) : ~해야 한다.
可聽(가청) : 들어야 한다. 가(可)는 조동사, 청(聽)은 본동사 역할을 한다.

유령은 그렇게 기도하고 신 앞에 차려놓은 고기를 안주 삼아 술을 모두 마셔버렸다. 아마도 그날부터 부인은 남편에게 술을 마시지 말라고 더 이상 잔소리를 하지 않게 되었을 뿐만 아니라, 아예 포기하는 수순(手順)에 들어가지 않았을까?

또한 다음과 같은 일화도 있다. 유령은 늘 마음껏 술을 마시고 자유분방하게 행동했는데, 가끔은 옷을 벗고 집안에서 나신(裸身)으로 있었다. 사람들이 그런 모습을 보고 비난하자, 유령이 다음과 같이 말했다.

^{아 이 천 지 위 동 우} ^{옥 실 위 곤 의} ^{제 군 하 위 입 아 곤 중}
我以天地爲棟宇 屋室爲幝衣 諸君何爲入我幝中

나는(我) 천지를(以天地) 거처로 삼고(爲棟宇), 집을(屋室) 속옷으로 삼는데(爲幝衣), 그대들은(諸君) 어찌하여(何爲) 나의 속옷 속으로(我幝中) 들어왔는가(入)?

以 A 爲 B : A를 B로 여기다.
棟(동) : 용마루. 집. 채(집을 세는 단위).
宇(우) : 처마. 집.
棟宇(동우) : 용마루와 처마, 곧 집을 의미한다.
諸君(제군) : 여러 명의 아랫사람을 문어적으로 조금 높여 이르는 이인칭 대명사.
褌(곤) : 속옷(=褌).

*

유령의 위와 같은 행동은 기존 유가(儒家)의 입장에서는 상식에 벗어난 괴팍한 기행(奇行)이며, 기존 유가적 질서에 대한 일종의 저항으로 보였다. 그렇지만 위와 같은 행동을 노장 사상의 입장에서 이해할 필요가 있으며, 그러자면 노장 사상의 행복과 지식에 대하여 살펴보아야 한다.

「장자(莊子)」 제1편 소요유(逍遙遊)에서는 행복을 ① 낮은 수준의 행복과 ② 높은 수준의 행복으로 구분한다.[70] 사람마다 본성이나 소질은 다르기 마련인데, 그 다른 본성이나 소질을 어떤 제약 없이 자유롭게 펼칠 때, 사람들은 행복하다. 그런데 법과 제도는 일반화시키고 획일화시키려는 경향이 있다. 법과 제도는 인위(人爲)로서 개인의 차별성을 제약하는 기제로 작용한다. 그러므로 인위적인 법과 제도보다는 세상을 있는 그대로 자연(自然)에 맡기면, 세상을 있는 그대로 방임(放任)하면, 마침내 우리의 본성이나 소질을 어떤 제약 없이 자유롭게 펼치게 되고, 그때 사람들은 행복하다. 이런 행복은 장자(莊子)가 말하는 낮은 수준의 행복이다.

이런 입장은 오늘날 한국의 교육 현실에도 시사하는 바가 크다. 어떤 사람

---

70) 馮友蘭, 「간명한 중국철학사」 정인재 譯 (마루비, 2022) pp.175~185.

은 요리사로서, 어떤 사람은 미용사로서, 어떤 사람은 농부로서 행복하다. 그런데 부모의 의지대로 어린 자녀에게 영어, 수학 공부를 강요하고, 피아노를 배우도록 강요한다면, 의사, 판사, 검사, 변호사가 되기를 기대한다면, 그 아이는 행복하지 않다.

그렇다면 장자(莊子)가 말하는 높은 수준의 행복이란 무엇인가? 누구에게나 살아 있는 동안, 시기를 특정(特定)할 수 없는 불행 가운데, 가장 큰 일은 죽음이다. 누구에게나 근원적인 밑바탕에는 죽음에 대한 공포와 불안이 있다. 그러나 그와 같은 공포와 불안은 사물(事物), 사실(事實), 현상(現象)에 대한 본성(本性), 본질(本質)을 깊이 통찰하고, 달관함으로써 극복 가능하다. 이렇게 정신적으로 높은 단계까지 고양(高揚)된 사람을 장자(莊子)는 지인(至人), 신인(神人), 성인(聖人)이라고 말했다. 사물, 사실, 현상에 대한 본성, 본질을 깊이 통찰하고, 달관했다는 것은 바로 다음에 언급할 높은 수준의 지식의 세계에 들어갔다는 것을 의미한다. 이런 경지의 지인, 신인, 성인은 어떤 외부적 요인에 영향을 받지 않고, 어떤 외부적 요인에 의지하지 않게 된다. 이때 드디어 높은 수준의 행복을 누리게 된다.

「장자(莊子)」 제2편 제물론(齊物論)에서는 지식을 ① 낮은 수준의 지식과 ② 높은 수준의 지식으로 구분한다.[71] 낮은 수준의 지식은 차이를 인식하고 분별하는 지식이다. 어떤 사물을 인식한다는 것은 다른 사물과의 차이를 인식하고 분별한다는 것이다. 어떤 사실을 인식한다는 것은 다른 사실과의 차이를 인식하고 분별한다는 것이다. 그러므로 가(可) 불가(不可), 시(是) 비(非), 생(生) 사(死)와 같이 이분법적으로 분별하는 데 익숙하게 된다. 그런데 이런 지식은 사람마다 자신의 제한된 관점에 기초한 지식이라

---

71) 위의 책, pp.185~196.

는 면에서 한계성을 드러낸다. 그렇다면 낮은 수준의 지식의 한계성을 어떻게 극복할 수 있는가?

위에서 언급한 사물, 사실, 현상에 대한 본성, 본질을 깊이 통찰하고, 달관했다는 것은, 말을 바꾸어 표현하면 사물, 사실, 현상의 구조, 원리, 맥락을 꿰뚫어 보는 고차원적 관점에 이르렀다는 말이다. 이런 관점으로부터 낮은 수준의 지식의 한계성을 극복하고, 다음과 같이 높은 수준의 지식의 세계로 들어간다.

其分也成也 其成也毁也 凡物 無成與毁 復通爲一72)

그 분화는(其分也) 바로 생성이고(成也), 그 생성은(其成也) 바로 파괴이다(毁也). (그렇지만) 사물의 총합(總合) 면에서는(凡物) 생성도 파괴도 없고(無成與毁), 다시(復) 통합되어(通) 하나가 된다(爲一).

> 其分也(기분야) : 야(也)는 주격 조사로 '~은(는)'으로 해석한다.
> 成也(성야) : 야(也)는 종결사로 '~이다'로 해석한다.
> 凡物(범물) : 하늘과 땅 사이의 모든 물건(物件).

다소 난해한 말이지만, 철광석에서 철을 얻는 과정으로 설명하면 더 이해가 쉬울 듯하다. 광산에서 철광석을 채굴한다. 철광석을 용광로에 넣고 녹여서 철을 분리, 추출하는 제련(製鍊)의 과정을 거쳐 철을 생산한다. 그 철로 자동차를 만든다. 일정 기간이 지나서 그 자동차의 고철(古鐵)을 다시 제련하여 철을 생산한다. 이 과정에서는 분화와 생성이 거듭 반복된다. 그렇지만 철의 총합 면에서는 변함이 없다. 마치 한쪽의 이득과 다른 쪽의 손실을 합

---

72) 「장자(莊子)」 제2편 제물론(齊物論) 제1장.

하면 zero가 되는 제로섬 게임(zero sum game)과 유사한 개념이다.

지금까지 위에서 말했던 장자(莊子)의 높은 수준의 지식을 이해했다면 「장자(莊子)」 제18편 지락(至樂) 제2장에서의 생(生) 사(死)에 대한 견해도 그다지 어렵지 않게 이해가 된다. 아내의 주검 앞에서 장자의 행위가 여전히 괴팍한 기행(奇行)으로 생각되지만, 그래도 장자의 행위를 이해할 만하다고 여겼다면 당신은 이미 노장의 높은 수준의 지식과 생사(生死)의 문제를 간파한 것이다.

장자의 아내가 죽어서 혜자(惠子)가 조문하러 갔더니, 장자는 다리를 뻗고 철퍼덕 앉아 동이(盆)를 두드리며 노래를 부르고 있었다. 혜자가 이렇게 말했다. "아내와 함께 살면서 자식까지 키우고 함께 늙도록 연륜(年輪)을 쌓다가 바로 그 아내가 죽었는데도 곡을 하지 않는 것은 그래도 괜찮으나, 게다가 한술 더 떠서 동이를 두드리며 노래까지 하다니 너무 심하지 않은가?" 장자가 이렇게 말했다. "그렇지 않다. 이 사람이 처음 죽었을 때에 난들 어찌 슬프지 않았겠는가마는, 그 삶의 처음을 살펴보았더니 본래 삶이 없었고, 삶이 없었을 뿐만 아니라 본래 형체(形體)도 없었고, 형체가 없었을 뿐만 아니라 본래 가(氣)조차 없었다. 황홀한 가운데에 섞여서 변화(變化)하여 기(氣)가 나타나고, 기(氣)가 변화하여 형체가 이루어지고, 형체가 변하여 삶이 이루어졌다가 지금 또 변화해서 죽음으로 갔으니, 이것은 서로 봄, 여름, 가을, 겨울이 되어서 사계절이 운행(運行)되는 것과 같다. 저 사람이 천지의 큰 집에서 편안히 쉬고 있는데 내가 시끄럽게 떠들면서 사람들의 습속(習俗)을 따라 울어대는 것은 스스로 천명(天命)을 알지 못하기 때문이라고 여겼기에 그만두었다."[73]

---

73) 전통문화연구회 동양고전종합DB 「장자(莊子)」 제18편 지락(至樂) 제2장의 번역문을 인용했음.

지금까지 유령의 기행(奇行), 「장자(莊子)」의 행복관과 지식관을 살펴보았다. 이는 다음 주덕송(酒德頌)의 메시지를 간파하기 위한 사전 작업이었다. 이제부터는 주덕송을 본격적으로 살펴볼 차례다. 주덕송은 얼핏 보기에는 내용이 황당무계(荒唐無稽)하고, 과장이 지나치며, 상식적이지 않다.

노장 사상의 신봉자였던 유령은 「장자(莊子)」의 행복과 지식을 상당히 이해했음에 틀림없다. 그는 사물, 사실, 현상의 구조, 원리, 맥락을 꿰뚫어 보는 고차원적 관점에 이르고자 나름 힘썼던 흔적이 엿보인다. 그래서 자신을 높은 경지에 이른 대인선생(大人先生)으로 설정했다. 주덕송은 단지 술을 칭송하는 글이 아니다. 그는 자신이 이상(理想)으로 설정한 정신적 고양(高揚) 단계를 주덕송을 통하여 표현했다고 보는 것이 더 타당하다.

「우주의 운명 : 빅뱅과 그 이후」[74]에는 '우주의 달력'이라는 제목으로 화려한 화보와 함께 우주의 나이 138억 년을 1년으로 잡고, 우주 탄생의 과정을 실감 나게 설명한다. 1월 1일 빅뱅(big bang)으로 우주의 역사가 시작되었다. 4월 1일 은하가 탄생하고, 9월 9일에 태양계가 형성된다. 다윈(Darwin)의 진화론에 따른 동물과 식물은 12월 중순 이후에 등장하며, 마침내 12월 31일 22시 30분 최초의 인간이 등장한다. 과학 기술이 발달한 오늘날에는 위와 같은 글이 그렇게 놀랍지 않다. 유령은 거의 1,700여 년 전 사람이지만, 천지 개벽 이래의 시간을 하루 아침으로 여기고, 만년의 긴 세월을 순간으로 삼으며, 해와 달을 문과 창문으로 삼고, 팔방의 광활한 대지를 뜰과 네거리로 삼는다는 표현에서 그의 사고의 깊이를 가늠해 볼 만하다.

---

74) 트린 후안 투안, 「우주의 운명 : 빅뱅과 그 이후」 백상현 譯 (시공사, 2001) p.128.

길을 가는데 바퀴 자국의 자취가 없고, 사는데 일정한 거처가 없으며, 하늘을 장막으로 삼고, 대지를 자리로 삼으며, 뜻이 가는 대로 따른다고 말했다. 그 무렵 글 좀 읽었다는 식자(識者)들에게는 유령의 이런 기행(奇行)이 꽤 못마땅했다. 그래서 그 식자들이 유령의 이런 기행을 따지러 왔다. 그러나 유령은 그들의 말에 아랑곳하지 않는다. 그들과는 세상을 보는 눈이 다르고, 지식 체계가 다르기에 자신의 길을 가겠단다. 그러니 유령에게는 세상 만물이 마치 장강(長江)과 한수(漢水)[75]에 혼란스럽고 어수선하게 떠 있는 부평초(浮萍草)와 같았다. 또한 유령에게는 그 식자들이 하찮은 나나니벌이나 뽕나무벌레쯤으로 보였다.

酒德頌　주덕송
술의 덕을 칭송하다

劉伶　유령

有大人先生　유대인선생
대인 선생이(大人先生) 있었으니(有),
以天地爲一朝　이천지위일조
천지 개벽 이래의 시간을(以天地) 하루 아침으로(一朝) 여기고(爲),
萬期爲須臾　만기위수유
만년의 긴 세월을(萬期) 순간으로(須臾) 삼으며(爲),
日月爲扃牖　일월위경유
해와 달을(日月) 문과 창문으로(扃牖) 삼고(爲),

---

75) 「맹자(孟子)」 등문공장구(滕文公章句)에 강회하한(江淮河漢)이라는 말이 있다. 장강(長江), 회수(淮水), 황하(黃河), 한수(漢水)를 지칭한다. 한수는 장강의 가장 긴 지류(支流)다.

八荒爲庭衢   팔황위정구

팔방의 광활한 대지를(八荒) 뜰과 네거리(庭衢)로 삼는다(爲).

行無轍跡   행무철적

길을 가는데(行) 바퀴 자국의 자취가(轍跡) 없고(無),[76]

居無室廬   거무실려

사는데(居) 일정한 거처가(室廬) 없으며(無),

幕天席地   막천석지

하늘을 장막으로 삼고(幕天), 대지를 자리로 삼고(席地),

縱意所如   종의소여

뜻이(意) 가는 대로(所如) 따른다(縱).

止則操巵執觚   지즉조치집고

머물러 있을 때에는(止則) 큰 잔을 잡거나(操巵) 작은 잔을 잡고(執觚),

動則挈榼提壺   동즉설합제호

움직일 때에는(動則) 술통을 들거나(挈榼) 술병을 들고(提壺),

唯酒是務   유주시무

오직(唯) 술 마시는 일상이(酒) 힘을 쓰는 일이니(是務),

焉知其餘   언지기여

어찌(焉) 그 나머지를(其餘) 알겠는가(知)?

大人(대인) : 덕이 높은 사람. 남의 아버지를 높여 이르는 말.

以 A 爲 B : A를 B로 여기다.

須臾(수유) : 잠깐. 잠시. 순간.

肩(경) : 문. 출입문.

---

76) 행무철적(行無轍跡) 길을 가는데 바퀴 자국의 자취가 없다는 부분을 수레나 말을 타지
   않고 걸어 다녔기 때문이라고 해석함은 적절하지 않다. 유령은 자신이 이상(理想)으로
   설정한 정신적 고양(高揚) 단계를 주덕송을 통하여 표현했기 때문이다.

牖(유) : 창.

荒(황) : 황무지. 농경지.

八荒(팔황) : 팔방(八方)의 광활한 대지.

庭衢(정구) : 뜰과 네거리.

轍(철) : 바퀴 자국.

跡(적) : 자취. 발자취.

廬(려) : 오두막집. 임시 거처. 집.

室廬(실려) : 집. 거처.

縱(종) : 멋대로 하다. 내버려 두다.

縱意所如(종의소여) : 뜻이 가는 대로 따르다. 여(如)는 행(行)의 의미다.

止則(지즉) : 즉(則)은 가정(假定)을 나타내는 접속사로 '~하면'으로 해석한다.

操(조) : 잡다. 쥐다. 절개. 절조.

巵(치) (俗字) 卮 : 잔. 술잔. 큰 잔.

執(집) : 잡다.

觚(고) : 술잔.

動則(동즉) : 즉(則)은 가정(假定)을 나타내는 접속사로 '~하면'으로 해석한다.

挈(설) : 손에 들다. 휴대하다.

榼(합) : 통. 술통. 물통.

提(제) : 끌다. 들다. 손에 들다.

壺(호) : 병. 단지.

有 貴介公子　유 귀개공자

귀족의 공자(貴介公子)와

搢紳處士　진신처사

(또한) 한때 고위 관리였던 처사(搢紳處士)가 있었는데(有),

聞吾風聲　문오풍성

나의(吾) 항간에 떠도는 소문을(風聲) 듣고(聞),

議其所以　의기소이

그 까닭을(其所以) 따진다(議).

乃奮袂攘衿　　내분몌양금

(몹시 흥분하여) 곧(乃) 소매를 흔들고(奮袂) 앞섶을 걷어 올리고(攘衿),

怒目切齒　　노목절치

눈을 부릅뜨고(怒目) 이를 갈면서(切齒),

陳說禮法　　진설예법

예법을(禮法) 늘어놓으면서 왈가왈부하니(陳說),

是非鋒起　　시비봉기

시비가(是非) 칼끝처럼 날카롭게 일어난다(鋒起).

介(개) : 끼이다. 끼우다. 소개하다. 크다.

貴介(귀개) : 신분이 높은 사람.

公子(공자) : 귀족의 자제.

搢(진) : 꽂다(≒縉).

紳(신) : 큰 띠. 예복에 갖추어 매는 큰 띠.

搢紳(진신) : 홀(笏)을 큰 띠에 꽂는다는 뜻으로, 높은 벼슬아치나 행동이 점잖고 지
위가 높은 사람을 이르는 말.

處士(처사) : 벼슬을 하지 아니하고 초야(草野)에 묻혀 사는 선비.

風聲(풍성) : 바람 소리. 풍문(風聞). 항간에 떠도는 소문.

所以(소이) : 까닭.

乃(내) : 이에(윗말을 받아 이랫말을 일으키는 접속사). 곧.

奮(분) : 떨치다. 휘두르다. 흔들다.

袂(몌) : 소매.

奮袂(분몌) : 소매를 흔들다.

攘(양) : 물리치다. 걷어 올리다.

衿(금) : 옷깃. 앞섶(=襟).

攘衿(양금) : 앞섶을 걷어 올리다.

陳(진) : 늘어놓다. 말하다. 설명하다.

說(설) : 말하다. 왈가왈부하다.

鋒(봉) : 칼끝.

鋒起(봉기) : 칼끝처럼 날카롭게 일어나다.

先生於是   선생어시

선생이(先生) 이에(於是),

方捧甖承槽   방봉앵승조

바로(方) 술 단지를 들어(捧甖) 술통의 술을 받고(承槽),

銜杯漱醪   함배수료

술잔을 입에 물고(銜杯) 탁주로 입가심을 하며(漱醪),

奮髥箕踞   분염기거

구레나룻을 쓰다듬고(奮髥) 두 다리를 뻗고 앉아서(箕踞),

枕麴藉糟   침국자조

누룩을 베고(枕麴) 술지게미를 깔고 누우니(藉糟),

無思無慮   무사무려

생각도 없고(無思) 근심도 없으며(無慮),

其樂陶陶   기락도도

그 즐거움이(其樂) 도도하다(陶陶).

兀然而醉   올연이취

아무것도 모르는 모양으로(兀然) 술에 취해 있기도 하고(而醉),

怳爾而醒   황이이성

어슴푸레한 모양으로(怳爾) 깨어 있기도 하니(而醒),

靜聽不聞雷霆之聲   정청불문뇌정지성

조용히 귀기울여 들어도(靜聽) 격렬한 천둥소리가(雷霆之聲) 들리지 않고(不聞),

熟視不見泰山之形   숙시불견태산지형

자세히 눈여겨보아도(熟視) 태산의 형체가(泰山之形) 보이지 않는다(不見).

不覺 寒暑之切肌   불각 한서지절기

추위나 더위가 살을 파고듦을(寒暑之切肌),

嗜慾之感情   기욕지감정

(또한) 즐기고 좋아하는 감정을(嗜慾之感情) 느끼지 못하고(不覺),

俯觀萬物擾擾焉　부관만물요요언

세상 만물을(萬物) 굽어보니(俯觀) 혼란스럽고 어수선한 모양으로(擾擾焉),

如江漢之載浮萍　여강한지재부평

마치 장강과 한수가(江漢之) 부평초를 떠 있게 함과(載浮萍) 같도다(如).

二豪侍側焉　이호시측언

(따지러 온) 두 호걸들이(二豪) 옆에서 기다려도(侍側焉),

如蜾蠃之與螟蛉　여과라지여명령[77]

마치 나나니벌이(蜾蠃之) 뽕나무벌레와 더불어 있음과(與螟蛉) 같도다(如).

於是(어시) : 이에. 어(於)는 전치사로 '~에'의 뜻이다.

捧(봉) : 받들다. 들다. 들어올리다.

甖(앵) : 술 단지. 단지. 항아리.

承(승) : 받들다. 받다. 잇다. 계승하다.

槽(조) : 구유(가축에게 먹이를 주는 그릇). 주조(酒槽). 술통.

捧甖承槽(봉앵승조) : 작은 술 단지를 들고 가서(捧甖) 큰 술통의 술을 떠서 옮겨 담는다(承槽)는 뜻이다.

漱(수) : 양치질하다. 씻다.

醪(료) : 탁주.

髥(염) : 구레나룻.

箕(기) : 두 다리를 뻗고 앉다(＝踑).

踞(거) : 두 다리를 뻗고 앉다.

枕(침) : 베다. 베개. 잠자다. 잠.

---

77) 앞뒤 문맥으로 볼 때, 유령(대인선생)에게는 '세상 만물이 마치 장강(長江)과 한수(漢水)에 혼란스럽고 어수선하게 떠 있는 부평초(浮萍草)처럼 보였듯이, 그 식자들이 하찮은 나나니벌이나 뽕나무벌레쯤으로 보였다.'라는 해석이 올바른 해석일 것 같다. 이에 대하여 다른 관점이 있다. 「시경(詩經)」 소아(小雅) 소완(小宛)에 "명령유자(螟蛉有子) 뽕나무벌레 유충이 있으면, 과라부지(蜾蠃負之) 나나니벌이 그 유충을 업어서 기른다."라는 구절에 따라 '유령(대인선생)이 그 식자들을 교화함은 마치 나나니벌이 뽕나무벌레를 교화시키는 것과 같다.'라는 해석이다.

麴(국) : 누룩.

藉(자) : 깔개. 깔다. 눕다.

糟(조) : 술지게미.

兀(올) : 우뚝하다. 높고 위가 평평하다. 무지(無知)한 모양.

兀然(올연) : 우뚝 솟은 모양. 무지(無知)한 모양.

恍(황) : 황홀하다. 어슴푸레하다. 마음을 빼앗겨 멍한 모양. 분명하지 않은 모양.

恍爾(황이) : 황홀한 모양. 마음을 빼앗겨 멍한 모양. 분명하지 않은 모양. 이(爾)는 연(然)과 같은 뜻이다.

肌(기) : 살. 피부.

嗜(기) : 즐기다. 좋아하다.

嗜慾(기욕) : 즐기고 좋아하는 마음.

俯(부) : 구부리다. 숙이다.

擾(요) : 시끄럽다. 어지럽다.

擾擾焉(요요언) : 어지러운 모양. 언(焉)은 연(然)과 같은 뜻이다.

侍(시) : 모시다. 기다리다. 대기하다.

側(측) : 곁. 옆.

二豪侍側焉(이호시측언) : 언(焉)은 후치사로서 어차(於此)의 생략형으로 '그곳에서' 정도의 뜻이다. 또는 단정을 나타내는 후치사로 해석하는 것도 가능하다.

蜾蠃(과라) : 나나니벌.

螟蛉(명령) : 뽕나무벌레.

이백(李白) 장진주(將進酒) : 모름지기 한 번 마셨다 하면 삼백 잔이라네!

우리나라에서 고등학교 과정을 공부했던 사람이라면 누구나 국어 시간에 조선 중기 정철(鄭澈)의 관동별곡(關東別曲) 등, 조선의 가사문학(歌辭文學) 작품을 배웠다. 또한 국어 시간에 정철의 사설시조(辭說時調) 장진주사(將進酒辭)라는 제목 정도는 들었다.

그 당시를 추억하면 장진주사라는 제목의 뜻은 제대로 파악했었는지 의심스럽다. 고등학생 시절에는 술맛을 몰랐고, 술에 그다지 관심이 없었기에 그저 그런 작품이 있었나? 정도였다. 문학 작품마다 나이에 따라 느낌으로 다가오는 정도가 다르기 마련이다. 50이 넘어 장진주사를 읽었을 때는 제목부터 매우 새롭고 흥미롭게 다가왔다. 장진주(將進酒), 곧 '술을 드리겠습니다.' 또는 '술을 올리겠습니다.' 참으로 멋들어진 제목이었다.

지금부터는 장진주사의 모태(母胎)가 되는 성당(盛唐)의 시인 이백(李白)의 장진주(將進酒), 중당(中唐)의 시인 이하(李賀)의 장진주(將進酒), 고려 중기의 문인 이규보(李奎報)의 속장진주가(續將進酒歌)를 연속 소개하고자 한다. 제목은 같지만 서로 다른 작품 세계를 감상하는 재미가 쏠쏠할 듯하다.

＊

이백이 25세에 지었다는 망여산폭포(望廬山瀑布)라는 시가 있다. 여산 폭포의 모습을 가슴이 벅차도록 통쾌하게 표현했다. 얼마나 웅장하고 아름답게 폭포수가 떨어졌는지, 햇볕이 향로봉을 비추면 보랏빛 물안개가 피어오르고, 멀리서 보면 긴 시냇물을 걸어 놓은 듯했다. 날아서 곧바로 내리꽂듯이 세차게 떨어지는 폭포수가 삼천 척이나 되고, 폭포수가 떨어지면서 만들어내는 물안개는 마치 은하수가 하늘에서 떨어지는 듯했다.

望廬山瀑布   망여산폭포
여산 폭포를 바라보며

李白   이백

日照香爐生紫烟   일조향로생자연
햇볕이(日) 향로봉을(香爐) 비추니(照) 보랏빛 물안개가(紫烟) 피어오르고(生),
遙看瀑布挂長川   요간폭포괘장천
멀리서(遙) 폭포는(瀑布) 긴 시냇물을(長川) 걸어 놓은 듯(挂) 보였다(看).
飛流直下三千尺   비류직하삼천척
날아서 쏟아지는 물줄기(飛流) 곧추(直下) 삼천 척(三千尺),
疑是銀河落九天   의시은하낙구천
마치(疑) 은하수가(銀河) 하늘에서(九天) 떨어지는(落) 듯했다(是).

　廬山(여산) : 중국 강서성 구강현에 있는 명산.
　遙(요) : 멀다. 아득하다.
　挂(괘) : 걸다. 매달다.
　九天(구천) : 가장 높은 하늘.

✻

이백의 장진주(將進酒)는 망여산폭포(望廬山瀑布)를 닮았다. 장진주의 등장 인물은 이백, 그리고 그의 친구 잠부자(岑夫子)와 단구생(丹丘生)이다. 이백은 잠부자와 단구생에게 여산 폭포의 느낌처럼 술을 마셔야 하고 마실 수밖에 없는 이유를 거침없이 표현하고 있다. 날아서 곧바로 내리꽂듯이 세차게 떨어지는 폭포수 같다. 최고(最高)의 권주가이며 최고의 건배사라는 극찬이 부족할 정도로 막힘이 없고 유려(流麗)하다. 장부(丈夫)의 씩씩함과 꿋꿋함이 돋보인다. 과연 주선(酒仙)답고 호탕(豪宕)하다.

황하의 물이 한번 흘러가면 다시 돌아오지 못하고, 화려하게 잘 지은 저택(邸宅)에서 살지라도 백발을 슬퍼한다. 그러므로 인생이란 뜻을 이루었을 때 모름지기 기쁨을 누려야 하니, 금 술잔(또는 술통)이 부질없이 달과 마주 보도록 해서는 아니 된다는 것이다. 사실, 이 부분에서 이백이 뜻을 이루었기에 술을 마시자는 제안은 아니다. 뜻을 이루었다면 마땅히 마음껏 마셔야 한다는 말이다. 그래서 바로 다음에 하늘이 이백 자신의 재능을 낸 것은 반드시 쓰일 데가 있었기 때문이기에, 천금을 모조리 써 버려도 도리어 다시 찾아올 것이라고, 그러니 양고기를 삶고 쇠고기를 저미고, 모름지기 한 번 마셨다 하면 삼백 잔이라고 너스레를 떤다.

한편, 이백은 술을 올리겠으니 잠부자와 단구생에게 머뭇거리지 말고 마시라고 하면서, 자신은 다만 오랫동안 취했으면 좋겠고, 제발 깨어나지 않았으면 좋겠다고 절망 투로 말한다. 또한 술을 마음껏 마시자고 너스레를 떨었지만, 그날따라 그렇게 마음껏 마실 만큼의 돈도 없었다. 그래서 자신이 아끼는 오색 무늬의 말과 천금이나 나가는 가죽옷을 맛있는 술과 바꿔오라고 말한다. 자신의 재능을 펼칠 기회를 얻지 못한 슬픔과 회한(悔恨)이 묻어난다. 또한 자신의 재능을 알아보지 못하는 그 무렵 사회에 대한 불평이 담겨 있다.

將進酒 장진주

술을 올리리다

李白 이백

君不見 군불견

그대들은 보지 않았는가?

黃河之水天上來 황하지수천상래

황하의 물이(黃河之水) 하늘에서(天上) 내려와(來),

奔流到海不復回 분류도해불부회

급히 흘러(奔流) 바다에 이르면(到海) 다시 돌아오지 못함을(不復回).

君不見 군불견

그대들은 보지 않았는가?

高堂明鏡悲白髮 고당명경비백발

고당에서(高堂) 맑은 거울에(明鏡) 백발을(白髮) 슬퍼하고(悲),

朝如靑絲暮成雪 조여청사모성설

아침에는(朝) 푸른 실 같았는데(如靑絲) 저녁에는(暮) 눈처럼 하얗게 세어 있음을(成雪).

人生得意須盡歡 인생득의수진환

인생이란(人生) 뜻을 이루었을 때(得意) 모름지기(須) 기쁨을 누려야 하니(盡歡),

莫使金樽空對月 막사금준공대월

금 술잔이(金樽) 부질없이(空) 달과 마주 대하지 않도록 하시게(莫使 ~ 對月).

將(장) : 막 ~하려고 하다.

將進酒(장진주) : 장(將)은 조동사, 진(進)은 본동사 역할을 한다.

奔(분) : 급(急)히. 달리다.

高堂(고당) : 높은 집. 화려하게 잘 지은 저택(邸宅).

暮(모) : 저물녘. 해질 무렵. 저물다.

得意(득의) : 뜻을 얻다. 뜻을 이루다.

須(수) : 모름지기. 반드시. 마땅히.

盡歡(진환) : 기쁨을 다하다. 즐기다.

使(사) : 하여금. 하게 하다. 시키다.

樽(준) : 술통. 술동이. 술잔.

天生我材必有用　천생아재필유용

하늘이(天) 나의 재능을(我材) 낸 것은(生) 반드시(必) 쓰일 데가 있었기 때문이리니(有用),

千金散盡還復來　천금산진환부래

천금을(千金) 모조리 써 버려도(散盡) 도리어(還) 다시 찾아올 것이네(復來).

烹羊宰牛且爲樂　팽양재우차위락

양고기를 삶고(烹羊) 쇠고기를 저미고(宰牛) 우선(且) 즐기리니(爲樂),

會須一飮三百杯　회수일음삼백배

모름지기(會須) 한번 마셨다 하면(一飮) 삼백 잔이라네(三百杯).

岑夫子　잠부자

잠부자여!

丹丘生　단구생

단구생이여!

將進酒君莫停　장진주군막정

술을 올리겠으니(將進酒) 그대들은 머뭇거리지 마시게(君莫停).

與君歌一曲　　여군가일곡

그대들에게(與君) 노래 한 곡조를 부르겠으니(歌一曲),

請君爲我側耳聽　　청군위아측이청

그대들은(君) 나를 위하여(爲我) 귀를 기울여(側耳) 들어보시게(請 ～ 聽).

鐘鼓饌玉不足貴　　종고찬옥부족귀

아름다운 음악과(鐘鼓) 맛있는 안주는(饌玉) 귀중할 게 없고(不足貴),

但願長醉不願醒　　단원장취불원성

다만(但) 오랫동안 취했으면(長醉) 좋겠고(願) 제발 깨어나지 않았으면 좋겠네(不願醒).

古來聖賢皆寂寞　　고래성현개적막

예로부터(古來) 성인들과 현인들은(聖賢) 모두(皆) 사라졌지만(寂寞),

惟有飮者留其名　　유유음자류기명

오직(惟) 술 마시는 사람들이 있어(有飮者) 그 이름을 남겼다오(留其名).

散盡(산진) : 모조리 흩어 놓다. 모조리 써 버리다.

還(환) : 도리어.

還復來(환부래) : 도리어 다시 찾아오다.

烹(팽) : 삶다.

宰(재) : 저미다. 썰다. 도살하다.

會須(회수) : 모름지기. 반드시. 마땅히.

岑夫子(잠부자) : 잠훈(岑勳)이라는 설도 있고, 잠삼(岑參)이라는 설도 있다. 부자(夫子)는 경칭이다.

丹丘生(단구생) : 원단구(元丹丘)를 말한다. 생(生)은 경칭이다.

停(정) : 머무르다. 멎다. 멈추다. 정지(停止)하다. 중지(中止)하다.

與君(여군) : 그대에게. 여(與)는 '～에게.'

請君(청군) : 청(請)이 앞에 오면 '～하여 주시오.'와 같이 부탁하거나 요구하는 의미가 된다.

鐘鼓(종고) : 종과 북. 아름다운 음악.

饌(찬) : 반찬.

饌玉(찬옥) : 옥에 견줄 만한 훌륭한 진미. 맛있는 안주.

足(족) : ~할 가치가 있다. ~할 만하다.

貴(귀) : 귀(貴)하다. 귀중(貴重)하다.

不足貴(부족귀) : 귀중(貴重)할 가치가 없다. 족(足)은 조동사, 귀(貴)는 본동사 역할을 한다.

醒(성) : 술이 깨다.

寂寞(적막) : 고요하고 쓸쓸함. 사망했다는 뜻이다.

陳王昔時宴平樂   진왕석시연평락

진왕은(陳王) 옛날(昔時) 평락관에서(平樂) 잔치를 열고(宴),

斗酒十千恣歡謔   두주십천자환학

한 말 술에(斗酒) 만전인 술을(十千) 마음껏 즐겼다오(恣歡謔).

主人何爲言少錢   주인하위언소전

주인은(主人) 어찌하여(何爲) 돈이 적다고 말하는가(言少錢)?[78]

徑須沽取對君酌   경수고취대군작

바로(徑須) 술을 사 와서(沽取) 그대들과 대작하리라(對君酌).

五花馬   오화마

오색 무늬의 말과

千金裘   천금구

천금이나 나가는 가죽옷을

---

[78] '주인이 누구냐?'에 대한 다른 견해들이 있다. 첫째, 이백이 잠부자(岑夫子)와 함께 단구생(丹丘生)의 거처를 방문하여 술을 마셨다. 그래서 주인은 단구생(丹丘生)이다. 둘째, 주가(酒家)의 주인이다. 위 '주인은 어찌하여 돈이 적다고 말하는가?'는 이런 두 관점에서의 해석이다. 술이 서너 순배(巡杯) 돌고 나자, 술이 떨어졌다. 그래서 이백이 주인에게 돈을 몇 푼 주면서 양조장에서 술을 사 오도록 부탁했는데, 주인이 그 돈으로는 술을 살 수 없다고 말했을 것이다. 셋째, 주인을 이백 자신이라고 보고 '주인 무엇 때문에 돈 적다고 말하리?' 이렇게 해석한 사례도 있다.

呼兒將出換美酒　　호아장출환미주

아이를 불러(呼兒) 가서(將出) 맛있는 술과(美酒) 바꿔오라 하여(換),

與爾同銷萬古愁　　여이동소만고수

그대들과(與爾) 만년 묵은(萬古) 시름을(愁) 함께 씻어보세나(同銷).

陳王(진왕) : 중국 삼국시대 위(魏)나라 조조의 셋째 아들 진사왕(陳思王) 조식(曹植)을 말한다.

平樂(평락) : 여기서 평락(平樂)은 평락관(平樂觀)이라는 도교 사원을 지칭한다. 도교(道敎) 사원(寺院)을 도관(道觀)이라고 한다. 또는 잔치를 베풀었던 누각(樓閣)의 이름이다.

恣(자) : 마음대로. 제멋대로. 방자(放恣)하다.

歡(환) : 기뻐하다. 즐거워하다.

謔(학) : 희롱(戲弄)하다.

恣歡謔(자환학) : 마음껏 즐기다.

徑須(경수) : 바로.

沽(고) : 술을 사다.

裘(구) : 가죽옷. 갖옷(안감을 짐승의 털가죽으로 댄 옷).

將出(장출) : 가려고 하다. 장(將)은 조동사, 출(出)은 본동사 역할을 한다.

爾(이) : 너. 상대방을 부르는 말.

萬古(만고) : 아주 오랜 세월 동안.

銷(소) : 녹다. 녹이다.

이하(李賀) 장진주(將進酒) : 그대에게 권하노니 종일토록 흠뻑 취하시게나!

이백(李白)의 장진주(將進酒)에는 장부(丈夫)의 씩씩함과 꿋꿋함, 호탕(豪宕)함과 함께 자신의 재능을 펼칠 기회를 얻지 못한 슬픔과 회한(悔恨), 자신의 재능을 알아보지 못하는 그 무렵 사회에 대한 불평이 담겨 있다. 반면에 이하(李賀)의 장진주(將進酒)는 매우 호화(豪華)로운 주연(酒宴)을 사실적으로 묘사하고 있지만, 인생의 깊이나 무게감이 그렇게 담겨 있지는 않은 듯하다. 시인이 27세 혈기 왕성한 나이에 요절(夭折)했다는 사실과 무관하지 않다. 아마도 젊은 나이의 작품이기 때문이리라.

우선 '유리 술잔에 호박 빛깔 술이 짙으니' 부분부터 살펴보자. 유리 술잔은 그 무렵에 아마도 매우 귀한 대접을 받았다고 짐작된다. 이런 추정의 근거는 다음과 같다. 신라 천마총 유리잔(보물 제620호)이나 황남대총 유리병(국보 제193호) 등, 유리 부장품들은 빛깔뿐만 아니라 조형미(造形美) 또한 매우 뛰어나다. 이런 유리 부장품들은 무늬, 형태 등을 근거로 서아시아나 지중해 주변에서 제작되어 실크로드를 통하여 신라까지 유입되었다고 추정하며, 중국은 전통적으로 옥 제품을 선호하여 서아시아나 지중해 주변보다 유리 제작 기술이 지체되었다고 추정한다.[79] 따라서 이런 유리 부장품들은 신라 왕실이나 귀족들의 전유물이었을 것이다.

다음 표에서와 같이 당나라와 신라는 역사적으로 건재했던 시기가 서로 겹친다. 신라에서 유리 제품이 상당히 귀한 대접을 받았다면 비슷한 시기에

---

79) 도재기, "1500년 전 신라 유리잔, 빛깔만큼 신비로운 동서문명 교류 역사" 「경향신문」 2018.11.16.

당나라에서도 상당히 귀한 대접을 받았을 것이 분명하다.

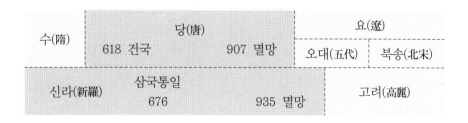

수(隋)	당(唐)		요(遼)	
	618 건국	907 멸망	오대(五代)	북송(北宋)
신라(新羅)	삼국통일 676	935 멸망	고려(高麗)	

유리 술잔에 호박 빛깔 술이 짙다고 했고, 작은 술통에는 술 방울(酒滴)이 진주처럼 붉다고 했다. 유리 술잔에 술을 따랐을 때는 호박 빛깔이고, 술통에서 술을 뜰 때 떨어지는 술 방울이 붉다는 사실적 묘사다. 따라서 이 술은 귀한 홍주(紅酒)이며, 서민의 주연이 아님을 짐작하게 한다. 술안주로 용을 삶고 봉황을 굽는다고 하여 최고의 안주를 준비했음을 암시하고, 고기를 삶거나 구우면서 구슬 같은 기름이 둥둥 떠다니거나 뚝뚝 떨어진다는 표현도 매우 사실적이다. 주연의 자리는 실내가 아니라 아마도 경관이 뛰어난 전원인 듯하다. 그래서 햇볕을 가리고 바람을 막기 위하여 비단 휘장과 수를 놓은 장막을 설치했다. 장막에는 향기로운 바람 맴돌고, 그윽한 꽃향기가 코끝을 자극한다. 피리를 불고 북을 치는 악단, 노래를 부르는 미녀와 춤을 추는 미녀까지 대동했다. 호화로운 주연의 극치다.

주연의 분위기가 무르익는데 마침 계절은 청춘(靑春), 곧 화창한 봄이다. 여기서 화창한 봄은 또한 인생에서의 청춘을 의미한다. 무르익은 주연의 분위기, 화창한 봄, 인생에서의 청춘, 이렇게 세 가지를 묵시적으로 대비시켰다. 그런데 무르익은 주연의 분위기, 화창한 봄, 인생에서의 청춘 모두 끝이 있기 마련이다. 그러니 지금 술을 마음껏 마시면서 즐기자는 제안이다.

將進酒　장진주
술을 올리리다

李賀　이하[80]

琉璃鍾琥珀濃　유리종호박농
유리 술잔에(琉璃鍾) 호박 빛깔(琥珀) 술이 짙으니(濃),
小槽酒滴眞珠紅　소조주적진주홍
작은 술통에는(小槽) 술 방울이(酒滴) 진주처럼 붉구나(眞珠紅).
烹龍炮鳳玉脂泣　팽룡포봉옥지읍
용을 삶고(烹龍) 봉황을 구우니(炮鳳) 구슬 같은 기름이(玉脂) 둥둥 떠다니
거나 뚝뚝 떨어지고(泣),
羅幃綉幕圍香風　나위수막위향풍
비단 휘장과(羅幃) 수를 놓은 장막에는(綉幕) 향기로운 바람(香風) 맴도네(圍).

鍾(종) : 술잔. 술병. 종(=鐘).
濃(농) : (색이) 짙다.
槽(조) : 구유(가축에게 먹이를 주는 그릇). 주조(酒槽).
滴(적) : 물방울.
烹(팽) : 삶다.
炮(포) : 통째로 굽다.
泣(읍) : 울다. 눈물.
羅(라) : 비단.
幃(위) : 휘장(揮帳).
綉(수) : 수를 놓다(=繡).
圍(위) : 두르다. 둘러싸다. 둘레.

80) 중당(中唐)의 시인.

吹龍笛擊鼉鼓　　취룡적격타고

용 피리를(龍笛) 불고(吹) 악어가죽 북을(鼉鼓) 치니(擊),

皓齒歌細腰舞　　호치가세요무

하얀 이의 미녀가(皓齒) 노래 부르고(歌) 가는 허리의 미녀가(細腰) 춤춘다
오(舞).

況是靑春日將暮　　황시청춘일장모

더구나(況) 화창한 봄인데(是靑春) 날이 저물려 하니(日將暮),

桃花亂落如紅雨　　도화란락여홍우

봉숭아꽃(桃花) 어지러이 떨어져(亂落) 붉은 비 같구나(如紅雨).

勸君終日酩酊醉　　권군종일명정취

그대에게 권하노니(勸君) 종일토록(終日) 흠뻑(酩酊) 취하시게나(醉),

酒不到劉伶墳上土　　주부도유령분상토

술은(酒) 유령의(劉伶) 무덤 위 흙까지는(墳上土) 이르지 않나니(不到).

鼉(타) : 악어.

鼓(고) : 북. 북을 치다. 북을 두드리다. 타다. 연주하다.

皓(호) : 희다. 희게 빛나다. 밝다. 깨끗하다.

況(황) (俗字) 况 : 하물며. 더구나.

將(장) : 막 ~하려고 하다.

將暮(장모) : 날이 저물려고 하다. 장(將)은 조동사, 모(暮)은 본동사 역할을 한다.

酩(명) : 술에 취하다.

酊(정) : 술에 취하다.

酩酊(명정) : 몸을 가눌 수 없을 정도로 술에 몹시 취함.

이규보(李奎報) 속장진주가(續將進酒歌) : 그대는 술 마심을 사양하지 말게나!

이규보(李奎報)에 대한 평가는 엇갈린다. 광세(曠世)[81]의 문인이라고 추켜세우는가 하면, 시대의 아부꾼, 최씨(崔氏)의 문객, 어용 문인이라고 깎아내리기도 한다. 그는 1168년에 태어나 1241년에 사망했다. 고려 무신정변(武臣政變)이 1170년에 일어나 무신 정권이 1270년에 끝났으니, 그의 삶은 처음부터 끝까지 무신 정권과 연관되어 있다. 그런 상황에서 종2품 상국(相國)[82]의 지위까지 올라갔으니, 시대의 아부꾼, 최씨(崔氏)의 문객, 어용 문인이라는 평가 또한 그런대로 일리가 있다. 그런데 여기서 그의 상반된 평가에 대하여 논의하고자 함이 아니다. 시대의 아부꾼, 최씨의 문객, 어용 문인이었다면 아무런 어려움 없이 순탄하게 관직에 있으면서 풍요롭게 살았지 않았을까 하는 오해를 풀 필요가 있고, 또한 속장진주가의 이해를 돕기 위하여 잠시 이규보의 삶의 궤적을 살펴보고자 한다.

그는 비교적 젊은 나이 23세(1190)에 과거시험에 합격했다. 그 뒤로 관직에 나가려고 시도했지만, 그 문은 좀처럼 열리지 않았다. 말하자면 과거시험에 합격만 하고 장기 실직 상태였으니 극심한 가난을 온몸으로 겪어야 했다. 그 사이에 딸과 아들이 태어났고, 29세(1196)에는 바느질까지 곧잘 했던 4살 큰딸이 사망했다. 먹고 사는 일이 큰 문제였다.

그 무렵 이규보의 글재주는 이미 명성이 자자했던 터라, 무신 정권의 최고

---

81) 세상에 보기 드묾.
82) 재상(宰相)과 같은 말로서 요즘의 부총리 이상의 관직이다.

권력자 최충헌(崔忠獻)은 이규보를 연회에 초대했다. 이규보는 그 자리에서 시를 지어 재능을 인정받았고, 드디어 32세(1199)가 되어서 전주목사록 겸 장서기(全州牧司錄 兼 掌書記)라는 지방의 말단 관직에 나갔다. 그러나 첫 관직 생활은 순탄하지 않았다. 아마도 그는 나름 올곧게 업무를 처리하려고 했던 탓에, 지방관이나 토착 향리들과 불화를 겪었던 듯하다. 그런 까닭인지 부임 15개월 만에 모함으로 파직되었다. 그는 다시 실직 상태에 놓이게 되었다.

그러던 차에 35세(1202) 때, 경주 지방에서 반란이 일어나 상황이 점점 심각해지자, 반란군을 토벌하는 데 필요한 지원군으로 과거시험 합격자를 대상으로 문서 작성 등을 담당할 수제원(修製員)을 모집했다. 사실, 수제원이라는 관직은 상황에 따라 직접 전투에 투입되어 싸워야 하는 그런 자리였다. 그래서 다른 사람들은 회피하기에 급급했지만, 뭐라도 해야 하겠다는 절박감에서 두 번째로 관직 생활을 시작했다. 1204년 반란이 평정되어 개경으로 돌아왔지만, 그는 논공행상(論功行賞)에서 어떤 공적도 인정받지 못했고, 궁색한 삶은 계속되었다. 39세(1206)였던 봄에는 하루에 두 끼만 먹는 지경에 이르렀고, 털옷을 전당 잡혀 좁쌀 한 말을 얻어오기까지 했다.[83]

그의 나이 40세(1207)에 기회가 다시 찾아왔다. 최충헌은 그의 집에 지은 모정(茅亭)의 연회에 이규보를 초대했고, 이규보는 그 자리에서 모정기(茅亭記)를 지었다. 이를 계기로 12월에 임시직인 권직한림(權直翰林)으로 등용되었고, 다음 해 6월에 정식으로 직한림(直翰林)에 임명되어 그토록 고대했던 8품 관리가 되었다. 그러나 지극히 가까운 거리에서 임금의 명령을

---

83) 김용선, 「생활인 이규보」 (일조각, 2013) pp.133~134.

받아 문서를 꾸미는 일을 맡아보던 한림원의 관리였지만, 보수가 그렇게 넉넉한 자리는 아니어서 여전히 궁핍한 삶은 계속되었다. 공식 행사 때에는 관복을 빌려 입어야 했을 정도였다.[84]

그 뒤로는 대체로 순탄한 관직 생활을 이어가는 듯했지만, 32세 첫 관직에 나간 이래로 세 번의 면직과 두 번의 탄핵이라는 굴절이 있었고, 52세(1219)에는 지방으로 좌천되어 쫓겨가는 신세가 되었다.[85] 그런데 그해 9월에 최충헌이 사망하자, 후임으로 정권을 잡은 최우(崔瑀)의 배려로 다음 해 6월에 이규보는 다시 개경에서 관직을 이어갔다. 55세(1222)에는 영특했던 아들이 13세의 나이로 사망하는 불운을 겪었다. 여기까지가 속장진주가를 짓기 이전의 대략적인 이력이다.

✳

이규보(李奎報)는 이백(李白), 이하(李賀)의 장진주(將進酒)와 같은 제목으로 56세(1223)에 속장진주가(續將進酒歌)를 지었지만, 내용 면에서 느낌이나 분위기는 확연히 다르다. 털옷을 전당 잡혀야 했을 정도로 궁핍했던 삶, 40세가 넘어서 시작된 관직 생활, 세 번의 면직과 두 번의 탄핵, 지방으로의 좌천, 딸과 아들의 사망 등으로 추정하면, 이규보의 삶은 그렇게 순탄했다고만 단정할 수 없는 굴곡진 삶이었다. 이런 입장에서 아래 시를 읽으면 더욱 쉽게 이해가 된다.

푸른 머리카락과 붉은 얼굴은 오랜 시간 지속되기 어렵다면서 세월의 무상함을 노래했고, 이 몸 위태롭고 취약함이 아침 이슬 같다는 부분은 그동안

---

84) 위의 책, p.78.
85) 같은 책, p.83.

이규보의 굴곡진 관직 생활, 바느질까지 곧잘 했던 4살 큰딸의 사망, 지난해 영특했던 아들의 사망을 염두에 둔 표현인 듯하다. 무덤 주변의 모습을 표현한 부분은 두보(杜甫)의 곡강(曲江) 제1수 '원변고총와기린(苑邊高塚臥麒麟) 원림 가장자리 높은 무덤에는 기린 석상이 누워있다오.'와 정서적으로 서로 맞닿아 있다. 무덤을 돌보는 일은 오로지 후손의 몫인데, 당장 먹고살기에 바쁘면 무덤 옆 기린 석상이 누워있어도 바로 세울 여력이 없다. 자연스럽게 무덤 주변은 풀숲을 이루고, 여우와 토끼의 놀이터가 된다. 그리고 누군가 기꺼이 찾아와서 술 한 잔 따라줄 사람도 없다. 인생의 무상함, 궁색했던 삶, 굴곡진 자신의 과거 이력 등을 들추면, 더욱 술이 술술 들어갔을 듯하다.

續將進酒歌 속장진주가 [부록 3.]

李奎報   이규보

李賀 將進酒曰 酒不到劉伶墳上土 此誠達道之言也 故廣其辭 命之曰續將進酒云

이하의(李賀) 장진주에(將進酒) '술은(酒) 유령의(劉伶) 무덤 위 흙까지는(墳上土) 이르지 않나니(不到).'라고 하였으니(曰), 이는(此) 진실로(誠) 도를 통달한 말이다(達道之言也). 그러므로(故) 그 뜻을(其辭) 넓혀서(廣), 그것의(之) 이름을 지었는데(命) 속장진주(續將進酒)라고 이른다고(云) 하였다(曰).

寄語杯中藍色酒 기어배중남색주
술잔 속의(杯中) 쪽빛 술에게(藍色酒) 말을 붙이네(寄語),

百年莫猒相逢遇　　백년막염상봉우

백 년 동안(百年) 서로 만남을(相逢遇) 싫어하지 말게나(莫猒).

綠髮朱顔能幾時　　녹발주안능기시

푸른 머리카락과(綠髮) 붉은 얼굴이(朱顔) 얼마나 오래(幾時) 계속되겠는가(能)?

此身危脆如朝露　　차신위취여조로

이 몸(此身) 위태롭고 취약함이(危脆) 아침 이슬 같구나(如朝露).

命(명) : 이름을 짓다. 이름을 붙이다. 목숨. 운수. 명령.

命之(명지) : 그것의(之) 이름을 짓다(命). 지(之)는 대명사로 시의 제목 속장진주(續將進酒)를 지칭한다.

云(운) : 이르다. 말하다.

寄(기) : (말을) 붙이다. (편지를) 부치다.

猒(염) : 싫다. 싫증이 나다(=厭).

逢(봉) : 만나다.

遇(우) : 만나다.

脆(취) : 약하다.

一朝去作松下墳　　일조거작송하분

하루 아침에(一朝) 이 몸 죽어(去) 소나무 아래 무덤(松下墳) 되면(作),

千古萬古何人顧　　천고만고하인고

오랜 세월(千古萬古) 어떤 사람이(何人) 내 무덤을 돌아보겠는가(顧)?

不期而生蒿與蓬　　불기이생호여봉

기약하지 않아도(不期) 그러나(而) 쑥이 우거져 풀숲을(蒿與蓬) 이루고(生),

不速而至狐與兔　　불속이지호여토

부르지 않아도(不速) 그러나(而) 여우와 토끼가(狐與兔) 찾아온다네(至).

蒿(호) : 쑥.

蓬(봉) : 쑥. 풀숲. 초목이 무성한 모양.

速(속) : 부르다. 빠르다.

酒雖平生手上物　　주수평생수상물

술은(酒) 비록(雖) 평생(平生) 손 위의 물건이었지만(手上物),

爭肯一來霑我味　　쟁긍일래점아미

어찌(爭) 누군가 즐거운 마음으로(肯) 한번 찾아와서(一來) 내가 맛보도록(我味) 술 한 잔 따라주겠는가(霑)?

達哉達哉劉伯倫　　달재달재유백륜

통달했구나(達哉), 통달했구나(達哉), 유백륜이여!

載酒自隨長醉倒　　재주자수장취도

술통을 들고서(載酒) 자신을 따르게 했고(自隨),86) 오랫동안 술에 취하여(長醉) 누워있다네(倒).87)

請君聽此莫辭歙　　청군청차막사음

그대는(君) 이 말을 들었으니(聽此) 술 마심을 사양하지 말게나(請 ~ 莫辭歙),

酒不到劉伶墳上土　　주부도유령분상토

술은(酒) 유령의(劉伶) 무덤 위 흙까지는(墳上土) 이르지 않나니(不到).

---

86) 술통을 들고 다니는 주체가 누구냐에 따라 재주자수(載酒自隨)를 다음과 같이 해석하는 것이 가능하다. 첫째, 아랫사람들에게 술통을 들고서 유령(劉伶) 자신을 따르게 했다. 유령(劉伶)은 밖으로 나갈 때마다 아랫사람들에게 가래(鍤)를 들고 자신을 따르게 했고(携鍤自隨), 그 사람들에게 "술에 취하여 죽거든 곧 그 자리에서 바로 나를 묻어라." 말했다는 고사(故事)로 유추할 때 첫 번째 해석이 가능하다. 둘째, 유령(劉伶) 자신이 술통을 들고서 유령(劉伶) 자신을 따르게 했다. 다시 말하면 자신이 술통을 들고 다녔다.

87) 장취도(長醉倒) 역시 다음과 같이 해석하는 것이 가능하다. 첫째, 오랫동안 술에 취하여 깨지 않고 누워있다. 둘째, 술을 많이 마셨고 결국 죽어서 누워있다.

爭(쟁) : 어찌. 다투다.

肯(긍) : 즐기다. 즐기어 하다.

霑(점) : 젖다. 적시다.

味(미) : 맛보다. 맛.

達哉(달재) : 통달했구나. 재(哉)는 감탄을 나타내는 종결사.

載(재) : 싣다. 지니다. 휴대하다.

隨(수) : 따르다. 수행하다. 동반하다.

倒(도) : 넘어지다. 죽다.

請君(청군) : 그대에게 청(요구)하다. 청(請)이 앞에 오면 '~하여 주시오.'와 같이 부탁하거나 요구하는 의미가 된다.

이규보(李奎報) 취가행 주필(醉歌行 走筆) : 꽃과 버들이 한창인 시절에 어찌 아니 마시겠나?

이규보(李奎報)는 두보(杜甫)와 같은 제목으로 취가행(醉歌行)을 지었다. 우선 두보가 취가행을 지은 사연은 이렇다. 두보의 종질(從姪), 곧 사촌 형제의 아들인 두근(杜勤)이 과거시험에 떨어지고 고향으로 돌아가게 되었다. 이때 종질 두근의 나이는 16~17세로 어린 나이였다. 그렇지만 나이와 상관없이 누구라도 시험에 떨어지면 낙담하기 마련이다. 그래서 두보는 고향으로 돌아가는 두근을 위하여 장안에서 술자리를 베풀었다. 이때 지은 시가 취가행, 곧 '술에 취하여 부른 노래'였다. 두근의 재능을 칭찬하고, 다음을 기약하자면서 용기를 북돋아 주고, 위로하는 내용이다. 취가행의 끝부분에서 두보는 "내지빈천별갱고(乃知貧賤別更苦) 이제야 깨달았네(乃知), 가난하고 천하면(貧賤) 이별(別) 더욱(更) 괴로움을(苦)"이라고 읊으면서, 목소리를 삼키고 머뭇거리며 눈물에 콧물까지 흘렸다. 그 무렵 두보 자신의 빈천한 삶이 그대로 묻어난다. 고향으로 돌아가는 두근에게 노잣(路資)돈이라도 쥐여 주어야 하는데, 그러지 못하는 안타까운 심정과 빈천하고 무력한 자신의 처지를 토로한 듯하다.

반면에 이규보는 두보와 같은 제목으로 취가행(醉歌行)을 지었지만, 내용 면에서 느낌이나 분위기는 확연히 다르다. 취가행은 이규보의 나이 58세(1225)에 지었다. 이때는 최고 권력자 최우(崔瑀)의 신임으로 안정된 벼슬살이를 이어갔다. 화창한 봄날에 조물주가 이규보에게 술을 마시지 못하게 할 양이었다면, 꽃과 버들이 피어나지 않도록 하는 편이 더 나았겠다고 그럴듯한 궤변을 늘어놓는다. 분위기는 화기애애하다. 술잔을 잡고 봄을 즐기며, 취하여 손을 휘두르며 동풍에 일어나 춤까지 추니, 꽃은 웃는 얼굴로 아양을 떨고, 버들은 눈썹을 찌푸렸다 편다는 표현에서 화창한 봄의 풍정(風情)을 그림으로 그리듯 절묘하게 표현했다. 마지막 부분에는 이규보의 인생관이 담겨 있다. 그리 오래 살지 못하는 덧없는 인생인데, 천금을 모으는 데만 관심이 있고, 쓰는 데는 인색하니, 이는 매우 어리석은 짓이다. 자신이 생전에 쓰지 못할 천금을 지키는 일은 다른 사람을 위하여 천금을 지켜주는 꼴이 된다고 일깨워 주고 있다.

醉歌行 走筆　취가행 주필 [부록 4.]
술에 취하여 부른 노래, 글씨를 흘려서 빨리 씀

李奎報　이규보

天若使我不飲酒　천약사아불음주
하늘이(天) 만약에(若) 나에게(我) 술을 마시지 못하게 할 양이었다면(使 ~ 不飲酒),
不如不放花與柳　불여불방화여류
꽃과 버들이(花與柳) 피어나지 않도록(不放) 하는 편이 더 나았겠네(不如).
花柳芳時能不飲　화류방시능불음
꽃과 버들이(花柳) 한창인 시절에(芳時) 어찌(能) 아니 마시겠는가(不飲)?
春寧負我我不負　춘녕부아아불부
봄이 나를(我) 차라리(寧) 저버릴망정(負) 나는(我) (봄을) 저버리지 못하리(不負).
把酒賞春春更好　파주상춘춘갱호[88]
술잔을 잡고(把酒) 봄을 즐기니(賞春) 봄(春)이 더욱(更) 좋아하여(好),

[88) 술잔을 잡고 봄을 즐기니, (화답이라도 하듯) '춘갱호(春更好) 봄이 더욱 좋아하여'의 뜻이다. 봄을 의인화한 표현이다.

起舞東風醉揮手　　기무동풍취휘수

취하여(醉) 손을 휘두르며(揮手) 동풍에(東風) 일어나 춤춘다네(起舞).

花亦爲之媚笑顔　　화역위지미소안

꽃(花) 또한(亦) 이런 분위기 때문에(爲之)[89] 웃는 얼굴로(笑顔) 아양을 떨고(媚),

柳亦爲之展眉皺　　류역위지전미추

버들(柳) 또한(亦) 이런 분위기 때문에(爲之) 눈썹을 찌푸렸다(眉皺) 펴는구나(展).

看花翫柳且高歌　　간화완류차고가

꽃을 바라보고(看花) 버들을 구경하고(翫柳) 잠시(且) 큰 소리로 노래를 부르니(高歌),

百歲浮生非我有　　백세부생비아유

백세(百歲) 덧없는 인생이(浮生) 내 것이 아니라네(非我有).

君不見　　군불견

그대들은 보지 않았는가?

千金不散將何用　　천금불산장하용

천금을(千金) 뿌리지 않고(不散) 앞으로(將) 어디에 쓰려고(何用),

癡人只爲他人守　　치인지위타인수

어리석은 사람만이(癡人只) 다른 사람을 위하여(爲他人) (천금을) 지켜줌을(守).

---

89) 화역위지미소안(花亦爲之媚笑顔) 류역위지전미추(柳亦爲之展眉皺)에서 위지(爲之)는 '술잔을 잡고 봄을 즐기니 봄이 더욱 좋아하여, 취하여 손을 휘두르며 동풍에 일어나 춤추는 이규보에게 화답이라도 하듯, 그런 분위기 때문에'의 의미다. 위(爲)를 '때문에'로 풀이하고, 지(之)는 대명사로 파주상춘춘갱호(把酒賞春春更好) 기무동풍취휘수(起舞東風醉揮手)를 지칭한다.

放(방) : 놓다. 불을 지르다. 꽃이 피다.

芳時(방시) : 꽃이 한창인 시절.

寧(녕) : 편안하다. 차라리.

負(부) : 등에 지다. 빚을 지다. 저버리다.

把(파) : 잡다. 쥐다.

賞(상) : 상을 주다. 상. 즐기다. 감상하다.

更 : (갱) 다시. 재차. 또. (경) 고치다. 개선하다.

揮(휘) : 휘두르다. 지휘하다.

媚(미) : 아첨하다. 비위를 맞추다. 아양을 떨다.

眉(미) : 눈썹.

皺(추) : 주름. 주름잡히다.

翫(완) : 가지고 놀다. 구경하다.

癡(치) : 어리석다. 미련하다.

只(지) : 다만. 단지. 뿐. 오직.

이색(李穡) 서린의(西隣) 조판사가(趙判事) 아랄길을(阿剌吉) 가지고 (以) 왔는데(來), 그 이름은(名) 천길이었다(天吉) : 술 반 잔을 겨우 마셨는데 훈기가 뼛속까지 도달하고

지금은 아무렇지도 않은 물건이지만, 70년대에 사람의 목소리를 녹음하는 녹음기가 상품으로 처음 나왔을 때 너무나 신비롭게 느꼈던 추억이 있다. 요즘 소주(燒酒 또는 燒酎)는 흔하디흔한 술이지만, 고려 말 이색(李穡)이 소주를 처음 마셨던 느낌은 충격 그 자체였다. 외래 문물이 도입되면 처음에는 대개 그런 느낌이다. 다음에 소개할 시는 이색의 소주 예찬인데, 배경지식을 먼저 살펴보자.

「맹자(孟子)」 공손추장구(公孫丑章句)에는 맹자와 그의 제자인 공손추가 호연지기(浩然之氣)에 대하여 질문하고 대답한 부분이 있다. 보통 사람들이 그 부분을 자세히 읽어도 내용이 모호하여 호연지기의 의미를 파악하기는 쉽지 않다. 「중국철학사」를 미국에서 출간한 풍우란(馮友蘭)은 호연지기를 어떻게 영어로 번역하면 서양 사람들이 이해할지를 고민했던 것 같다.[90] 결국 풍우란은 호연지기를 Great Morale(머랠)로 번역했는데, 우리말로는 '담대(膽大)한 용기(勇氣), 씩씩하고 굳센 기운(氣運)'쯤 되는 말이다. 일반 독자 여러분에게는 호연지기보다 이 용어가 더 쉽게 다가올 듯하다. 그렇지만 그 용기는 '상대방과 대적(對敵)할 용기'라고 말할 때의 용기와는 다르다. 맹자의 호연지기는 인간 대(對) 인간의 관계를 넘어, 자연과 우주를 꿰뚫는 높은 정신적 고양 단계에서의 용기다. 이제부터는 맹자

---

90) 馮友蘭, p.130.

와 그의 제자인 공손추의 대화에 집중해보자.

敢問 何謂浩然之氣
_{감 문 하 위 호 연 지 기}

"감히(敢) 여쭙겠습니다(問). 무엇을(何) 호연지기라(浩然之氣) 합니까(謂)?"

曰 難言也 其爲氣也 至大至剛 以直養而無害 則塞于天地之間 其爲氣也
_{왈 난 언 야 기 위 기 야 지 대 지 강 이 직 양 이 무 해 즉 색 우 천 지 지 간 기 위 기 야}

配義與道 無是 餒也
_{배 의 여 도 무 시 뇌 야}

"말하기 어렵네. 그 기 됨은(其爲氣也) 지극히 크고(至大), 지극히 굳세니(至剛), 곧바로(以直) 기르고(養), 그리고(而) 해침이 없으면(無害), 곧(則) (이 호연지기가) 천지 사이에(于天地之間) 가득 차게 된다네(塞). 그 기 됨은(其爲氣也) 의와 도의(義與道) 배합이니(配), 그것이 없으면(無是) (그 기는) 사라질 것이네(餒也)."

塞 : (색) 막히다. 차다. 채우다. 충만하다. (새) 변방.
于天地之間(우천지지간) : 우(于)는 전치사로 '~에'로 해석한다.
餒(뇌) : 주리다. 굶주리다. 썩다.

맹자 스스로 호연지기를 설명하기 어렵다고 말했으니, 일반 독자 여러분에게 그 개념은 당연히 명료하지 않다. 그렇지만 기왕에 시작했으니 조금만 더 설명을 추가하고자 한다. 기(氣)는 지극히 크고, 지극히 굳세니, 곧바로 기르고, 그리고 해침이 없으면, 곧 호연지기가 천지 사이에 가득 차게 된다는 부분이 더욱 호연지기를 신비롭게 만든다. 호연지기가 천지 사이에 가득 차게 된다는 부분을 어떻게 이해하여야 할까? 지리산 천왕봉 이상의 높은 산 정상에 올랐던 독자들은 잠시라도 이런 경험이 있었을 듯하다. 산 정상에서 산줄기 사이의 계곡을 바라보면, 마치 계곡에서 하늘까지 푸른 기운이 가득 들어찬 듯한 느낌 같은 경험 말이다. 맹자가 말한 것은 그런 느낌이 아니다. 호연지기를 기르고 닦아서 높은 경지에 이르면, 호연지기가 천지 사이에 가득 들어찬 듯이 정신적으로 느끼게 된다는 말로 이해함이 더 옳다.

＊

소식(蘇軾)은 「조주한문공묘비(潮州韓文公廟碑)」[91]에서 한유(韓愈)를 호연지기를 기르고 닦은 인물로 장황하게 칭송했는데, 그 가운데 이색이 인용한 부분은 다음과 같다.

其必有不依形而立 ~ 故在天爲星辰
그것은(其) 틀림없이 존재하는데(必有), (어떤) 형체에도 의지하지 않는다(不依形). 그러나 바로 선다(而立). ~ 그러므로(故) 하늘에서는(在天) 별이 된다(爲星辰).

맹자의 호연지기도 매우 난해하고 모호하지만, 소식이 말하는 호연지기 역시 난해하고 모호하다. 마치 호연지기는 눈으로는 식별되지 않지만, 틀림없이 존재하는 물리학에서 말하는 암흑 물질(dark matter) 비슷한 존재라고나 할까? 어쨌든 호연지기를 기르고 닦아서 높은 정신적 고양의 단계에 이르면, 어떤 형체에도 의지하지 않고, 바로 서게 되며, 하늘에서는 최고의 위치까지 다다라 별이 된다는 상징적 표현이라 하겠다.

＊

---

91) 중국 북송(北宋) 때 문신 동파(東坡) 소식(蘇軾)이 중국 광동(廣東)의 조주(潮州)에 있는 「조주한문공묘비(潮州韓文公廟碑)」, 곧 한문공(韓文公) 한유(韓愈)를 모신 사당의 비문을 썼다. 한유는 당송팔대가(唐宋八大家) 가운데 한 사람이다.

이색의 다음 시의 전반부에서는, 아랄길(阿剌吉)[92]을 마셨을 때 느끼는 감정을 소식의 묘비(廟碑)에서 말한 호연지기를 기르고 닦은 사람이 느끼는 감정(不依形)에 비유했다. 얼근하게 술에 취하면, 마음이 넓고 생각이 깊어져 사람이나 사물의 이치를 잘 이해하고 포용할 듯한 마음이 들기도 한다. 제목에서 아랄길의 또 다른 이름은 천길(天吉)이라고 했다. 소주(燒酒) 고리[93]의 주둥이에서 똑똑 떨어지는 아랄길의 모습이 마치 가을 이슬이 맺혔다가 떨어지는 모습을 닮았기에, 천길이라는 별칭이 나온 듯하다. 청주(靑州)의 늙은 종사(老從事)[94]는 아랄길을 지칭하는데, 마치 술로서 최고의 자리에서 군림하기를 하늘에서 별이 된 듯이(在天爲星辰) 과시하여 우습다고 했다. 아래 시에서는 재천위성신(在天爲星辰)을 재천성(在天星)으로 바꿔 표현했다.

후반부에서는 성격이 도도했던 도연명(陶淵明)[95]이 일찍이 아랄길을 마셨

---

92) 강인욱, "동서 문명 이은 또 하나의 실크로드 소주의 길"「동아일보」2022.09.02. 및 주영하, "정도전 스승 이색의 소주 사랑"「동아일보」2015.06.22. 몽골 제국이 유라시아 대륙을 지배하면서 소주의 주조법이 널리 퍼졌다. 아랄길(阿剌吉)은 '땀'이라는 뜻의 아랍어 '아라끄(araq)'의 음역(音譯)으로 추정한다.

93) 소주를 내리는 데 쓰는 재래식 증류기.

94) 유의경,「세상의 참신한 이야기 : 세설신어 2」김장환 譯 (신서원, 2008) p.473. 참조. 청주(靑州)는 지명이고, 종사(從事)는 벼슬 이름이다. 청주종사(靑州從事)는 좋은 술을 지칭하는 은어(隱語)로서 이색의 다음 시에서는 아랄길(阿剌吉), 곧 소주를 지칭한다. 환공(桓公)의 아랫사람 가운데 술맛을 잘 감별하는 사람이 있었는데, 맛을 보고 좋으면 청주종사(靑州從事)라 했고, 맛을 보고 좋지 않으면 평원독우(平原督郵)라 했다는 고사(故事)에서 유래한다. 평원(平原)은 지명이고, 독우(督郵)는 벼슬 이름이다. 청주의 속군(屬郡)으로 제군(齊郡)이 있었고, 평원의 속현(屬縣)으로 격현(鬲縣)이 있었는데, 종사(從事)는 술이 배꼽(臍)까지 이르는 것을, 독우(督郵)는 술이 횡경막(鬲) 위에서 머문다는 것을 비유적으로 표현한 말이다. 제(齊)와 제(臍), 격(鬲)과 격(膈)의 중국어 발음이 같은 데서 만들어진 말이다. 또한 평원(平原)의 독우(督郵)가 청주(靑州)의 종사(從事)보다 지위가 낮았다.

95) 도연명이 진(晉)나라 팽택(彭澤) 현령으로 있을 때, 하루는 군(郡)에서 보낸 독우(督郵), 곧 감독관에게 예복을 입고 가서 맞이하라는 명을 받았다. 도연명은 이에 탄식하며 "내 다섯 말 곡식 때문에, 소인 앞에 허리를 꺾을 수 없다." 말하고, 그날로 사표를 내고 바로 귀거래사(歸去來辭)를 읊으며 고향으로 돌아갔다고 한다.「고문진보(古文眞寶) 후집(後集)」(을유문화사, 2007) p.213 참조. 한편, 도연명은 귀거래사(歸去來辭)의 서

다면 더 겸손했을 것이고, 타협할 줄 몰랐던 굴원(正則)[96]이 일찍이 아랄길을 마셨다면 홀로 깨어 있었겠는가? 반문한다. 그만큼 아랄길은 명주라는 말이다. 끝에서는 아랄길 반 잔을 겨우 마셨는데 훈기가 뼛속까지 도달한다는 표현은 매우 사실적이다. 퇴근길 약간 허기질 때, 반가운 친구를 만나서 차가운 소주 첫 잔을 마셨던 그런 기분이다. 매우 귀한 신분으로 표범 가죽 보료 위에 앉아서 비단 병풍에 기댄 듯, 잠시나마 호사를 누린다.

西隣趙判事以阿刺吉來名天吉　서린조판사이아랄길래명천길 [부록 5.]
서린의(西隣)[97] 조판사가(趙判事)[98] 아랄길을(阿刺吉) 가지고(以) 왔는데(來),
그 이름은(名) 천길이었다(天吉).

李穡　이색[99]

酒中英氣不依形　주중영기불의형
형체에 기대지 않게 하는(不依形) 술 속의(酒中) 영특한 기운이(英氣),
秋露溥溥入夜零　추로단단입야령
가을 이슬처럼(秋露) 동글동글 맺혀(溥溥) 밤이 되니(入夜) 똑똑 떨어지는

문에서 팽택 현령의 관직에 나갔던 이유를 다음과 같이 말했다. "팽택(彭澤) 거가백리(去家百里) 공전지리(公田之利) 족이위주(足以爲酒) 고편구지(故便求之) 팽택은 집에서 백 리 떨어져 있고, 공전의 이익(곡식)으로 술을 담글 수 있었다. 그런 이유로 그 관직에 나갔다." 그 정도로 그는 술을 즐겼던 모양이다.

96) 정칙(正則)은 전국시대 초(楚)나라 굴원(屈原)의 이름이다. 굴원(屈原)은 어부사(漁父辭)에서 어부의 질문(높은 관직에 있었던 사람이 어찌하여 여기까지 왔는가?)에 다음과 같이 대답했다. "거세개탁(擧世皆濁) 아독청(我獨淸) 중인개취(衆人皆醉) 아독성(我獨醒) 시이견방(是以見放) 온 세상이 모두 흐린데 나만 홀로 깨끗하고, 뭇 사람들이 모두 취해 있는데 나만 홀로 깨어 있으니, 이 때문에 추방당했노라."

97) 서린(西隣)은 지명으로서 송도의 태평관(太平舘) 서쪽에 있던 양온동(良醖洞)을 지칭한다.

98) 판사(判事)는 관직명이고, 조판사(趙判事)는 고려말의 문신인 조운흘(趙云仡)이다.

99) 호는 목은(牧隱). 벼슬은 고려 공민왕 때 문하시중에 이르렀다.

구나(零).

可笑靑州老從事   가소청주노종사

청주의(靑州) 늙은 종사가(老從事) 우습구나(可笑),

猶誇上應在天星   유과상응재천성

마치(猶) 술로서 최고의 자리에서 군림하기를(上應) 하늘에서 별이 된 듯이
(在天星) 과시하니(誇).

溥(단) : 이슬이 많다. 둥글다(=團).

溥溥(단단) : 이슬이 동글동글 맺혀 있는 모양(=團團).

零(령) : 이슬이 내리다.

猶(유) : 오히려. 마치 ~와 같다.

誇(과) : 자랑하다. 자만하다.

淵明若見應深服   연명약견응심복

도연명이(淵明) 만약에(若) 이 아랄길을 마시게 되었다면(見應) 몹시(深)
겸손했을 것이고(服),

正則相逢肯獨醒   정칙상봉긍독성

정칙이(正則) 이 아랄길과 서로 마주했다면(相逢) 어찌(肯) 홀로 깨어 있었
겠는가(獨醒)?

強吸半杯熏到骨   강흡반배훈도골

술 반잔을(半杯) 겨우 마셨는데(強吸) 훈기가(熏) 뼛속까지 도달하고(到骨),

豹皮茵上倚金屏   표피인상의금병

표범 가죽(豹皮) 보료 위에 앉아서(茵上) 비단 병풍에(金屏) 기댄 듯하구나(倚).

見(견) : (수동의 의미로) 당하다.

見應(견응) : (이 술을) 마시게 되었다(見應). 문맥 상으로 응(應)은 '술을 마시다'로 해석하는 것이 자연스럽다.

深(심) : 깊다. 매우. 몹시.

服(복) : 옷. 입다. 항복하다. 두려워하다. 뜻을 굽히다. 겸양하다.

肯(긍) : 동의하다. 어찌.

強(강) : 굳세다. 강하다. 억지로.

熏(훈) : 연기. 화기(火氣). 연기가 끼다. 그을리다.

豹(표) : 표범.

茵(인) : 자리. 깔개. 보료.

제3부

우리말 권주가(勸酒歌)의 멋과 풍류

우리말 권주가(勸酒歌)의 정의

우리말 권주가(勸酒歌)

┌ 권주(勸酒) 시조(時調)
├ 정철(鄭澈) 장진주사(將進酒辭), 박인로(朴仁老) 권주가(勸酒歌)
└ 조선 후기 십이가사(十二歌詞) 가운데 권주가(勸酒歌), 권주가류(勸酒歌類)

어린 시절부터 조부님께서 한시(漢詩)를 짓고 읊조리는 모습을 자주 뵈었다. 조부님께서는 한시를 국어책 읽듯이 그냥 글자 그대로 읽지 않으셨다. 노래를 부르듯이 읊조리셨다. 조부님 칠순 기념으로 조부님 친구분들을 초대하여 잔치를 열었다. 옆에서 벼루에 먹을 갈면서 조부님 친구분들을 도왔다. 조부님 친구분들께서 번갈아 자신이 지은 한시를 두루마리 한지에 쓰시고 나서, 친구분들께서도 역시 노래를 부르듯이 읊조리는 모습을 뵈었다. 그래서 한시는 당연히 그렇게 읊조리는 것으로 이해했다.

EBS '김성곤의 중국 한시 기행'에서는 한시를 음송(吟誦)하는 장면이 계속 이어지는데, 어린 시절 조부님께서 한시를 읊조리는 방식이 거의 음송과 유사한 것이 아니었나 생각된다. 그렇다면 음송도 노래인가? 김성곤에 따르면 음송은 한자 본래의 성조(聲調)[1]를 조금 더 과장하여 늘이거나 꾸밈을 주어서 노래에 가깝게 만든 것으로서, 음송은 노래와 낭송의 중간쯤 된다고 한다.[2] 그렇지만 한시를 음송하는 데 사람마다 제각각이 아니라 그 나름의

---

1) 중국어에서 성조(聲調)란 평성, 상성, 거성, 입성의 사성(四聲)을 말한다. 중국어 발음이 아름답게 들리는 이유는 바로 사성 때문이다.

일정한 형식이 있다는 측면에서, 넓은 의미로 노래의 범주 안에 든다고 하겠다.

권주가(勸酒歌)란 무엇인가? 가사는 술을 권하는 내용을 담고 있으며, 그 가사에 리듬과 가락을 얹어 부르면 권주가라고 하겠다. 그렇다면 제2부에서 소개했던 왕유(王維)의 위성곡(渭城曲)을 포함하여 술을 권하는 한시들은 권주가인가? 당연히 권주가다. 술을 권하는 내용을 담고 있으며, 위에서 살펴본 바와 같이 한시를 음송하는 데 그 나름의 일정한 형식이 있기 때문이다. 특히, 왕유의 위성곡은 후대 사람들이 위성곡이라는 제목을 붙이지 않았나 추정하는데, 그 제목에 곡(曲)까지 들어갔으니 권주가임에 틀림이 없다.

술을 권하는 내용을 담고 있는 시조(時調)는 어떤가? 역시 권주가다. 특히, 시조야말로 역사가 매우 오랜 문학의 한 분야이고, 음악의 한 분야로서 시조창(時調唱)에 일정한 형식이 있으며, 오늘날까지 전승되고 있는 문화유산이다. 정철(鄭澈)의 장진주사(將進酒辭) 역시 가창 방식이 구체적으로 전승되고 있는 권주가로서, 「두산백과」나 「한국민족문화대백과」 등에서 확인할 수 있다. 본래 장진주는 연원을 살펴보면 중국 한(漢)나라 때의 노래였다.[3] 단, 박인로(朴仁老)의 권주가는 현재 가창 방식을 고증하기 어렵다.

결론적으로 우리말 권주가란 우리글, 우리말로 만든 가사에 리듬과 가락을 얹어 부르는 권주가라고 하겠다. 이런 관점에서 보면 권주 시조, 정철의

---

2) 김성곤, 「김성곤의 중국한시기행」 (김영사, 2021) p.5.
3) 강재헌, "정철 장진주사와 박인로 권주가 대비 고찰" 「어문연구 74」 (어문연구학회, 2012) p.158.

장진주사, 박인로의 권주가, 조선 후기 십이가사 가운데 권주가나 권주가류 등, 모두가 우리말 권주가의 범주에 든다. 이 글에서 우리말 권주가는 바로 본 정의에 따른 권주가다.

조선 후기 십이가사(十二歌詞) 가운데 권주가(勸酒歌)나 권주가류(勸酒歌類)는 언제부터, 어떤 계기로 유행하게 되었나?

1918년 12월 9일 「매일신보(每日申報)」 3면에 '권주가(勸酒歌) 안 한다고 음식점(飮食店)에 방화(放火), 충남 공주에서'라는 기사가 있다. 기사 내용은 대략 다음과 같다. 평양부(平壤府) 경창동(敬昌洞) 조영순(趙英淳)은 일정한 직업이 없이 충남 공주에서 지냈다. 11월 13일 저녁, 음식점에서 주인에게 권주가를 청했는데, 이를 거절하자 불을 지르고 도주했다. 곧 공주 경찰서는 그를 체포하여 조사했고 재판에 넘겼는데, 징역 5년 형을 선고받았다. 위 기사에서 눈여겨볼 부분은 술집 주인에게 권주가를 청했다는 점이다. 그 무렵 술집에서 권주가를 청하는 풍조나 권주가를 부르는 모습이 그렇게 낯선 일만은 아니었던 것으로 보인다.

아마도 일정한 직업 없이 지내는 사람이었으니 행색이 남루했고, 씀씀이도 크지 않았을 터이니, 술집 주인으로서는 달갑잖은 손님이었겠다. 앞으로 살펴보겠지만 「춘향전」의 다른 본(本)인 「남원고사(南原古詞)」에도 위와 비슷한 장면이 나온다. 이몽룡이 암행어사가 되어 남루한 행색으로 변부사의 생일잔치에 참석했다. 그때 이몽룡이 억지로 한 기생에게 권주가를 청했는데, 그 기생이 다음과 같이 이몽룡을 대놓고 무시하는 장면이 있다.

"기생 노릇은 못 하겠다. 비렁뱅이도 술 부어라, 권주가가 웬일인고? 권주가가 없으면 줄때기[4]에 술이 아니 들어가나?"

---

4) '목줄때기'는 '목줄띠'의 방언이다. 목줄띠는 목에 있는 힘줄을 뜻한다. 위 '줄때기'는 '목'이 탈락된 형태로서 목구멍이라는 뜻으로 썼다.

그러면 과연 언제부터, 어떤 계기로 사람들이 우리말 권주가나 권주가류를 즐겨 불렀을까? 그 연원은 밝히는 데는 복합적인 고찰이 필요하다.

우선 중국소설 번역본과 우리글 소설의 등장이다. 임진왜란(1592~1598)과 병자호란(1636)을 거치면서 조선에 「삼국지」, 「초한연의(楚漢演義)」 같은 중국소설이 들어왔다.[5] 「초한연의」는 초나라 항우와 한나라 유방 사이에 서로 중원을 차지하기 위하여 사투(死鬪)를 벌이는 장편 소설이다. 초기에 이런 한문 소설의 독자층은 주로 사대부 남성이나 외교를 담당했던 관리나 역관이었다. 그러나 17세기 후반, 상업의 발달과 더불어 한문 소설이 우리글로 번역되고, 또한 우리글 소설이 창작되면서 이런 소설들이 거래되기에 이르렀고, 이에 따라 사대부 집안이나 부유한 양반 계층의 부녀자들이 한문 소설 번역본과 우리글 창작 소설의 새로운 독자층으로 등장했다.[6]

18세기 중반부터는 세책점(貰册店), 곧 필사한 책(册)을 빌려주는(貰) 가게(店)가 성행했다.[7] 18세기 후반 서울 도성 안팎에는 30여 개의 세책점이 있었다.[8] 이로써 소설을 직접 구매하는 부담 없이 손쉽게 읽게 되어 독자층은 더욱 확대되었을 것이다. 그렇지만 18세기 후반까지 세책점의 고객이 일반 서민층까지 확대되었다고 보기에는 이르다.[9]

---

5) 이민희, 「조선의 베스트셀러」 (프로네시스, 2007) p.16.

6) 이윤석, 「조선시대 상업출판 : 서민의 독서, 지식과 오락의 대중화」 (민속원, 2016) pp.134~135.

7) 이민희, p.21.

8) 강문종 等, 「조선잡사(朝鮮雜史)」 (민음사, 2021) pp.295~298.

9) 이윤석, p.135.

그 무렵에 세책점이 얼마나 인기가 있었는지 정조 무렵에 좌의정을 역임한 채제공(蔡濟恭, 1720~1799)의 글을 살펴보자. 그의 아내는 15세에 시집 와서 29세에 병사했는데, 그는 아내의 유품 가운데 우리글로 필사하다가 마저 끝내지 못한 「여사서(女四書)」를 발견했다. 이에 아내의 부덕(婦德) 을 높이 평가하고, 추모하며 쓴 글이 여사서서(女四書序)다.

그 글에서 "가만히 듣자니 요즘 세상에 부녀자들이 다투어 능사로 삼는 일 은 오직 패설(稗說)[10]을 숭상하는 것뿐인데, 날이 갈수록 늘어나서 그 종 류가 매우 많아졌다. 책 거간꾼은 이것을 깨끗이 베껴 두고, 빌려보는 사 람에게 그 값을 받아서 이익을 취한다. 부녀자들은 생각이 없어서 비녀나 팔찌를 팔거나 혹은 빚을 내서라도 다투어 빌려 가서 그것으로 긴긴 해를 보낸다. 음식 만들고 베를 짜는 여자의 책임도 잊어버린 채 이렇게 하기 일쑤다. 그런데 부인은 홀로 습속이 변해가는 것을 탐탁하지 않게 여겨 여 자로서 해야 하는 일을 하고, 틈틈이 책을 읽었는데, 오직 「여사서」만이 규방(閨房)의 부녀자들에게 모범이 될 뿐이라고 생각했다."라고 했다.[11]

다소 과장이 섞여 있겠지만, 그 무렵 서울 부녀자들의 소설 탐독은 마치 오늘날 게임 중독 비슷한 현상을 연상시킨다. 이런 소설 독서 열풍은 방각 본(坊刻本)[12] 소설의 등장을 앞당겼다. 그 무렵 책의 간행은 주로 관청 주 도의 관각(官刻)이 일반적이었기 때문에 19세기 초반까지 소설은 필사본 이 주류였다. 따라서 독자층이 확대되는데 한계가 있었다. 그렇지만 19세 기 중반부터 본격적으로 방각업자(坊刻業者), 곧 민간 출판업자가 목판본

---

10) 민간에서 떠도는 기이한 이야기들을 모아서 엮은 소설.
11) 이윤석, pp.52~53.
12) 관청 주도의 관각(官刻)과 대칭되는 개념이 방각(坊刻)이다. 방(坊)은 동네, 마을, 저자 (시장)를 뜻한다. 방각은 민간인이 영리를 목적으로 판각한다는 뜻이다. 이 용어를 한 국에서 처음 사용한 사람은 일본 서지학자인 마에마 교사쿠이다.

소설을 대량 생산하여 판매하기에 이르렀고, 이런 방각본 소설의 유통은 새로운 독서 계층의 출현과 연관되어 있다.

17세기 후반, 상업의 발달과 더불어 18~19세기는 사회적 신분과 경제적 부가 일치하던 시대로부터 점차로 신분과 부가 일치하지 않는 사회 변동의 이행기였다.[13] 누구라도 경제적 여유가 있다면 책을 빌려 읽거나 구매하여 읽는 시대로의 이행기였다. 이처럼 새로운 계층의 지식 수요의 증가에 따라 공급 측면에서 방각본 소설이 나타났고, 독자층은 일반 서민, 부녀자로까지 확대되는 계기가 되었다.

그 무렵 유통되었던 소설 작품은 지금까지 밝혀진 바로는 약 858종에 이른다. 여기에 한 종의 작품에 대하여 필사본, 목판본, 활자본 등의 이본(異本)까지 합치면 그 숫자는 엄청났다. 그 가운데 「춘향전」이 358종으로 이본이 가장 많았다.[14] 19세기 서울의 세책점에서 「춘향전」은 그야말로 bestseller였다.

이처럼 18~19세기에 이르러 일반 서민, 부녀자까지 소설을 탐독했던 데에는 다음과 같은 시대적 배경이 있었다고 본다. 첫째, 바로 위에서 언급한 바와 같이 누구라도 경제적 여유가 있다면 책을 빌려 읽거나 구매하여 읽는 것이 가능하게 되었다. 둘째, 1443년 훈민정음(訓民正音)을 창제한 이래로 점차 우리글을 읽고 쓰는 인구가 늘어났고, 18~19세기 소설의 유통이 이를 더욱 부추겼다. 특히, 우리글은 발음과 문자가 매우 일치하고, 글자를 만든 제자(制字) 원리(原理)가 과학적이다. 그래서 아침 한나절만 배워도 쉽게 읽고 쓴다고 하여, 오죽하면 '아침글'이라고 했겠나? 부모는

---

13) 이윤석, p.89.
14) 이민희, p.6.

자녀에게 눈이 어둡기 마련이다. 우리나라 부모들은 '자녀가 한글을 빨리 깨우쳤으니 앞으로 공부도 잘하겠지' 이렇게 착각한다. 그러나 한글을 빨리 깨우치는 것과 공부를 잘하는 것은 별개의 문제다. 셋째, 엄격한 유교 중심 사회에서 서민이나 부녀자들에게는 우리글 소설을 읽음으로써 억눌렸던 감정을 해소하는 통로가 되었다. 말하자면 대리 만족감을 얻고, 스트레스를 해소하는 수단이 되었다.

✳

그렇다면 지금까지 살펴본 17세기 후반부터 19세기까지 우리글 소설의 유통과 우리말 권주가나 권주가류의 유행과는 어떤 상관관계가 있다는 말인가? 이제 이에 답할 때가 되었다.

지금까지 살펴본 바와 같이, 세책점(貰冊店)이 성행했고 방각본 소설이 유통되었다는 의미는 그 이전에는 없었던 새로운 형태의 지식산업이라고 이름 붙일 만한 지식의 수요와 공급의 체계가 만들어졌다는 점이다. 그런 결과로 그 무렵 사람들은 같은 내용의 지식을 공유(共有)하게 되었다는 데에서 그 의의가 깊다. 예를 든다면 「춘향전」을 읽은 사람들끼리 공통된 주제로 대화를 나누게 되었다. 대화의 주제와 내용이 더 풍성해졌다는 말이다.

또한 이전에는 없던 새로운 풍속이 유행했을 가능성이 있다. 권주한시나 권주 시조의 전통은 깊지만, 사대부나 지식층의 전유물이었다. 우리말 권주가 역시 초기에는 사대부나 지식층의 전유물이었다. 그런데 소설의 유통으로 상류 계층의 권주가 풍속이 서민들에게 전파되는 계기를 상정할 수 있다. 앞으로 살펴보겠지만, 「춘향전」이나 「남원고사」, 「옥단춘전」, 「이춘풍전」 등에서 권주가 부분을 읽고 기억했던 사람이라면 누구라도 권주가를 술자리에서 즐기게 되는 계기를 상정할 수 있다. 18세기 이후 우리말 권주가나 권주가류의 유행에는 이런 시대적 배경이 있었다. 이는 마치 요즘 영화나 드라마에 등장했던 소재가 시청자 사이에서 불티나게 팔리거나, 특정의 음식점이 별안간 유명해지는 현상에 비유됨 직하다.

우리말 권주가나 권주가류를 유행시킨 다른 요인은 판소리였다. 판소리 「춘향가」나 「흥보가」 등에도 권주가 장면이 나오는데, 요즘 사람들이 읽어도 흥미롭고 해학이 넘쳐난다.

판소리가 태동한 시기는 17세기 말(숙종)에서 18세기 초(영조)로 추정하며, 송만재(宋晩載, 1788~1851)의 「관우희(觀優戲)」에 따르면 18세기 중기에 「춘향가」를 포함하여 이미 판소리 12마당이 있었다.[15] 따라서 판소리는 우리글 소설의 유통과 그 시기가 상당히 중첩된다. 그래서 우리글 소설과 판소리의 선후 관계에 대한 흥미로운 논쟁이 있다. 판소리 「춘향가」의 소리를 우리글로 옮겨 쓴 것이 소설 「춘향전」이라는 이론이다. 그런데 이런 논리를 반박하는 이론이 있다. 소설 「춘향전」의 재미있는 대목을 판소리 창자들이 소리로 불렀다는 이론이다.[16] 후자의 학설이 옳다면 소설 「춘향전」은 적어도 18세기 중기 이전에 창작되었다고 추정된다. 이렇듯 우리글 소설의 유통과 판소리의 흥행은 서로 밀접한 관계를 맺고 있으며, 서로 선(善)한 영향을 주고받았다고 추정하는 데는 무리가 없을 듯하다.

---

15) 이두현 等, 「한국 민속학 개설」(일조각, 2004) pp.326~327.
16) 이윤석, pp.180~185.

정철(鄭澈) 장진주사(將進酒辭) : 한 잔(盞) 먹세그려, 또 한 잔(盞) 먹세그려!

정철의 장진주사는 1763년 「송강가사(松江歌辭)」, 성주본(星州本) 「송강가사(松江歌辭)」, 1863년 「가곡원류(歌曲源流)」, 1728년 원본 「청구영언(靑丘永言)」, 최남선(崔南善) 소장본 「청구영언(靑丘永言)」, 필사본 등에서 전반적인 내용은 같지만, 부분에서는 약간 차이를 보인다. 아마도 간행 시기, 편찬자, 필사자에 따른 차이로 여겨진다. 어쨌든 이렇게 다양한 이본(異本)이 있음은 그만큼 그 시대에 권주가로서 사람들의 관심과 이목을 끌었다는 증거이기도 하다.

정철의 장진주사는 이백(李白)이나 이하(李賀)의 장진주와 제목은 같지만, 내용이나 분위기 면에서는 오히려 두보(杜甫)의 견흥(遣興) 제5수와 곡강(曲江) 제1수, 이규보(李奎報)의 속장진주가(續將進酒歌)를 닮았다. 그 내용을 풀어보면 대략 다음과 같다.

죽음 이후에 지게 위에 거적을 덮어 짚으로 묶여서 가나, 화려하게 꾸민 상여에 수많은 사람이 상복 입고 울면서 뒤따르나, 생전의 부귀(富貴)나 빈천(貧賤)과는 상관없이, 꽁꽁 동여맨 시신은 마침내 빈손으로 산속에 묻히게 된다. 이런 면에서 누구나 죽음 이후에는 어쩌면 큰 차이가 없다. 이상은 내용이나 분위기 면에서 두보(杜甫)의 견흥(遣興) 제5수를 닮았다.

그리고 어느 순간부터 무덤은 풀숲을 이루고, 누른 해, 흰 달과 굵은 눈, 가는 비에 스산한 바람 불 때, 누군가 기꺼이 찾아와서 술 한 잔 따라줄 사람도 없다. 이 부분은 두보(杜甫)의 곡강(曲江) 제1수 '원변고총와기린

(苑邊高塚臥麒麟) 원림 가장자리 높은 무덤에는 기린 석상이 누워있다오.' 및 이규보(李奎報)의 속장진주가(續將進酒歌)와 정서적으로 서로 맞닿아 있다. 무덤을 돌보는 일은 오로지 후손의 몫인데, 당장 먹고살기에 바쁘면 조상의 무덤을 살펴볼 여력이 없게 된다.

무덤의 스산한 분위기를 돋우는 부분은 '하물며 무덤 위에 잔나비 휘파람 불 때'라는 곳이다. 그럼 한반도에 자생하는 원숭이가 있었는가? 고려 중기의 문인 이규보가 그 무렵 기상서(奇尙書) 댁을 방문했는데, 마침 그 댁에서 원숭이의 성난 모습을 보고, 기상서댁부노원(奇尙書宅賦怒猿)이라는 시를 지었다.[17] 그 시의 내용으로 보면 그 원숭이는 그 댁에서 기르는 원숭이였다. 조선 중기의 학자 어숙권(魚叔權)은 「패관잡기(稗官雜記)」 제2권에서 "동국무원(東國無猿) 고금시인(古今詩人) 도원성자(道猿聲者) 개실야(皆失也) 우리나라에는 원숭이가 없으므로 고금의 시인들이 원숭이 소리를 표현한 것은 모두 틀렸다."라고 말했다.[18] 어숙권에 따르면 적어도 그 무렵 한반도에 자생하는 원숭이는 없었다. 그러면 왜 정철은 한반도에 없었던 원숭이의 휘파람 소리를 등장시켰을까?

두보(杜甫) 만년(晩年) 56세에 "풍급천고원소애(風急天高猿嘯哀) 바람이 세차고, 하늘은 높고, 원숭이의 휘파람 소리 처량하고 구슬퍼라."로 시작되는 등고(登高)를 지었다. 그 시에는 가난과 질병으로 시달리는 두보의 사연이 절절하다. 사정이 이러했으니 두보에게 원숭이의 휘파람 소리가 더욱 처량하고 구슬프게 들렸음이 틀림없다. 아마도 두보(杜甫)의 등고(登高)와 같은 시의 영향으로 원숭이의 휘파람 소리를 등장시킨 것은 아닐까 추정한다.

---

17) 이규보, 「이규보 작품집 1 : 동명왕의 노래」 김상훈, 류희정 譯 (보리, 2005) pp.301~302.
18) 한국고전종합DB(db.itkc.or.kr).

將進酒辭　장진주사 [부록 6~9.]

鄭澈　정철 (1536~1593)[19]

한 잔(盞) 먹세그려, 또 한 잔(盞) 먹세그려,[20] 꽃 꺾어 주(籌)를 놓고 무진무진(無盡無盡) 먹세그려![21]

이 몸 죽은 후(後)에 지게 위에 거적 덮어 짚으로 묶여서 가나,
유소보장(流蘇寶帳)에 백복시마(百服緦麻)[22] 울면서 가나,
억새, 속새, 떡갈나무, 백양(白楊) 숲에 가기만 갈 터이면,
누른 해, 흰 달과 굵은 눈, 가는 비에 소소(蕭蕭)리 바람 불 때,
누가 한 잔(盞) 먹자 하리?

하물며 무덤 위에 잔나비 휘파람 불 때, 뉘우친들 미치랴?

　주(籌) : 산(算) 가지. 수효(數爻)를 셈하는 데에 쓰던 막대기. 세다. 헤아리다.
　유소보장(流蘇寶帳) : 술이 달려 있는 비단 장막. 화려하고 곱게 꾸민 상여.

---

19) 호 송강(松江). 조선 중기의 문인, 정치인.
20) 이백(李白)의 산중대작(山中對酌)에 "일배일배부일배(一杯一杯復一杯) 한 잔(一杯) 한 잔(一杯) 또(復) 한 잔(一杯)."이라는 표현이 있다.
21) 백거이(白居易)의 동이십일취억원구(同李十一醉憶元九)에 "취절화지당주주(醉折花枝當酒籌) 취하여 꽃가지를 꺾어 술잔을 셈하는 산 가지로 삼았다네."라는 표현이 있다.
22) 여기서 시마(緦麻)는 오복제도(五服制度)에서 말하는 '시마'라기보다는 망자(亡者)에 대한 예로서 입는 일반적 의미의 상복을 지칭하는 듯하다. 참고로 친족 사이의 권리와 의무 관계를 잘 나타낸 것이 상복(喪服)과 상기(喪期)인데, 이를 요약하면 다음과 같다.

喪服(五服制度)	참최(斬衰)	재최(齊衰)	대공(大功)	소공(小功)	시마(緦麻)
喪期	3년	기년	9월	5월	3월
	만 2년	만 1년	만 8월	만 4월	만 2월

백복시마(百服緦麻) : 많은 사람이(百) 시마(緦麻) 복을 입다(服).

백양(白楊) : 버드나무.

굵은 눈 : 함박눈.

가는 비 : 가랑비.

소(蕭) : 쓸쓸하다.

소소(蕭蕭) : '바람에 잎이 떨어지는(나뒹구는) 소리'를 형용하는 말. 또는 '바람이나 빗소리 따위가 쓸쓸함'을 형용하는 말.

미치다 : 영향이나 작용 따위가 대상에 가하여지다. '밋츠다'는 '미치다'의 19세기 표현이다.

✻

정철은 42세(1577) 때 계주문(戒酒文)을 집필했고, 50세(1585) 때 장진주사(將進酒辭)를 집필했다. 계주문은 술을 경계(警戒)하라는 글인데, 자신에게 하는 말이었다. 42세 때는 술을 경계하라고 자신을 타이르고, 불과 8년이 지나서 50세 때는 한 잔(盞) 마시고, 또 한 잔(盞) 마시고, 꽃가지 꺾어 술잔을 헤아리며 무진무진(無盡無盡) 마시자니, 이런 난센스(nonsense)가 또 있을까?

그는 계주문에서 다음과 같은 이유로 술을 마시게 된다고 말했다. 첫째는 마음이 불편하여 마시고, 둘째는 흥취가 나서 마시고, 셋째는 손님을 대접하느라 마시고, 넷째는 남이 권하는 것을 거절하지 못하여 마신다. 그러나 이런 이유들은 핑계에 불과하다고 그는 말했다. 어떤 일 때문에 마음이 불편하면 순리대로 일을 풀고, 흥취가 나면 시가(詩歌)를 읊조리고, 손님이 찾아오면 정성을 다하여 모시는 것이 더 중요하고, 술을 억지로 권하더라도 자신의 마음만 흔들리지 않으면 해결될 일이라는 것이다. 결국은 술을 대하는 자신의 마음이 문제라는 것이다. 그래서 계주문 끝에서 다음과 같이 말했다.

難操者心 易失者志 心兮志兮 孰主張之 主人翁兮 常惺惺兮
난 조 자 심 이 실 자 지 심 혜 지 혜 숙 주 장 지 주 인 옹 혜 상 성 성 혜

꼭 잡고 일관되게 지키기 어려운(難操) 것이(者) 마음이고(心), 잃어버리기 쉬운(易失) 것이(者) 의지다(志). 마음이여(心兮)! 의지여(志兮)! 누가(孰) 마음과 의지를(之) 주재하는가(主張)? 주인옹이여(主人翁兮)! 늘(常) 슬기롭게 처신할지어다(惺惺兮)!

操(조) : 잡다. 부리다. 조종하다.
易(이) : 쉽다.
兮(혜) : 위에서 혜(兮)는 감탄을 나타내는 조사로 '~이여'로 해석한다.
孰(숙) : 누구.
孰主張之(숙주장지) : 여기서 주장(主張)은 동사로서 '주장하다, 주재(主宰)하다, 주관(主管)하다'의 뜻이고, 지(之)는 대명사로 앞의 심(心)과 지(志)를 지칭한다.
惺(성) : 영리하다. 슬기롭다.
惺惺(성성) : 영리한 모양. 똑똑한 모양.

변덕이 죽 끓듯 한다는 말이 있다. 마음이나 의지를 초지일관(初志一貫) 변함없이 지키기는 사실 쉽지 않다. 동일 사안에 대하여 아침과 저녁에 생각이 다를 수 있다. 그게 보통 사람들의 모습이다. 그래서 정철은 변덕스러운 마음과 의지를 누가 주재하느냐고 자문(自問)한다. 결국 마음과 의지의 주재자는 주인옹(主人翁), 곧 정철 자신이다. 옹(翁)은 어른의 의미로서 주인에 옹을 붙여 마음과 의지의 주재자인 자신을 높이고 있다. 그는 스스로 자신에게 늘 슬기롭게 처신하도록 타이르고 있다.

그렇다면 42세 때는 술을 경계하라고 자신을 타이르고, 불과 8년이 지나서 50세 때는 한 잔(盞) 마시고, 또 한 잔(盞) 마시고, 꽃가지 꺾어 술잔을 헤아리며 무진무진(無盡無盡) 마시자니, 이를 어떻게 이해하여야 할까? 확실한 속내는 알 길이 없지만, 그의 성장 배경, 정치적 야망, 정치적 부침

(浮沈)과 관련이 있을 듯하다.

정철은 10세의 어린 나이에 아버지와 맏형의 유배(流配)를 목격했고, 12세 때 다시 아버지의 유배를 목격했으며, 맏형은 장형(杖刑)을 받고 유배 가던 중간에 요절(夭折)하는 슬픔을 겪었다. 16세 때 아버지가 유배에서 풀려나자, 아버지를 따라 할아버지 산소를 모신 담양 창평에서 과거 급제할 때까지 10여 년을 살았다. 27세 과거 급제 이후에는 비교적 평탄한 벼슬살이와 아버지, 어머니 시묘(侍墓)살이를 반복했다. 40세 때 어머니 시묘살이를 끝내고 관직에 나갔는데, 그 무렵 동인과 서인이 극한 대립하는 당쟁이 시작되던 때였다. 이때 그는 서인의 영수(領袖)로서 동인과 대립하다가, 담양 창평으로 1차 낙향하여, 2년 동안 그곳에서 머물렀다. 계주문은 42세 때 그곳에서 집필했다.

그는 가사 문학의 대가였지만, 한편으로는 정치인으로서 서인의 영수였다. 그만큼 자기 관리가 필요했다. 술이 화근(禍根)이 되지 말아야 한다는 마음의 다짐이 필요했다. 계주문의 내용으로 추측하건대, 그는 술을 지나치다 싶을 정도로 즐겼던 것이 분명하다. 그는 계주문에서 다음과 같이 반성한다. "동정(動靜)이 일정하지 못하고, 언어에 실수가 있으며, 온갖 사망(邪妄)한 일들이 모두 술에서 나온다. 바야흐로 술 취한 때에는 마음 내키는 대로 언행을 일삼다가, 술이 깨고 나서는 미혹되어 깨닫지 못한다. 다른 사람들이 혹 술 취했을 때의 이야기를 하면 처음에는 그럴 리가 없다고 믿지 않다가, 그것이 사실임을 알게 되면 부끄러워서 죽고만 싶다." 이런 통렬한 자기반성은 다음을 기약하기 위한 마음의 다짐이었다.

43세부터 벼슬살이를 다시 시작하여, 45세에 강원도 관찰사를 시작으로 예조판서, 형조판서 등, 탄탄대로를 달리는 듯했지만, 끊임없는 당쟁의 소용돌이 속에서 2~4차 낙향을 50세까지 반복했다. 장진주사는 50세 4차 낙향 시기에 집필했다. 그가 낙향하게 된 동기는 동인의 탄핵과 함께 당쟁의 소용돌이 속에서 정치 현실에 환멸을 느껴서 어찌할 수 없는 선택이었다. 결국은 그의 이런 정치적 부침(浮沈)에 따른 정신적 고뇌가 녹아들어 장진주사가 탄생했다고 추정한다.

박영주는 「정철평전」에서 장진주에 대한 색다른 견해를 제시하고 있다. 정철은 죽음이라는 숙명 앞에서 꽃가지 꺾어 술잔을 헤아리며 무진무진 마셔서 인생의 애환을 떨쳐 버리고자 했으며, 결국은 다소 향락적인 삶이나 분위기를 강조한 것이 아니냐? 이런 반론에 대하여 정철은 오히려 오늘의 삶을 철저하게 향유함으로써 유한한 인생에서 삶에 대한 강한 긍정과 애착을 역설했다고 견해를 피력하고 있다.[23]

---

23) 박영주, 「정철평전」 (중앙M&B, 1999) pp.256~257.

박인로(朴仁老) 권주가(勸酒歌) : 이 한 잔(盞) 아니면 이 시름 어이하리!

박인로(朴仁老)는 1561년 영천에서 태어났다. 어려서부터 문학적 재능이 뛰어났다. 13세에 칠언절구 시를 지어 주변 사람을 감탄하게 했다. 임진왜란이 일어나자 의병으로 왜군과 싸웠고, 38세(1598)에는 강좌절도사(江左節度使)인 성윤문(成允文)의 막하에 들어가 수군으로서 여러 차례 전공을 세웠다. 39세(1599)에는 무과에 급제하여 만호(萬戶)의 벼슬을 지냈다. 지금까지의 이력만으로 그는 문학적 재능이 뛰어났던 무인 같지만, 그는 우리말 가사문학 작품을 많이 남겨 더욱 유명했다. 정철, 박인로, 윤선도는 중세 문학사를 대표한다.

우리말 권주가로 정철(鄭澈, 1536~1593)의 장진주사(將進酒辭)를 우선 꼽는다. 물론, 「청구영언(靑丘永言)」 등에 술을 권하는 내용의 시조 다수가 전래하지만, 대부분 무명씨의 작품으로 되어 있어서 장진주사와 선후 관계를 따지기 어렵다. 그래서 우리말 권주가는 ① 정철의 장진주사, ② 권주 시조, ③ 18세기 이후 성행한 십이가사(十二歌詞) 가운데 권주가로 명맥이 이어진다고 추정했다.[24]

그런데 2004년 경상북도 구미시 한 민가에서 소장한 「영양역증(永陽歷贈)」이라는 제목의 목판본 가집(歌集)이 김석배(金奭培)에 의하여 빛을 보게 되었다. 이 「영양역증」은 박인로의 작품을 수록한 가집인데, 간행 경위는 다음과 같다. 이덕형(李德馨, 1561~1613)[25]의 증손자인 이윤문(李允文)이

---

24) 강재헌, "우리말 권주가의 계통적 연구" 「한국시가문화연구 38」 (한국시가문화학회, 2016) p.8.

1690년 영천군수(永川郡守)로 부임했다. 그때 그곳에서 여전히 자신의 증조부와 관련된 사제곡(莎堤曲)이 전승되고 있음을 목격하고, 조상을 사모하는 마음에서 가문과 관련된 작품을 선정하여 「영양역증」을 간행하게 되었다. 이윤문은 「영양역증」의 발문(跋文)26)에서 다음과 같이 밝히고 있다.

사제곡(莎堤曲)은 어떻게 하여 지은 것인가? 지난 신해년(辛亥年, 1611) 봄에 증조고(曾祖考) 한음(漢陰) 상국(相國)27)께서 만호(萬戶) 박인로(朴仁老)로 하여금 회포를 펼치게 한 노래(曲)다. 세대가 이미 멀어져서 이 노래(曲)가 전하지 못하고 후에 없어져 버릴까 두려워서 은근히 애달프게 생각한 지 오래였다. 불초손(不肖孫) 윤문(允文)이 경오년(庚午年, 1690) 봄에 영천군수(永川郡守)로 제수(除授)되었는데, 인로(仁老)는 이곳 사람이라. 그 노래(曲)가 아직도 전해지고, 그 후손도 또한 살아 있었다. 공사(公事)의 여가에 달 밝은 저녁이면 그의 손자 진선(進善)으로 하여금 노래를 부르게 하여 들었다. 하물며 후손이 외람되이 용진(龍津)28)의 산수(山水) 사이에서 발자취를 뵈오매 서글픈 마음이 더욱 넘치어 눈물이 저절로 흘러내리는지라. 누항사(陋巷詞), 상사곡(相思曲), 권주가(勸酒歌) 세 곡(曲)과 단가(短歌) 사장(四章)을 함께 각판(刻板)하여 널리 전하기를 꾀하였다. 때는 이 해 삼월 삼일이다.29)

위 발문을 통하여 박인로가 1611년에 사제곡(莎堤曲)을 지었고, 그로부터

---

25) 호는 한음(漢陰). 조선 중기의 문신으로 벼슬은 영의정에 이르렀다.

26) 책의 끝에 본문 내용의 대강(大綱)이나 간행과 관련된 사항 등을 짧게 적은 글.

27) 재상(宰相)과 같은 말로서 요즘의 부총리 이상의 관직이다.

28) 박인로가 51세(1611) 때, 이덕형은 경기도 광주 용진강(龍津江) 사제(莎堤)로 내려가 살고 있었는데, 박인로가 이덕형을 찾아가 머물면서 사제곡과 누항사를 지었다. 이덕형의 묘와 신도비는 경기도 양평군 양서면에 위치한다. 따라서 용진강은 광주나 양평 지역에서 한강(漢江)이나 한강의 지류를 부르는 다른 이름으로 추정된다.

29) 김석배, 「경오본(庚午本) 노계가집(蘆溪歌集)」 (구미문화원, 2006) p.115.

80여 년이 지난 1690년 이윤문이 영천군수로 부임했던 무렵까지 사제곡(莎堤曲)이 노래로 전승되고 있었다는 사실에 주목할 필요가 있다. 사제곡이 그랬다면 아마도 누항사, 상사곡, 권주가 등도 노래로 전승되었을 것으로 추정한다. 가사에 리듬과 가락이 얹어지면 노래가 된다. 우리는 고등학교 국어 시간에 리듬과 가락이 박제(剝製)된 가사문학 작품을 배웠다. 그러니 재미나 멋이 없는 메마른 가사문학 작품을 감상할 수밖에 없었다.

김석배는 위 가집을 1690년, 곧 경오년(庚午年)에 간행하였기에, 「경오본(庚午本) 노계가집(蘆溪歌集)」이라고 명명하였다.[30] 이로써 「경오본(庚午本) 노계가집(蘆溪歌集)」의 권주가는 정철의 장진주사의 계통(系統)을 잇는 것으로 간주하게 되었다.[31] 위 「경오본 노계가집」 외에 박인로의 권주가는 19세기 말에서 20세기 초로 추정되는 필사본 「해동유요(海東遺謠)」[32] 등에서도 전한다.

특이한 점은 이윤문이 각 작품의 서두에 대감(大監) 또는 영감(令監)의 명으로 지었다(命作)고 명시하고 있는데, 작품을 짓도록 명했다는 표현은 어색한 면이 있다. 이덕형(1561~1613)이 박인로(1561~1642)보다 관직은 높았지만, 서로 동년배이고, 이런 작품을 짓도록 하는 자리는 아마도 술자리였을 것이고, 서로 친분이 있는 사이였을 것이다. 그렇다면 명(命)했다는 표현보다는 부탁했다는 표현이 더 어울릴 듯하다. 그럼에도 이윤문이 명작(命作)이라고 표현한 데에는 자신의 가문을 과시하려는 의도가 숨어 있는 듯하다. 이덕형의 아들 이여규(李如圭)나 이여황(李如璜)은 더 말할

---

30) 위의 책, pp.7~8 및 12~13.
31) 강재헌, "정철 장진주사와 박인로 권주가 대비 고찰" 「어문연구 74」 (어문연구학회, 2012) pp.159~160.
32) 「해동유요(海東遺謠) 주해본」 (박이정, 2022) pp.358~373. 「경오본 노계가집」과 내용 면에서 서로 다른 부분이 많다.

것도 없다. 수록된 작품은 다음과 같다.

① 사제곡(莎堤曲)

　　한음대감(漢陰大監) 이덕형(李德馨)의 명으로 지었음(命作)

② 누항사(陋巷詞)

　　한음대감(漢陰大監) 이덕형(李德馨)의 명으로 지었음(命作)

③ 상사곡(相思曲)

　　상주영감(尙州令監) 이여규(李如圭)의 명으로 지었음(命作)[33]

④ 권주가(勸酒歌)

　　선산영감(善山令監) 이여황(李如璜)의 명으로 지었음(命作)[34]

⑤ 단가(短歌) 4장

　　한음대감(漢陰大監) 이덕형(李德馨)의 명으로 지었음(命作)

＊

이제부터는 박인로의 권주가 내용을 살펴보자. 권주가는 그의 나이 72세 (1632) 때 작품이다. 김석배는 권주가를 총 다섯 단락으로 나누었는데, 이에 따라 단락을 분리했다.[35]

박인로의 원숙한 사상이 녹아들어 있는 부분은 제1단락이 아닐까 한다. 제 1단락 서두는 이백(李白)의 장진주(將進酒) 서두를 거의 그대로 번역하듯 이 옮겨 인생무상을 노래했다. 이어서 "한 번 흰 후에 다시 검어 보겠는 가? 늙은 사람 다시 젊어지기는 오랜 옛날부터 없건마는, 꿈 같은 인간 세

---

33) 이여규는 이덕형의 맏아들이다.

34) 이여황은 이덕형의 셋째 아들이다.

35) 김석배, p.45.

상을 끝없이 살까 여겨, 살 줄만 알고 죽을 줄은 모르더라. 죽을 줄 모르는데 먹을 줄은 알겠느냐? 먹을 줄 모르는데 남 줄 줄은 알겠는가?" 이렇게 노래했다.

누구에게나 살아 있는 동안, 시기를 특정(特定)할 수 없는 불행 가운데, 가장 큰 일은 죽음이다. 누구에게나 근원적인 밑바탕에는 죽음에 대한 공포와 불안이 있다. 그런 가운데도 막연히 자신만은 꿈 같은 세상을 끝없이 살까 여기고, 내일을 위하여 재산을 어떻게 더 불릴까 고심하며, 얼굴을 치장하고, 명성을 얻고자 한다. 한마디로 만족할 줄 모르고, 지금까지의 삶에 대한 고마움이 없다.

손종섭은 「다정(多情)도 병인 양하여」에서 다음과 같이 말했는데, 모두가 귀담아들어야 하는 명언이 아닐까 한다. "백발이란 늙음과 장수의 양면성을 지니고 있다. 사람들은 장수는 원하면서도 백발은 싫어한다. 늙지 않고 오래 살 불로장생(不老長生)의 지나친 욕심에 가려, 장수의 고마움은 미처 안중에 들어오지 않아서 이리라. 충분한 햇빛을 받음으로써, 그 독특한 빛과 향과 맛으로 과일이 익어가듯, 인생의 진미(眞味)를 누릴 대로 누리며, 삶이 원숙해 가는 백발의 은빛 광택이야 관록은 될지언정, 미움의 대상이 될 수는 없지 않으랴 싶다."[36]

여기서 하나 더 첨언하고 싶다. 우리 역사에서 가장 존경받는 인물로는 아마도 세종대왕과 이순신 장군이 아닐까 한다. 세종대왕과 이순신 장군에게는 어떤 공통점이 있을까? 두 분 모두 이씨(李氏)라고 답하는 사람도 있다. 아니다. 세종대왕은 전주이씨(全州李氏)이고, 이순신 장군은 덕수이씨

---

36) 손종섭, 「다정(多情)도 병인 양하여」 (김영사, 2009) p.159.

(德水李氏)로 본관이 서로 다르다. 공통점이라면 세종대왕(1397~1450)과 이순신 장군(1545~1598) 모두 53세에 돌아가셨다는 점이다. 「장자(莊子)」 제29편 도척(盜跖)에서 이미 살펴본 바와 같이, 일반적으로 대다수 사람들에게 예상되는 기대 수명인 하수(下壽), 곧 60세도 누리지 못하고, 두 분 모두 너무 일찍 돌아가셨다. 그렇지만 위대한 업적을 남겼다. 이 글을 쓰고 있는 저자를 포함하여 이 글을 읽고 있는 독자 여러분은 어떠한가?

물론, 삶에 대한 애착이 한 사람의 건강한 삶을 영위하는 원동력이 됨은 분명하다. 박인로가 이를 부정하는 것은 아닌 듯하다. 다만, 살 줄만 알고 죽을 줄은 모른다는 것이다. 누구나 불치병에 걸려 삶이 곧 끝나리라고 인식하는 순간에 '나에게 왜 이런 불행이 닥쳤나?' 하면서 큰 분노를 느낀다고 한다. 사실 죽음은 늘 우리 곁에 있는데 말이다. 그래서 박인로는 "죽을 줄 모르는데 먹을 줄은 알겠느냐? 먹을 줄 모르는데 남 줄 줄은 알겠는가?"라고 말하면서, 함께 나누면서 살아가는 삶을 역설하고 있다. 빈부 격차가 더욱 벌어지는 요즘에 시사하는 바가 더욱 크다.

제3단락에는 "우연(偶然)히 만나니 주인 손님(二難)도 갖추었구나. 주인 손님(二難)이 만났으니 네 가지 즐거움(四美)도 가졌지만" 이런 표현이 있다. 여기서 이난(二難)과 사미(四美)는 그날 술자리의 참석자와 분위기를 묘사한 부분인데, 설명이 필요하다.

이난(二難)과 사미(四美)는 초당의 시인 왕발(王勃)의 등왕각서(滕王閣序)에 나온다. 등왕각서는 등왕각의 연회에서 지은 시의 서문(序文)이라는 말이다. 원문은 다음과 같다. "사미구(四美具) 이난병(二難并) 네 가지 아름다움을 모두 갖추었고, 두 가지 어려운 일도 함께 풀렸다." 본래 사미(四美)는 사령운(謝靈運)의 「의위태자업중집시서(擬魏太子鄴中集詩序)」에 "천

하(天下) 양신(良辰) 미경(美景) 상심(賞心) 낙사(樂事) 사자난병(四者難幷)
천하에 좋은 날, 아름다운 경치, 이를 감상하는 마음, 즐거운 일, 이렇게
네 가지를 모두 함께하기는 어렵다."에서 따왔다. 학창 시절 소풍이나 수
학여행 갔던 추억을 되새겨보자. (良辰) 우선 소풍날이나 수학여행 때 날
씨가 좋아야 한다. (美景) 경치가 아름답거나 볼거리가 있으면 더욱 좋다.
(賞心) 경치가 아름답거나 볼거리가 있더라도 그것들을 감상할 만한 심성
이 고운 친구와 함께하면 더욱 좋다. (樂事) 그날 운 좋게 뜻밖에 선물까지
받았다. 이렇게 설명하면 이해가 쉬울 듯하다.

이난(二難)은 '누구와 술자리를 하느냐?'의 문제다. 시부모, 남편, 자식 식
사를 매일 차려주던 며느리가 '모처럼 남이 차려준 밥상을 받아서 먹으면
맛이 좋다'는 속담 같은 말을 들었다. 그렇지만 시어머니가 차려준 밥상은
부담스러워 맛이 없단다. 술 역시 누구와 어디서 어떤 관계로 만나서 마시
느냐에 따라 술맛은 매우 다른 법이다. 현명한 주인과 훌륭한 손님은 여간
해서는 서로 만나기 어려운 법인데, 이난병(二難幷)은 마침 그날은 주연을
베푼 주인(선산영감 이여황)과 초대받은 손님(박인로)이 서로 잘 어울려서,
두 가지 어려운 일이 함께 풀렸다는 말이다.

勸酒歌 善山令監命作　권주가 선산영감명작 [부록 10~14.]

朴仁老　박인로 (1561~1642)

1.
그대는 내 말 들어보소, 황하수(黃河水) 아니 보았는가?
급히 흘러(奔流) 바다에 당도하여(到海) 다시 돌아 못 오더라.
고당에서 맑은 거울(高堂明鏡)에 백발을 슬퍼함(悲白髮)을 아니 보았는가?

아침에 검던 머리 저녁에는 희더구나.

한 번 흰 후에 다시 검어 보겠는가?

늙은 사람 다시 젊어지기는(更少年) 오랜 옛날부터(千萬古) 없건마는,

꿈 같은 인간 세상(人世)을 끝없이 살까 여겨,

살 줄만 알고 죽을 줄은 모르더라.

죽을 줄 모르는데 먹을 줄은 알겠느냐?

먹을 줄 모르는데 남 줄 줄은 알겠는가?

- 그대는 내 말 ~ 저녁에는 희더구나 : 이백(李白)의 장진주(將進酒)에 다음과 같은 구절이 있다. "군불견(君不見) 그대들은 보지 않았는가? 황하지수천상래(黃河之水天上來) 황하의 물이 하늘에서 내려와, 분류도해불부회(奔流到海不復回) 급히 흘러 바다에 이르면 다시 돌아오지 못하는 것을. 군불견(君不見) 그대들은 보지 않았는가? 고당명경비백발(高堂明鏡悲白髮) 고당에서 맑은 거울에 백발을 슬퍼하고, 조여청사모성설(朝如靑絲暮成雪) 아침에는 푸른 실 같았는데 저녁에는 눈처럼 하얗게 세어 있는 것을."

2.

세상(世上) 사람들이37) 아마도 어리석더라.

아주 쉬운데 깨닫지 못하더라.

진시황 한무제(秦皇漢武)도 남들처럼 죽었는데,

시골에 묻혀 사는 가난한 선비(草野寒生)가 어떤 선약(仙藥) 얻어먹고,

적송자(赤松子) 되겠는고?

인간 칠십(人間七十)도 예로부터 드문데,

몇 백 살(百歲) 사르리라 저같이 분주(奔走)하리?

영욕(榮辱)이 함께(幷行) 하니 부귀(富貴)도 관계가 없더라(不關).

---

37) 「경오본(庚午本) 노계가집(蘆溪歌集)」의 '사롬 드르히'는 '사롬 들히'의 오각(誤刻)이다.

살았을 때(生前) 술 한 잔(酒一杯) 그 아니 반가운가?

이 한 잔(盞) 아니면 이 시름 어이하리?

- 진시황 한무제(秦皇漢武)도 남들처럼 죽었는데 : 진시황(秦始皇)이 삼신산(三神山)에 불로초(不老草)가 있다는 말을 듣고, 방사(方士) 서시(徐市)에게 불로초를 구해 오도록 하였는데 돌아오지 않았다는 고사(故事)와 한무제(漢武帝) 역시 불로초를 구해 오도록 여러 번 사람을 해상(海上)에 보냈다는 고사를 말한다.
- 한생(寒生) : 가난한 선비.
- 시골에 묻혀 사는 가난한 선비(草野寒生) : 박인로 자신을 지칭한다.
- 선약(仙藥) : 먹으면 죽지 않고 오래도록 산다는 신선이 만든 약.
- 적송자(赤松子) : 중국 전설시대 선인(仙人)의 이름으로 신농(神農) 때의 우사(雨師)로서 후에 곤륜산에 입산하여 선인이 되었다고 한다.
- 인간 칠십(人間七十)도 예로부터 드문데 : 두보(杜甫)의 곡강(曲江) 제2수에 다음과 같은 구절이 있다. "인생칠십고래희(人生七十古來稀) 인생에서 일흔 살은 예로부터 드물었다오."
- 살았을 때(生前) 술 한 잔(酒一杯) 그 아니 반가운가? : 이백(李白)의 행로난(行路難) 제3수 가운데 "차락생전일배주(且樂生前一杯酒) 우선 살았을 때 한 잔 술을 즐길 뿐이오, 하수신후천재명(何須身後千載名) 죽음 이후에 천년의 명성이 무슨 소용이 있겠는가?" 및 백거이(白居易)의 권주(勸酒) 가운데 "신후퇴금주북두(身後堆金拄北斗) 죽음 이후에 북두칠성을 떠받칠 만큼 금을 쌓는다 해도, 불여생전일준주(不如生前一樽酒) 살아서 한 통(잔)의 술만 못하리."와 상통한다.

3.

우연(偶然)히 만나니 주인 손님(二難)도 갖추었구나.

주인 손님(二難)이 만났으니 네 가지 즐거움(四美)도 가졌지만,

세상일(世事)에 서투르니(齟齬) 가진 것은 없거니와,

용과 봉황(龍鳳)을 못 구어도 양(羊)과 염소나 익게 삶고,

오정주(烏程酒) 없으면 삼해주(三亥酒)나 가득 부어,

먹고 또 먹고 수(數) 없이 먹세그려.

하늘과 땅(天地)도 술을 좋아하여(愛酒) 주성(酒星) 주천(酒泉) 만드시고,
옛 성현들(古昔聖賢)도 다 즐겨 자셨는데,
오랜 세월(千載下) 버려진 몸이 술 먹기 아니하고,
다른 할 일이 또 있는가?
날 저물도록 날 새도록 밤낮(晝夜)으로 먹세그려.

- 저어(齟齬)하다 : (어떤 일이나 솜씨 따위가) 익숙하지 않아 서툴다.
- 용과 봉황(龍鳳)을 못 구어도 : 이하(李賀)의 장진주(將進酒)에 다음과 같은 구절이 있다. "팽룡포봉옥지읍(烹龍炮鳳玉脂泣) 용을 삶고 봉황을 구우니 구슬 같은 기름이 둥둥 떠다니거나 뚝뚝 떨어진다."
- 오정주(烏程酒) 없으면 삼해주(三亥酒)나 가득 부어 : 오정주(烏程酒)는 중국 오정향(烏程鄕)에서 만든 술이고, 삼해주(三亥酒)는 정월 첫째, 둘째, 셋째 해일(亥日)에 주조법에 따라 빚은 술이다. 삼해주의 주조법은 김유, 「수운잡방(需雲雜方)」 김채식 譯 (글항아리, 2015) p.30. 참조.
- 먹고 또 먹고 수(數) 없이 먹세그려 : 이백(李白)의 산중대작(山中對酌)에 다음과 같은 구절이 있다. "일배일배부일배(一杯一杯復一杯) 한 잔(一杯) 한 잔(一杯) 또(復) 한 잔(一杯)."
- 하늘과 땅(天地)도 ~ 주성(酒星) 주천(酒泉) 만드시고 : 이백(李白)의 독작(獨酌)에 다음과 같은 구절이 있다. "천약불애주(天若不愛酒) 하늘이 만약에 술을 좋아하지 않았다면, 주성부재천(酒星不在天) 주성이 하늘에 있지 않았을 것이오. 지약불애주(地若不愛酒) 땅이 만약에 술을 좋아하지 않았다면, 지응무주천(地應無酒泉) 땅에 주천 (또한) 없었을 것이오."
- 오랜 세월(千載下) 버려진 몸 : 박인로 자신을 지칭한다.
- 날 저물도록 날 새도록 밤낮(晝夜)으로 먹세그려 : 이하(李賀)의 장진주(將進酒)에 다음과 같은 구절이 있다. "권군종일명정취(勸君終日酩酊醉) 그대에게 권하노니 종일토록 흠뻑 취하시게나."

4.

하물며 화창한 봄인데(靑春) 날이 저물려 하니(日將暮),

봉숭아꽃(桃花)이 어지러이 떨어져(亂落) 취한 눈(醉眼)에 아득하니,

구름 없는 붉은 비 반공중(半空) 뿌리는 듯,

빼어난 경관(景致奇觀)이 견줄 데 전혀 없네.

이 같은 꽃이 피는 시절에(花時) 아니 놀고 어찌하리.

하루아침(一朝)에 죽으면 어느 날에 다시 놀며,

깊은 산(深山) 큰 소나무 아래 어느 벗이 찾아가 또 한 잔(盞) 권(勸)할런고?

- 하물며 화창한 봄인데(靑春) ~ 취한 눈(醉眼)에 아득하니 : 이하(李賀)의 장진주(將進酒)에 다음과 같은 구절이 있다. "황시청춘일장모(況是靑春日將暮) 더구나 화창한 봄인데 날이 저물려 하니, 도화란락여홍우(桃花亂落如紅雨) 봉숭아꽃 어지러이 떨어져 붉은 비 같구나."
- 반공중(半空) : 땅으로부터 그리 높지 아니한 공중.
- 하루아침(一朝)에 ~ 한 잔(盞) 권(勸)할런고? : 이규보(李奎報)의 속장진주가(續將進酒歌)에 다음과 같은 구절이 있다. "일조거작송하분(一朝去作松下墳) 하루아침에 이 몸 죽어 소나무 아래 무덤 되면, 천고만고하인고(千古萬古何人顧) 오랜 세월 어떤 사람이 내 무덤을 돌아보겠는가?" 및 "쟁긍일래점아미(爭肯一來霑我味) 어찌 누군가 즐거운 마음으로 한번 찾아와서 내가 맛보도록 술 한 잔 따라주겠는가?"

5.

이런 일 생각하면 그 아니 북받칠까?

이 잔 잡으시고 이 말씀 다시 들어보소.

사람 내실 때에 충효(忠孝) 함께 만드시니,

아마도 하늘 아래 충효(忠孝) 밖에 중(重)할런가?

대장부(大丈夫) 큰 뜻을 충효 사이(忠孝間)에 붙여두고,

남은 힘 있으면 어진 벗 드리고,

가을 달(秋月) 봄바람(春風)에 취(醉)하기만 하세그려.

한 동이 술(一樽酒) 그쳐갈 때 이를 일만 분별(分別)하세.

오색 무늬의 말(五花馬) 없으면 이 베옷 벗을망정,

흐리나 맑으나 술 없단 말은 마세그려.

종정(鐘鼎)이나 옥백(玉帛)도 욕심내지는(貪) 마세그려.

삼만육천일(三萬六千日)에 다만 오랫동안 취했으면 좋겠다 하고(但願長醉),

제발 깨어나지 않았으면(不願醒) 좋겠다 하세그려.

석숭(石崇)이 죽어갈 때 무엇을 가져가며,

유령(劉伶)의 무덤 위(墳上土)에 어느 술이 이를런고?

아무렴 다 그럴 인생(人生)이 살았을 때 놀자 하노라.

- 어진 벗 드리고 : 어진 벗 새로 맞이하고.
- 오색 무늬의 말(五花馬) 없으면 이 베옷 벗을망정 : 이백(李白)의 장진주(將進酒)에
  다음과 같은 구절이 있다. "오화마(五花馬) 오색 무늬의 말과, 천금구(千金裘) 천
  금이나 나가는 가죽옷을, 호아장출환미주(呼兒將出換美酒) 아이를 불러 가서 맛있
  는 술과 바꿔오라 하겠다."
- 흐리나 맑으나 술 없단 말은 마세그려 : '흐리나 맑으나'는 '탁주나 청주나'의 뜻이
  다. 이백(李白)의 독작(獨酌)에 다음과 같은 구절이 있다. "이문청비성(已聞淸比
  聖) 청주는 성인에 비견된다는 말을 이미 들었고, 부도탁여현(復道濁如賢) 탁주는
  현인과 같다고 또다시 말했다오."
- 종정(鐘鼎)이나 옥백(玉帛)도 욕심내지는(貪) 마세그려 : 이백(李白)의 장진주(將進
  酒)에 다음과 같은 구절이 있다. "종고찬옥부족귀(鐘鼓饌玉不足貴) 아름다운 음악
  과 맛있는 안주는 귀중할 게 없다." 다른 저본(底本)에는 종고찬옥(鐘鼓饌玉) 대신
  에 종정옥백(鐘鼎玉帛)으로 되어 있다. 종정(鐘鼎)은 은(殷)나라, 주(周)나라 때
  귀한 명문(銘文)을 새긴 종과 솥이고, 옥백(玉帛)은 제후가 천자를 만날 때 예물로
  바치던 옥과 비단이다. 종정이나 옥백 모두 부귀(富貴)를 상징한다.
- 삼만육천일(三萬六千日) : 일 년을 360일로 잡고 백 년을 산다고 가정할 때, 삼만
  육천(三萬六千) 날이 된다. 이백(李白)의 양양가(襄陽歌)에 다음과 같은 구절이 있
  다. "백년삼만육천일(百年三萬六千日) 백 년, 곧 삼만 육천 날, 일일수경삼백배(一

日須傾三百杯) 하루라도 빠짐없이 꼭 삼백 잔을 기울여야 한다네."

– 다만 오랫동안 취했으면 좋겠다 하고(但願長醉), 제발 깨어나지 않았으면(不願醒) 좋겠다 하세그려 : 이백(李白)의 장진주(將進酒)에 다음과 같은 구절이 있다. "단원장취불원성(但願長醉不願醒) 다만 오랫동안 취했으면 좋겠고, 제발 깨어나지 않았으면 좋겠네."

– 석숭(石崇) : 중국 서진의 대부호(大富豪)로 항해와 무역으로 큰 재산을 모았다.

– 유령(劉伶)의 무덤 위(墳上土)에 어느 술이 이를런고 : 이하(李賀)의 장진주(將進酒)에 다음과 같은 구절이 있다. "주부도유령분상토(酒不到劉伶墳上土) 술은 유령의 무덤 위 흙까지는 이르지 않나니."

최남선(崔南善) 소장본 「청구영언(靑丘永言)」 권주가(勸酒歌) : 잡으시오, 잡으시오, 이 술 한 잔(盞) 잡으시오.

조선 후기에 성행하여 현재까지 전승되고 있는 십이가사(十二歌詞)는 다음과 같다. 권주가(勸酒歌), 매화가(梅花歌), 백구사(白鷗詞), 상사별곡(相思別曲), 수양산가(首陽山歌), 양양가(襄陽歌), 어부사(漁父詞), 죽지사(竹枝詞), 처사가(處士歌), 춘면곡(春眠曲), 행군악(行軍樂), 황계사(黃鷄詞), 이렇게 12편이다. 그 가운데 권주가, 상사별곡, 어부사, 춘면곡은 이미 18세기부터 존재했고, 그 외의 곡들은 19세기에 들어와 출현한 것으로 추정한다.[38] 가창가사(歌唱歌詞)로서 십이가사의 중요성은 가사(歌詞)와 함께 곡조까지 전승되고 있다는 점이다. 가창가사로서 십이가사 외에 많은 작품이 있지만, 대부분은 곡조를 상실한 상태로 가사만 전승되는 형편이기 때문이다.[39]

따라서 우리말 권주가는 ① 정철의 장진주사, ② 박인로의 권주가, ③ 권주 시조, ④ 18세기 이후 성행한 십이가사(十二歌詞) 가운데 권주가로 명맥이 면면히 이어진다. 그런데 조선 후기 권주가는 구가(舊歌), 현행가(現行歌), 고조(古調), 신조(新調) 등으로 다소 복잡하게 분류하고, 원전에 따라 내용 면에서 서로 다른 부분이 많다. 그렇지만 이런 논의는 독서의 흐름을 복잡하게 할 소지가 있어서 더 이상 논의하지 않겠다. 본서에서는 논의를 좁혀서 최남선(崔南善) 소장본 「청구영언(靑丘永言)」의 권주가, 1933년

---

38) 정인숙, "12가사 〈권주가〉의 사설 형성과 변화의 맥락" 「국문학연구 24」 (국문학회, 2011) p.8.

39) 임재욱, "12가사의 연원 연구" 서울대학교 박사학위논문 2007. p.1.

「조선가요집성(朝鮮歌謠集成)」의 권주가, 1976년 「가요집성(歌謠集成)」의 권주가에 집중하여 가사 중심으로 살펴보고자 한다.

＊

조선 후기에 성행했던 권주가들은 서로 중첩되는 내용이 많다. 그 일례(一例)로 "잡으시오, 잡으시오, 이 술 한 잔(盞) 잡으시오. 이 술이 술이 아니라 한무제(漢武帝) 승로반(承露盤)에 이슬 받은 술이오니, 이 술 한 잔(盞) 잡으시면 천년만년(千年萬年) 사오리다." 이런 부류들이다.

우리나라 성인들이 가장 많이 마신다는 술이 소주(燒酒 또는 燒酎)인데, 한때는 진로(眞露)였고, 요즘은 '참이슬'이라는 상품명의 기원에 대하여 의문이 있었다. 여기서 자연스럽게 한무제(漢武帝)가 승로반(承露盤)에 이슬을 받아서 마셨다는 부분에 관심이 쏠렸다.

한무제는 영토를 크게 확장했고, 동서양을 연결하는 실크로드를 열게 했다. 만년에는 진시황제처럼 무리한 정복 사업, 사치, 불로장생(不老長生)에 대한 헛된 욕망에 빠졌다는 평가를 받기도 한다. 불로장생에 대한 헛된 욕망의 일례가 승로반이다. 선정(善政)을 베풀면 하늘에서 불로주(不老酒)를 내려준다는 속설을 믿고 승로반에 이슬을 받아서 마셨다는 고사(故事)가 있다. 한무제 승로반은 조선 후기 권주가에 단골로 등장한다. 아마도 대한민국 주당들이 가장 애용한다는 참이슬 소주의 명칭이 여기서 비롯된 듯하다.

다른 의문은 소주의 다른 이름이 노주(露酒)인데, 소주를 만드는 과정과의 관련성이다. 소주를 만드는 과정은 다음과 같다.

① 우선 쌀이나 수수 또는 잡곡을 쪄서 누룩과 물을 섞어 발효시킨다.

② 일차로 발효를 끝마친 양조주(釀造酒)의 술독에 용수40)를 지른다(박는다). 술독에 지른 용수 안에 괸 술이 청주(淸酒), 곧 '맑은술'인데, alcohol 농도는 약 16도 정도다.

③ 위에 두 번째 단계 없이, 곧바로 누룩과 함께 발효된 쌀이나 수수 또는 잡곡을 체에 떠서 넣고, 적절히 물을 부으면서 체로 거르고 손으로 짜서 만든 술을 탁주(濁酒), 곧 '막걸리'라고 한다. 이렇게 막걸리를 만들고 남은 찌꺼기 부산물(副産物)을 '술지게미'라고 한다. 먹거리가 그리 넉넉하지 않았던 어릴 적에는 술을 거르는 날이 술지게미를 먹는 날이었다. 어머니께서 옆에서 어머니를 도운 대가로 인공 감미료 사카린(saccharin)을 타서 술지게미를 간식으로 주셨다. 술지게미에도 여전히 alcohol 성분이 남아 있다. 달콤한 맛에 욕심껏 많이 먹어서 취했던 기억이 아직도 새롭다. 탁주는 청주에 비하여 빛깔이 흐리고 맛이 텁텁하며, alcohol 농도는 약 6도 정도다. 말하자면 탁주는 청주보다 한 단계 격이 낮은 술이다.

④ 청주보다 한 단계 더 격이 높은 술이 소주다. 위에 두 번째, 세 번째 단계 없이, 곧바로 양조주(釀造酒)를 솥에 넣고 끓여서 얻은 증류식 술이 소주다. 소주(燒酒) 고리의 주둥이에서 술 방울 떨어지는 모습이 풀잎에 맺힌 이슬 떨어지는 모습과 닮았다. 그래서 노주(露酒)라고 했다. 제2부에서 살펴본 이색(李穡) 역시 아랄길(阿剌吉)을 칭송하는 시에서 다음과 같이 소주 고리의 주둥이에서 술 방울 떨어지는 모습을 풀잎에 맺힌 이슬 떨어지는 모습에 비유했다. "주중영기불의형(酒中英氣不依形) 형체에 기대지 않게 하는 술 속의 영특한 기운이, 추로단단입야령(秋露溥溥入夜零) 가을 이슬처럼 동글동글 맺혀 밤이 되니 똑똑 떨어지는구나."

---

40) 싸리나 대오리로 만든 둥글고 긴 통. 술이나 장을 거르는 데 쓴다.

*

이제부터는 최남선(崔南善) 소장본 「청구영언(靑丘永言)」 권주가에서 중국 명(明)나라 구우(瞿佑)의 「전등신화(剪燈新話)」 애경전(愛卿傳)과 중국 북송(北宋) 소식(蘇軾)의 전적벽부(前赤壁賦) 가운데 인용한 부분을 집중적으로 살펴보자.

구우(瞿佑, 1347~1427)의 한문 소설 「전등신화(剪燈新話)」 애경전(愛卿傳)은 원(元)나라 말기를 시대적 변경으로 한다. 애경(愛卿)은 중국 절강성(浙江省) 가흥(嘉興)의 유명한 기녀(妓女)였다. 그녀는 비록 기녀였지만, 용모와 재주가 뛰어났고, 성품이 총명하고 민첩했다. 그녀가 지은 아름다운 시편(詩篇)들은 사람들이 따라서 읊을 정도였고, 풍류 재사(才士)라면 그녀를 한 번쯤 만나보고 싶어 했을 정도였다. 애경은 본래 이름이 아니고, 요즘 말로 그녀의 fan들이 붙여 준 애칭이었다.

같은 고을에 조생(趙生)이라는 사람이 살고 있었는데, 그는 부유하고 지체 높은 가문의 자손으로 홀어머니를 모시고 살았다. 그는 애경의 뛰어난 재주와 아름다운 미모를 연모하여, 그녀를 예를 갖추어 아내로 맞이했다. 애경이 조생의 가문에 시집온 이후에는 부도(婦道)를 잘 닦고, 예의에 어긋남이 없었다. 조생은 그녀를 매우 사랑하고 아꼈다. 조생의 친족 가운데 이부상서(吏部尙書)의 벼슬을 하는 사람이 있었는데, 조생은 그로부터 관직에 나가도록 돕겠다는 편지를 받고, 서울로 먼 길을 떠났다. 그 사이에 애경은 시어머니를 지극정성으로 봉양하였다. 그러나 시어머니 병이 깊어 임종하자, 애경은 장례를 극진히 모셨다. 장례를 마친 후에는 아침, 저녁으로 영전에 통곡하여, 슬픔이 지나쳐서 몸이 수척하게 되었다.

1353년에 장사성(張士誠)의 난이 일어났다. (이 부분은 역사적 사실임) 장사성은 본래 배로 소금을 운반하는 일을 업으로 삼는 노동자였다. 그 무렵 염업(鹽業)은 국가의 중요한 전매사업(專賣事業)이었는데, 장사성은 관가에 소금을 운반하는 일을 계속했지만, 가난한 삶은 좀처럼 나아지지 않았다. 그래서 장사성과 그를 따르는 사람들은 암암리에 소금 밀매를 통하여 생계를 꾸려나갔다. 관가에 소금을 운반하는 동시에 부잣집에 몰래 소금을 팔았다. 이런 소금 밀매가 한편은 장사성 일당에게 약점이 되었다. 부자들은 장사성 일당을 수시로 관아에 신고하겠다고 협박하고, 소금 대금을 주지 않았으며, 때리고 욕까지 했다. 신분이 미천하고, 소금 밀매가 불법이어서 장사성 일당은 참을 수밖에 없었다. 게다가 그곳에는 소금의 유통을 감독하는 구의(邱義)라는 염경(鹽警)이 있었는데, 제염업자들의 소득을 가로채고 매월 상납까지 받았다. 염경의 횡포에 장사성 일당은 부당함을 알면서도 참을 수밖에 없었다. 마침내 그동안 울분이 뭉쳤다가 폭발했다. 1353년 장사성 일당은 구의(邱義)를 죽이고, 소금 노동자들을 끌어모아 원나라에 맞서 군사를 일으켰다. 그 무렵 폭정에 시달렸던 사람들이 장사성을 따랐는데, 그 무리가 만여 명이나 되었고, 강소성(江蘇省) 남부와 절강성(浙江省) 북부까지 세력을 떨쳤다. 원나라 조정에서는 장사성의 난의 심각성을 깨닫고, 반란군을 진압하고자 군사를 보내기에 이르렀다.

(다시 애경전 소설로 돌아옴) 원나라 조정에서는 묘족(苗族) 군사의 원수(元帥)인 양완(楊完)에게 격문(檄文)41)을 보내어, 가흥(嘉興)에서 장사성(張士誠)의 반란군을 진압하도록 하였다. 그래서 조생(趙生)이 살던 가흥에 양완의 휘하인 유만호(劉萬戶)의 군사들이 진주하게 되었는데, 유만호는 강제로 애경을 첩으로 삼으려 하였고, 유만호의 군사들은 함부로 양민의

---

41) 급히 사람들에게 알리려고 각처로 보내는 글.

재산을 약탈했다. 이에 애경은 정절을 지키고자 스스로 자결했다. 장사성의 난이 끝나고, 조생은 집으로 돌아와서 자신의 가정에 닥쳤던 사실을 알게 되었고, 아내의 시신을 찾아내어 예를 다하여 정성껏 장사지냈다. 조생은 매일 아내 무덤 앞에서 통곡하고, 집에 돌아오면 후원에서 통곡했다. 그렇게 열흘쯤 지나 달이 어두운 밤에 아내의 영혼이 나타났다. 애경은 조생에게 자결하게 된 자초지종(自初至終)을 말했고, 함께 회포를 풀고, 함께 잠자리에 들었는데 그 즐거움이 생시와 같았다.

그날 밤 애경이 조생에게 자결하게 된 자초지종을 말하면서, [약비아지박등(若飛蛾之撲燈) 나르는 나방이 죽는 줄도 모르고 등불에 달려듦과 같이, 사적자지입정(似赤子之入井) 갓난아이가 죽는 줄도 모르고 우물에 뛰어듦과 같이][42] 정절(貞節)을 지키기 위하여 기꺼이 자신의 목숨을 버렸다고 말했다. 그런데 사실 이 부분은 '유교 중심 사회에서 유독 여성에게 정절은 가장 소중한 목숨과 맞바꿀만한 가치가 있다.'라는 유교적 윤리를 강조한 측면이 강하다. 이런 일부종사(一夫從事), 곧 한 남편만을 섬겨야 한다는 윤리적 가치가 매우 오랫동안 여성을 옥죄는 기제로 작용했고, 여성에게 정절을 지키는 일이 미덕처럼 되었다.

*

소식(蘇軾, 1036~1101)의 호는 동파(東坡)이고, 중국 북송(北宋) 때 문신이다. 그 무렵에 왕안석(王安石)은 농민과 소상인을 보호하고(부국책), 국방력을 강화하는(강병책) 신법을 입안하여 추진했는데, 왕안석 중심의 신법을 추진하는 세력을 신법당(新法黨)이라고 했다. 왕안석의 신법은 국가 재정난

---

42) [~]는 권주가에서 인용한 부분임.

을 해소하고 행정의 효율성을 증대하는 등, 일정한 성과를 거두었다. 그렇지만 대지주와 보수적 관료 등, 기득권 세력의 반발을 낳았는데, 신법에 반대하는 사람들을 구법당(舊法黨)이라고 하였다. 구법당(舊法黨)에 속했던 소식은 신법에 반대하는 상소문을 세 차례나 올렸지만 받아들여지지 않았고, 마침내 그는 36세(1071) 때, 신법당의 미움을 사 항주(杭州)의 지방관으로 좌천되었다.

그의 나이 44세(1079) 때, 신법당과의 악연은 필화(筆禍)[43] 사건으로 이어졌다. 소위 오대시안(烏臺詩案)[44]이라는 이 사건은 그가 썼던 시들에 조정을 모욕, 비방하는 내용이 있다는 신법당의 참소로 시작되었다. 그는 어사대(御史臺)에 하옥되어, 136일 동안 어둡고 좁은 감옥 안에서 사형을 기다리는 신세가 되었다. 그즈음 황제에게 버림받아 고향에서 혼자 울분을 삼키고 있던 왕안석은 황제에게 상소를 올려 소식의 선처를 당부했고, 그의 아우 소철(蘇轍)도 상소를 올렸으며, 그런 덕분이었는지 다행히 사형을 면했고, 황주단련부사(黃州團練副使)로 좌천되었다. 그렇게 황주(黃州)에서의 삶이 시작되었다. 그는 황주의 동쪽 산비탈의 황무지를 매입하여 설당(雪堂)을 짓고, 그곳을 동쪽의 언덕(비탈)이라는 뜻으로 동파(東坡)라 이름하고, 자신을 동파거사(東坡居士)라고 불렀다. 동파라는 호는 여기서 비롯되었다.

그렇게 그는 정치적 부침을 겪었지만, 이때부터 그의 문학적 활동은 새로운 국면에 접어들어 호방하고도 개성 넘치는 작품을 남겼다. 그의 나이 47세

---

43) 발표한 글이 법률적으로나 사회적으로 문제를 일으켜 제재를 받는 일.
44) 소식이 조정을 비방하는 시문을 썼다는 죄목으로 옥고를 치른 필화 사건이다. 어사대 관청 사방을 측백나무가 두르고 있어서 백대(柏臺)라고도 했고, 측백나무 위에 까마귀들이 집을 짓고 살아서 오대(烏臺)라고도 했다.

(1082) 때, 황주(黃州) 인근 장강(長江) 적벽(赤壁) 아래에서 배를 띄우고 즐기면서 전적벽부(前赤壁賦)와 후적벽부(後赤壁賦)라는 불후(不朽)의 명작을 지었다.

전적벽부의 내용은 대략 다음과 같다. 임술년 가을 7월 16일 밤에 소식은 객(客)과 더불어 장강 적벽 아래에서 배를 띄우고 즐겼다. 서늘한 바람이 불고 수면은 잔잔했다. 객과 서로 술을 주거니 받거니 하면서, 시를 읊조리고 노래를 불렀다. 잠시 후에 달이 동산 위에 솟아올랐다. 장강의 풍경은 매우 아름답고 신비로워 선경(仙境)을 연상(聯想)하게 했다. 마치 날개가 돋아 하늘로 올라가 신선이 되는(羽化登仙) 느낌이었다. 이런 신비로운 풍경 속에서 술을 마시니 기분이 더욱 유쾌하여, 뱃전을 두드려 장단을 맞추면서 노래를 불렀다. 이때 객 가운데 통소(洞簫)를 잘 부는 사람이 있어, 노래에 맞추어 연주했다. 그 통소 소리는 원망하는 듯, 사모하는 듯, 구슬피 우는 듯, 하소연하는 듯하고, 그 여운은 실처럼 가늘고 길면서도 끊어지지 않았다.

그래서 소식이 옷깃을 여미고 단정히 앉아서 통소를 불었던 객에게 물었다. "어찌하여 그 소리가 그토록 슬픈가?" 객의 대답을 풀어 쓰면 대략 다음과 같다.

적벽은 위나라 조조나 오나라 주유 같은 영웅호걸들의 싸움터였는데, 그 영웅호걸들은 지금 어디에 있는가? 다만 역사의 한 장면을 채우고 지나갔을 뿐이고, 모두 사라졌다네. 하물며 그대와 나는 장강의 물가에서 물고기나 잡고 나무나 하면서, 물고기와 새우의 짝이 되고, 고라니와 사슴의 벗이 되어 살아가는 신세라네. [나뭇잎 같은 작은 배를 타고, 박으로 만든 술잔을 들어서 서로 권하지만, 아침에 태어났다가 저녁에 죽는 하루살이와 같이 짧은 인생을 천지에 얹혀서 살고 있으니, 비유하자면 우리는 큰 바다에 떠 있는 하나의 좁쌀 알처럼 보잘것없는 존재라네. 그래서 우리의 삶이 잠깐임을 슬퍼하고, 장강이 무궁함을 부러워한다네. 그렇다고 하늘을 나는 신선을 끌어안고서 즐겁게 노닐고, 밝은 달을 껴안고 오래도록 살고 싶지만, 그런 호사로움은 별안간 쉽게 이루어지는 일이 아님을 알고 있기에, 이렇듯 아쉽고 섭섭한 마음을 슬픈 바람에 의탁하여 날려 보낸 것이라네.]45) 이렇게 인생이란 하루살이 같고, 망망대해에 떠 있는 하나의 좁쌀 알과 같이 작디작은 보잘것없는 존재란다. 그래서 통소 연주 소리가 슬플 수밖에 없었단다.

*

다음 권주가 속에 등장하는 왕장군(王將軍)의 고자(庫子)는 어떤 사람인가? 고자(庫子)는 창고(倉庫)를 지키고 출납(出納)을 맡아보던 사람이다. 왕장군(王將軍)은 중국 진(晉)나라의 왕준(王濬)이라는 등, 설(說)이 분분하다. 중국 명(明)나라 구우(瞿佑)의 「전등신화(剪燈新話)」 삼산복지지(三山福地志)에 다음과 같은 말이 있다.

彼乃 王將軍之庫子 財物 豈得妄動耶
그는(彼) 곧(乃) 왕장군의(王將軍之) 곳간지기였다(庫子). (창고에) 재물을(財物) 어찌(豈) (자신의 재물처럼) 손에 넣고(得) 제멋대로(妄) 사용했겠는가(動耶)?

곳간지기 역할은 창고를 안전하게 지키는 일이다. 당연히 창고의 재물을 제멋대로 쓰지 못한다. 그러나 창고의 주인 왕장군이 창고에 없는 재물이

---

45) [~]는 권주가에서 인용한 부분임.

없을 정도로 온갖 재물들을 가지고 있었다고 한들 그 재물들을 아깝게 여겨 쓰지 못했다면, 왕장군 역시 창고의 주인이 아니라 창고를 지키는 곳간지기에 불과하다. 따라서 재물을 써야 할 일이 있다면 기꺼이 써야 하고, 재물을 베풀어야 할 곳이 있다면 기꺼이 베풀어야 한다는 가르침이다. 요즘의 사람들에게도 경종을 울리는 말이다.

*

최남선(崔南善) 소장본 「청구영언(靑丘永言)」 권주가(勸酒歌)는 다음과 같다. [부록 15.]

잡으시오, 잡으시오, 이 술 한 잔(盞) 잡으시오. 이 술 한 잔(盞) 잡으시면 천만년(千萬年)이나 사오리다. 이 술이 술이 아니라 한무제(漢武帝) 승로반(承露盤)에 이슬 받은 술이오니, 쓰나 다나 잡으시오.

약비아지박등(若飛蛾之撲燈)이며 사적자지입정(似赤子之入井)이라.46)
단불의 나비47) 몸이 아니 놀고 어이하리.
가일엽지편주(駕一葉之扁舟)하고 거포준이상촉(擧匏樽以相屬)이라.48)
기부유어천지(寄蜉蝣於天地)하니 묘창해지일속(渺滄海之一粟)이라.
애오생지수유(哀吾生之須臾)하고 선장강지무궁(羨長江之無窮)이라.
협비선이오유(挾飛仙以遨遊)하야 포명월이장종(抱明月而長終)이라.

---

46) 구우(瞿佑)의 「전등신화(剪燈新話)」 애경전(愛卿傳)에서 인용한 사적자지입정(似赤子之入井)의 밑줄 친 부분의 오자(誤字)를 바로잡았다.

47) 아(蛾)는 본래 '나비'가 아니라 '나방'이다.

48) 소식(蘇軾)의 전적벽부(前赤壁賦)에서 인용한 거포준이상촉(擧匏樽以相屬), 묘창해지일속(渺滄海之一粟), 협비선이오유(挾飛仙以遨遊)의 밑줄 친 부분의 오자(誤字)를 바로잡았다.

지불가호취득(知不可乎驟得)일새 탁유향어비풍(託遺響於悲風)이라.

위 권주가에서 구우(瞿佑)의 「전등신화(剪燈新話)」 애경전(愛卿傳)과 소식(蘇軾)의 전적벽부(前赤壁賦) 가운데 인용한 부분을 해석하면 다음과 같다.

(인생은) 나르는 나방이(飛蛾之) (죽는 줄도 모르고) 등불에(燈) 달려듦과 같으며, 갓난아이가(赤子之) (죽는 줄도 모르고) 우물에(井) 뛰어듦과 같으니라.
(그러므로) 한창 괄게 타오르는 불 앞의 나방(蛾) 같은 몸이 아니 놀고 어이하리.
하나의 나뭇잎 같은(一葉之) 작은 배를(扁舟) 타고(駕), 박으로 만든 술잔을 들어서(擧匏樽以) 서로 권하노라(相屬).
하루살이처럼(蜉蝣) 천지에(於天地) 얹혀사니(寄), 큰 바다에(滄海之) (떠 있는) 하나의 좁쌀 알처럼(一粟) 아주 작으니라(渺).
나의 삶이(吾生之) 잠깐임을(須臾) 슬퍼하고(哀), 장강이(長江之) 무궁함을(無窮) 부러워하노라(羨).
하늘을 나는 신선을 끌어안고서(挾飛仙以) 즐겁게 노닐고(遨遊), 밝은 달을 껴안고(抱明月) 그리고(而) 오래도록 살다 마치리라(長終).
(그러나 그것을) 별안간 쉽게 얻음을(乎驟得) 알 수 없기에(知不可), 이렇듯 아쉽고 섭섭한 마음을(遺響) 슬픈 바람에(於悲風) 의탁하여 날려 보내노라(託).

아(蛾) : 나방.
비아지(飛蛾之) : 지(之)는 주격 조사로 '~이(가)'로 해석한다.
박(撲) : 치다. 던지다. 두드리다.
적자(赤子) : 갓난아이.
적자지(赤子之) : 지(之)는 주격 조사로 '~이(가)'로 해석한다.
단불 : 한창 괄게 타오르는 불.
가(駕) : 타다.
일엽지(一葉之) : 지(之)는 소유격 조사로 '~의'로 해석한다.
편주(扁舟) : 작은 배. 편주(片舟)와 같다.
포(匏) : 박. 바가지.
포준(匏樽) : 박으로 만든 술잔(통).

거포준이(擧匏樽以) : 이(以)는 후치사로 '~로써'로 해석한다.

屬 : (속) 무리. 따르다. (촉) 잇다. 권하다.

기(寄) : 부치다. 보내다. 기대다. 의지하다. 얹혀살다.

부유(蜉蝣) : 하루살이.

어천지(於天地) : 어(於)는 전치사로 '~에'로 해석한다.

묘(渺) : 아득하다. 아주 작다. 하찮다.

창(滄) : 큰 바다. 검푸르다.

창해(滄海) : 넓고 큰 바다. 대해(大海). 푸른 바다.

창해지(滄海之) : 지(之)는 소유격 조사로 '~의'로 해석한다.

속(粟) : 조.

오생지(吾生之) : 지(之)는 주격 조사로 '~이(가)'로 해석한다.

수유(須臾) : 잠시. 잠깐.

선(羨) : 부러워하다.

장강지(長江之) : 지(之)는 주격 조사로 '~이(가)'로 해석한다.

협(挾) : 끼다. 끼우다. 끼워 넣다.

협비선이(挾飛仙以) : 이(以)는 후치사로 '~로써'로 해석한다.

오유(遨遊) : 재미있고 즐겁게 놂.

포(抱) : 안다. 품다.

지불가(知不可) : 알 수 없다. 지(知)는 본동사, 불가(不可)는 조동사 역할을 한다.

취(驟) : 달리다. 빠르다. 갑자기. 별안간.

호취득(乎驟得) : 호(乎)는 전치사로 '~을(를)'로 해석한다.

유(遺) : 남다. 남기다.

향(響) : 울리다. 메아리치다. 울림. 음향(音響). 메아리.

유향(遺響) : 여음(餘音). 여운(餘韻).

어비풍(於悲風) : 어(於)는 전치사로 '~에'로 해석한다.

우리 한번 돌아가면 누가 한 잔(盞) 먹자 하리. 살았을 때 이리 노세. 새벽 서리 찬 바람에 외기러기 울면서 간다. 창망(蒼茫)한 구름 밖에 빈 소리뿐 이로다. 제 것 두고 아니 먹으면 왕장군지고자(王將軍之庫子)로다.

– 우리 한번 돌아가면 누가 한 잔(盞) 먹자 하리 : 이규보(李奎報)의 속장진주가(續將進酒歌)에 "주수평생수상물(酒雖平生手上物) 술은 비록 평생 손 위의 물건이었지만, 쟁긍일래점아미(爭肯一來霑我味) 어찌 누군가 즐거운 마음으로 한번 찾아와서 내가 맛보도록 술 한 잔 따라주겠는가?"라는 표현이 있다. 또한 정철(鄭澈)의 장진주사(將進酒辭)에 "누른 해, 흰 달과 굵은 눈, 가는 비에 소소(蕭蕭)리 바람 불 때, 누가 한 잔(盞) 먹자 하리?"라는 표현이 있다.

– 새벽 서리 찬 바람에 외기러기 울면서 간다 : 인생을 짝이 없이 혼자 울면서 날아가는 쓸쓸한 외기러기에 비유했다.

– 창망(蒼茫)하다 : 넓고 멀어서 아득하다.

– 창망(蒼茫)한 구름 밖에 빈 소리뿐이로다 : 기쁜 소식이라도 있을까 기대하면서 하늘을 바라보았는데, 아득한 구름만 있고, 아무런 기쁜 소식이 없다.

명사십리(明沙十里) 해당화(海棠花)야, 꽃 진다고 설워 마라. 명년(明年) 삼월(三月) 돌아오면 너는 다시 피려니와, 가련(可憐)하다 우리 인생(人生) 뿌리 없는 평초(萍草)라. 홍안(紅顔) 백발(白髮)이 절로 가니 누군들 아니 늦게 오겠는가? 오동추야(梧桐秋夜) 밝은 달에 임(任) 생각(生覺)이 새로워라.

– 평초(萍草) : 개구리밥과의 여러해살이 수초(水草)로 부평초(浮萍草)라고도 한다. 정처 없이 떠돌아다니는 신세를 이르는 말이다.

– 명사십리(明沙十里) ~ 뿌리 없는 평초(萍草)라 : 잠삼(岑參)의 촉규화가(蜀葵花歌)에 "시지인로불여화(始知人老不如花) 사람의 늙음이 꽃만 같지 못함을 이제야 깨달았기에, 가석낙화군막소(可惜落花君莫掃) 그대는 떨어진 꽃을 아쉬워하면서 쓸지 마시게."라는 표현이 있다.

– 임(任) : 사모하는 사람이라는 뜻의 '임'은 순 한글로 본래 한자어가 없다.

– 생각(生覺) : 생각은 순 한글로 본래 한자어가 없다.

– 오동추야(梧桐秋夜) 밝은 달에 임(任) 생각(生覺)이 새로워라 : 「잡가(雜歌)」(고려대 민족문화연구원, 2002)의 상사별곡(相思別曲)에 같은 표현이 있다.

「조선가요집성(朝鮮歌謠集成)」 권주가(勸酒歌) : 한 잔 술을 어찌 사양하리오?

지금부터는 1933년 한성도서(漢城圖書) 주식회사(株式會社) 「조선가요집성(朝鮮歌謠集成)」의 권주가를 소개하려고 하는데, 권주가에 등장하는 홍문연(鴻門宴)에서는 어떤 일이 있었는가?

중국 진(秦)나라 말기에 유방(劉邦)과 항우(項羽)가 함양(咸陽) 쟁탈을 둘러싸고 서로 갈등을 겪었다. 그 무렵에 열세(劣勢)에 몰렸던 유방이 위기를 모면하고자, 홍문(鴻門)에 주둔하고 있던 항우의 진영을 직접 찾아가서, 항우에게 겸손한 자세로 사과했다. 이에 항우는 연회를 베풀었는데, 이를 홍문연(鴻門宴), 곧 홍문의 연회라고 한다. 항우의 모사(謀士) 범증(范增)은, 유방을 제거할 절호의 기회라 판단하고, 항우의 사촌 항장(項莊)에게 칼춤을 추다가 유방을 단칼에 해치우도록 지시했고, 그에 따라 항장이 칼춤을 추었다. 사태의 심각성을 감지한 유방의 모사(謀士) 장량(張良)이 연회장에 번쾌(樊噲)를 불러들였다. 그때 번쾌는 몹시 성난 눈으로 항우를 바라보았는데, 머리카락이 위로 향하고 눈초리가 찢어질 듯했다. 아마도 항우는 번쾌의 기개와 장사다움을 이미 들었던 듯하다. 그다음 장면은 다음과 같다.

羽曰 壯士 賜之卮酒 則與斗卮酒 噲飮之 羽曰 賜之彘肩 則與一生彘肩

항우(羽)가 말했다(曰). "(과연) 장사로다(壯士). 그에게(之) 한 잔 술을(卮酒) 내려라(賜)." 곧(則) 한 말 들이 잔에(斗卮) 술을(酒) 주었다(與). 번쾌(樊噲)가 그 술을(之) 마셨다(飮). 항우(羽)가 말했다(曰). "그에게(之) 돼지고기 어깨 살을(彘肩) 내려라(賜)." 곧 한 점의(一) 생(生) 돼지고기 어깨 살을(彘肩) 주었다(與).

<ruby>噲<rt>쾌</rt></ruby><ruby>拔<rt>발</rt></ruby><ruby>劍<rt>검</rt></ruby><ruby>切<rt>절</rt></ruby><ruby>而<rt>이</rt></ruby><ruby>啗<rt>담</rt></ruby><ruby>之<rt>지</rt></ruby> <ruby>羽<rt>우</rt></ruby><ruby>曰<rt>왈</rt></ruby> <ruby>壯<rt>장</rt></ruby><ruby>士<rt>사</rt></ruby> <ruby>復<rt>부</rt></ruby><ruby>能<rt>능</rt></ruby><ruby>飮<rt>음</rt></ruby><ruby>乎<rt>호</rt></ruby> <ruby>噲<rt>쾌</rt></ruby><ruby>曰<rt>왈</rt></ruby> <ruby>臣<rt>신</rt></ruby> <ruby>死<rt>사</rt></ruby><ruby>且<rt>차</rt></ruby><ruby>不<rt>불</rt></ruby><ruby>避<rt>피</rt></ruby> <ruby>巵<rt>치</rt></ruby><ruby>酒<rt>주</rt></ruby> <ruby>安<rt>안</rt></ruby><ruby>足<rt>족</rt></ruby><ruby>辭<rt>사</rt></ruby>[49]

번쾌(樊噲)가 칼을 뽑아(拔劍) 고기를 썰어(切) 그리고(而) 그것을(之) 먹었다(啗). 항우(羽)가 말했다(曰). "(과연) 장사로다(壯士). 다시(復) 마실 수 있겠는가(能飮乎)?" 번쾌(樊噲)가 말했다. "신이(臣) 죽음(死) 또한(且) 피하지 않거늘(不避) 한 잔 술을(巵酒) 어찌(安) 사양하리오(足辭)?"

能(능) : ~할 수 있다.
能飮(능음) : 마실 수 있다. 능(能)은 조동사, 음(飮)은 본동사 역할을 한다.
足(족) : ~할 가치가 있다. ~할 만하다.
足辭(족사) : 사양할 가치가 있다. 족(足)은 조동사, 사(辭)는 본동사 역할을 한다.

유방의 임기응변(臨機應變)과 항우의 우직함이 돋보이는 장면이다. 항우는 그 기회에 유방을 제거하는 일에 관심을 쏟기보다는 번쾌의 기개와 장사다움을 확인하고 싶었다. 그래서 말술을 거듭 권하고, 거기에 더하여 생 돼지고기 어깨 살을 안주로 내렸다. 아마도 그 연회장에서 생 돼지고기를 안주로 삼지는 않았을 터다. 결국 항우는 유방을 제거할 절호의 기회를 잃었고, 목숨을 부지한 유방은 한(漢)나라를 개창(開創)했다. 이 고사(故事)로부터 유명한 치주안족사(巵酒安足辭), 곧 "한 잔 술을(巵酒) 어찌(安) 사양하리오(足辭)?"라는 말이 비롯되었다.

그런데 어떻게 우리말 권주가에 홍문의 연회까지 등장하게 되었을까? '조

---

49) 「通鑑節要(통감절요)1」 권4 한기(漢紀)에서 인용.

선 후기 십이가사 가운데 권주가(勸酒歌)나 권주가류(勸酒歌類)는 언제부터, 어떤 계기로 유행하게 되었나?'에서 이미 살펴본 바와 같이 임진왜란(1592~1598)과 병자호란(1636)을 거치면서 조선에 「삼국지」, 「초한연의(楚漢演義)」 같은 중국소설들이 들어왔다. 「초한연의」는 초나라 항우와 한나라 유방 사이에 서로 중원을 차지하기 위하여 사투(死鬪)를 벌이는 장편 소설이다. 이런 한문 소설들은 17세기 후반 상업의 발달과 더불어 우리글로 번역되어 거래되기에 이르렀고, 이에 따라 점차 독자층이 확대되어, 홍문의 연회가 낯선 고사가 아니었다는 시대적 배경과 무관하지 않다고 하겠다.

배경지식은 이 정도 살펴보고 「조선가요집성(朝鮮歌謠集成)」의 권주가를 살펴보자. [부록 16~17.]

① 불로초(不老草)로 술을 빚어 만년배(萬年杯)에 가득 부어 잡으신 잔(盞)마다 비나이다, 남산수(南山壽)를. 이 잔(盞) 곧 잡으시면 만수무강(萬壽無疆)하오리다.

  - 남산수(南山壽) : 남산이 본래 그 자리에 있듯이, 남산만큼 오랜 수명을 누림.

② 잡으시오, 잡으시오, 이 술 한 잔(盞) 잡으시오. 이 술이 술이 아니라 한무제(漢武帝) 승로반(承露盤)에 이슬 받은 술이오니, 이 술 한 잔(盞) 잡으시면 천년만년(千年萬年) 사오리다.

③ 약산동대(藥山東臺) 여지러진 바위, 꽃을 꺾어 주(籌)를 놓으며 무진무진(無盡無盡) 먹사이다. 인생(人生) 한번 돌아가면 다시 오기 어려워라. 권(勸)할 적에 잡으시오. [일본(一本)에는 누가 다시 먹자 하리? 살았을 때 이리 노세.] 백년가사인인수(百年假使人人壽)라도 우락(憂樂)을 중

분(中分), 미백년(未百年)을. 권(勸)할 적에 잡으시오. 우왈장사(羽曰壯士) 홍문(鴻門) 번쾌(樊噲) 두치주(斗卮酒)를 능음(能飮)했는데, 이 술 한 잔(盞) 못 먹었네. 권(勸)할 적에 잡으시오. 권군갱진일배주(勸君更進一杯酒)하니 서출양관무고인(西出陽關無故人)을. 권(勸)할 적에 잡으시오.50)

- 약산동대(藥山東臺) : 김소월의 '진달래꽃'에 등장하는 영변의 약산과 같은 곳이다. 대(臺)는 흙이나 돌 따위로 높이 쌓아 올려 사방을 바라볼 수 있게 만든 곳이다.
- 여지러진 바위 : '여지러진'은 '여즈러진'의 오기로 추정된다. '여즈러지다'는 '이지러지다'의 함경북도 방언이다. '이지러지다'는 '한쪽 귀퉁이가 떨어져 없어지다'의 뜻이다. 뒤에서 살펴볼 정현석(鄭顯奭)의 「교방가요(敎坊歌謠)」 권주가(勸酒歌)에는 약산동대결암(藥山東臺缺巖)이라는 표현이 있다. 결(缺)은 '이지러지다, 한쪽 귀퉁이가 떨어져 없어지다'의 뜻이다.
- 주(籌) : 산(算) 가지. 수효(數爻)를 셈하는 데에 쓰던 막대기. 세다. 헤아리다.
- 꽃을 꺾어 주(籌)를 놓으며 무진무진(無盡無盡) 먹사이다 : 백거이(白居易)의 동이십일취억원구(同李十一醉憶元九)에 "취절화지당주주(醉折花枝當酒籌) 취하여 꽃가지를 꺾어 술잔을 셈하는 산 가지로 삼았다네."라는 표현이 있다. 또한 정철(鄭澈)의 장진주사(將進酒辭)에 "꽃 꺾어 주(籌)를 놓고 무진무진(無盡無盡) 먹세그려"라는 표현이 있다.
- 가사(假使) : 가령. 만일.
- 백년가사인인수(百年假使人人壽)라도 : 가령 사람마다 백 년 수명을 누리더라도. 이유원(李裕元)의 분우락(分憂樂)에 "인생능득백년수(人生能得百年壽) 인생은 백 년 수명을 누릴 수 있다지만"이라는 표현이 있다.
- 우락(憂樂)을 중분(中分), 미백년(未百年)을 : 이유원(李裕元)의 분우락(分憂樂)의 구절과 같다. "우락중분미백년(憂樂中分未百年) (살아 있는 동안에는) 근심과 즐거움이 서로 엇갈리고, 백 년 수명을 누리는 것은 (더욱) 아니라오."

---

50) '약산동대(藥山東臺) 여지러진 바위 ~ 권(勸)할 적에 잡으시오.' 이 부분을 「대동풍아(大東風雅)」에서는 하나의 독립 시조로 소개하고 있다. 「사설시조」 김홍규 譯註 (고려대 민족문화연구소, 1993) pp.250~253.

- 권군갱진일배주(勸君更進一杯酒)하니 : 앞에서 소개했던 왕유(王維)의 위성곡(渭城曲)의 일부분이다. "권군갱진일배주(勸君更盡一杯酒) 그대에게 권하노니 다시 한 잔 술을 드시게나(盡), 서출양관무고인(西出陽關無故人) 서쪽으로 양관을 나서면 술 권할 벗이 없으리니." 권군갱진일배주(勸君更進一杯酒)는 "그대에게 권하노니 다시 한 잔 술을 올리겠네(進)."로 해석되어, 유사한 의미의 권(勸)과 진(進)이 중복되어 어색하다. 진(進) 대신 진(盡)이 더 자연스럽다. 진(進)은 진(盡)의 오기(誤記)로 보는 것이 타당하다.

④ 제 것 두고 못 먹으면 왕장군(王將軍)의 고자(庫子)이오니 은잔(盞) 놋잔(盞) 다 던지고 사기(沙器)잔에 잡으시오. 첫째 잔(盞)은 장수주(長壽酒)요, 둘째 잔(盞)은 부귀주(富貴酒)요, 셋째 잔(盞)은 생남주(生男酒)니, 잡고 연(連)해 잡으시오. 고래현인(古來賢人)이 개적막(皆寂寞)한데 유유음자(惟有飲者) 유기명(留其名)하니, 잡고 잡고 잡으시오. 막석상두고주전(莫惜床頭沽酒錢)하라. 천금산진환부래(千金散盡還復來)니 내 잡아 권(勸)한 잔(盞)을 사양(辭讓) 말고 잡으시오.51)

- 고래현인(古來賢人)이 개적막(皆寂寞)한데 : 이백(李白)의 장진주(將進酒)에서 이미 소개했다. "고래성현개적막(古來聖賢皆寂寞) 예로부터 성인들과 현인들은 모두 사라졌지만, 유유음자류기명(惟有飲者留其名) 오직 술 마시는 사람들이 있어 그 이름을 남겼다오." 단지 성현(聖賢)을 현인(賢人)이라고 했다.
- 막석상두고주전(莫惜床頭沽酒錢)하라 : 잠삼(岑參)의 촉규화가(蜀葵花歌)에서 이미 소개했다. "술상 머리에서는 술 사는 돈을 아끼지 마시게."
- 천금산진환부래(千金散盡還復來) : 이백(李白)의 장진주(將進酒)에서 이미 소개했다. "천금을 모조리 써 버려도 도리어 다시 찾아올 것이네."

---

51) '제 것 두고 못 먹으면 ~ 사양(辭讓) 말고 잡으시오.' 이 부분 역시 「대동풍아(大東風雅)」에서는 하나의 독립 시조로 소개하고 있다. 「사설시조」 김흥규 譯註 (고려대 민족문화연구소, 1993) pp.264~265.

⑤ 만수산(萬壽山) 만수봉(萬壽峰)에 만수정(萬壽井)이 있더이다. 그 물로 빚은 술을 만년주(萬年酒)라 하더이다. 진실로 이 잔(盞) 곧 잡으시면 만수무강(萬壽無疆)하오리다.

– 만수산(萬壽山) : 만수산은 중국의 지명이라는 설이 있다. 만수산이라는 지명은 우리나라에서도 다수 발견된다. 대표적으로 이방원(李芳遠)의 하여가(何如歌)에도 등장하는데, 개성 인근 지명이다. 권주가 속에 만수산은 특정의 어떤 산이라기보다는 장수에 대한 소망을 기탁(寄託)한 지명이라고 보는 것이 타당하다.

「가요집성(歌謠集成)」권주가(勸酒歌) : 불로초로 술을 빚어 만년배에 가득 부어 비나이다, 남산수를.

지금부터는 1976년 홍인문화사(弘人文化社) 「가요집성(歌謠集成)」의 현행가(現行歌)[52]인 권주가를 살펴보자. 이 권주가는 전라북도립국악원 주관(김봉기 구술, 박용재 채록)으로 2012년에 발간한 「전라북도지정 무형문화재 제34호 가사(歌詞) 보유자 김봉기」에 수록(收錄)된 권주가와 내용 면에서 대동소이(大同小異)하다. 그러므로 「가요집성」 권주가는 현재까지 전승되는 십이가사로서 권주가의 모습을 상당히 유지하고 있다고 간주하여도 무방할 듯하다.

① 불로초(不老草)로 술을 빚어 만년배(萬年杯)에 가득 부어 비나이다, 남산수(南山壽)를.

② 약산동대(藥山東臺) 어즈러진 바위, 꽃을 꺾어 주(籌)를 놓으며 무궁무진(無窮無盡) 잡으시오.

　－어즈러진 바위 : '어즈러진'은 '여즈러진'의 오기로 추정된다. '여즈러지다'는 '이지러지다'의 함경북도 방언이다. '이지러지다'는 '한쪽 귀퉁이가 떨어져 없어지다'의 뜻이다. 뒤에서 살펴볼 정현석(鄭顯奭)의 「교방가요(敎坊歌謠)」 권주가(勸酒歌)에는 약산동대결암(藥山東臺缺巖)이라는 표현이 있다. 결(缺)은 '이지러지다, 한쪽 귀퉁이가 떨어져 없어지다'의 뜻이다.

---

52) 구가(舊歌)란 더 이상 불리지 않는 노래, 현행가(現行歌)란 그 당시까지 계속 불리는 노래라는 뜻이다.

③ 권군종일명정취(勸君終日酩酊醉)하자 주부도유령분상토(酒不到劉伶墳上土)
니, 아니 취(醉)하고 무엇하리?

   – 권군종일명정취(勸君終日酩酊醉)하자 ~ : 이하(李賀)의 장진주(將進酒)에서 이
     미 살펴보았듯이 그 내용은 다음과 같다. "그대에게 권하노니 종일토록 흠뻑
     취하시게나, 술은 유령의 무덤 위 흙까지는 이르지 않나니."

④ 백년(百年)을 가사(假使) 인인수(人人壽)라도 우락(憂樂) 중분(中分) 미
백년(未百年)을. 살았을 때 잘 놉시다.

⑤ 명사십리(明沙十里) 해당화(海棠花)야, 꽃 진다고 설워 마라. 명년(明年)
삼월(三月) 봄이 오면 너는 다시 피려니와 가련(可憐)하다 우리 인생.

⑥ 오동추야(梧桐秋夜) 밝은 달에 임 생각이 새로워라. 임도 나를 생각하
는지, 나만 홀로 이러한지, 임도 또한 이러한지.

⑦ 새벽 서리 찬 바람에 울고 가는 기러기야. 임의 소식 바랐더니 창망(滄
茫)한 구름 속에 빈 소리뿐이로다.

⑧ 왕상(王祥)의 이어(鯉魚) 잡고 맹종(孟宗)의 죽순(竹筍) 꺾어, 검든 머
리 희도록 노래자(老萊子)의 옷을 입고, 양지성효(養志誠孝)를 증자(曾
子)같이 하오리라.53)

---

53) 1728년 원본 「청구영언(靑丘永言)」에서는 조선 선조 때 박인로(朴仁老)의 시조 작품으
   로 소개하고 있다.

- **왕상(王祥)의 이어(鯉魚)** : 왕상은 중국 서진(西晉) 사람이다. 어려서부터 효성이 지극하였다. 그의 계모가 생선을 먹고 싶다고 하였을 때, 얼음 위에 누워 얼음이 녹는 것을 기다려 얼음을 깨고 잉어(鯉魚) 두 마리를 얻었다고 한다. "얼음을 깨고서 잉어를 잡은 것은 왕상의 효도다(剖氷得鯉 王祥之孝)."라는 고사(故事)로 유명하다.
- **맹종(孟宗)의 죽순(竹筍)** : 맹종은 중국 삼국시대(三國時代) 吳(오)나라 사람이다. 겨울날 숲속에서 그의 어머니가 즐기는 죽순(竹筍)이 없음을 슬퍼하자 홀연히 눈 속에서 죽순이 나타났다고 한다. "눈 속에서 죽순을 구한 것은 맹종의 효도다(雪裏求筍 孟宗之孝)."라는 고사로 유명하다.
- **노래자(老萊子)** : 춘추시대 말기 초(楚)나라 사람이다. 늙은 부모가 즐거워하도록 70이 넘은 나이에 어린애 옷을 입고 재롱을 부렸다는 일화로 유명하다.
- **증자(曾子)** : 공자의 제자로 효심이 두터웠다.
- **양지성효(養志誠孝)** : 부모의 뜻(志)을 받들고(養) 효(孝)를 정성으로 다하다(誠).

⑨ 이 술 한 잔(盞) 잡으시오. 이 술은 반도연(蟠桃宴)의 천일주(千日酒)니 쓰나 다나 잡으시면 만수무강(萬壽無疆)하오리라.

- **반도연(蟠桃宴)** : 서왕모(西王母)는 도교 최고(最高)의 여신으로 곤륜산(崑崙山) 정상 궁전에서 살았다. 그녀는 3천 년에 한 번 열린다는 신비의 복숭아, 곧 반도(蟠桃)가 열리는 반도원(蟠桃園)이라는 과수원을 관장(管掌)했다. 반도가 열리는 시기가 되면 서왕모는 반도연(蟠桃宴)을 베풀었다. 이 불가사의(不可思議)한 열매를 먹어야 신선이 된다.

⑩ 인간오복수위선(人間五福壽爲先)은 예로부터 이른 바라. 비나이다. 비는 바는 산하(山河) 같은 수부귀(壽富貴)를 천년만년(千年萬年) 누리소서.

- **인간오복수위선(人間五福壽爲先)** : 사람의 오복 가운데 장수가 우선이다.

정현석(鄭顯奭)「교방가요(敎坊歌謠)」권주가(勸酒歌) : 술이 인간에게 는 아름다운 녹봉이 아니겠는가?

정현석(鄭顯奭, 1817~1899)은 51세(1867) 때 진주목사(晋州牧使)로 부임했고, 54세(1870) 때 김해부사(金海府使)로 자리를 옮겼다. 「교방가요(敎坊歌謠)」는 정현석이 진주목사 때 집필을 시작하여 김해부사로 재직했던 56세(1872) 때 집필을 끝냈다. 본래 교방(敎坊)은 지방 관아 소속으로 기녀(妓女)들에게 가무(歌舞)를 가르쳤고, 지방 장관의 행사 때 가무의 기예(技藝)로 행사의 분위기를 돋우는 역할을 담당했다. 유교 중심 사회에서 교방 소속의 기녀들은 대체로 천한 신분이었다. 그 무렵에 목민관으로서 그런 기녀들의 가무에 관한 기록을 남겼음을 어떻게 이해하여야 할까?

정현석은 57세(1873) 때 판소리에 관한 자신의 이론적 견해를 피력한 서신을 두 차례나 고창의 신재효에게 보낼 만큼, 그는 본래부터 판소리 등 우리말 노래의 전승과 교육에 관심이 깊었던 것으로 보인다. 이런 성향으로 교방의 가사(歌詞)를 채록했다고 평가함이 옳다. 그의 채록 방식은 가사를 한문으로 번역한 한역시(漢譯詩)를 먼저 기록하고, 다음에 해당 가사를 우리말로 함께 기록하였다.[54] 이렇게 그는 우리말 가사를 기록함으로써 우리말 노래의 전승과 교육에 중요한 역할을 했다. 그런 덕분에 「교방가요」는 19세기 중후반 지방 교방의 문화와 풍류, 그 무렵 성행했던 가요와 가사를 이해하고, 또한 지방 교방이 문화 예술을 전승하는 역할을 담당했음을 확인하는 중요한 사료로 평가된다.[55]

---

54) 정현석, 「교방가요(敎坊歌謠)」 성무경 譯註 (보고사, 2002) p.23.
55) 위의 책, p.13. 및 p. 56.

新調(신조)　새로운 곡조 [부록 18.]

進酒進酒　진주진주
잡으시오, 잡으시오,
進此酒一杯　진차주일배
이 술 한 잔 잡으시오.
不老草釀爲酒　불로초양위주
불로초로(不老草) 빚어(釀) 술을 만들고(爲酒),
瑤池蟠桃作肴　요지반도작효
요지의(瑤池) 반도로(蟠桃) 안주를 삼았기에(作肴),
來萬壽無疆哉　내만수무강재
만수무강(萬壽無疆)하오리다(來 ～ 哉).

進酒進酒(진주진주)　進此酒一杯(진차주일배) : 이백(李白)의　산중대작(山中對酌)에 "일배일배부일배(一杯一杯復一杯) 한 잔(一杯) 한 잔(一杯) 또(復) 한 잔(一杯)."이라는 표현이 있다.
釀(양) : 술을 빚다.
瑤池(요지) : 도교 신화에 나오는 연못으로 중국 곤륜산에 있다. 신선이 살았다고 하며, 주나라 목왕이 서왕모(西王母)를 만났다는 이야기로 유명하다.
蟠桃(반도) : 도교 신화에 나오는 복숭아. 서왕모의 정원에서 자라며 삼천 년마다 한 번씩 열매가 열리는데, 이를 먹으면 영생을 얻는다고 한다.
肴(효) : 안주(按酒).
哉(재) : 조사로 감탄, 짐작, 추측 등을 나타낸다.

天地愛酒　천지애주

하늘과 땅은 술을 좋아하여

出酒星酒泉　출주성주천

주성과 주천을 내시었고,

聖賢愛酒　성현애주

성인과 현인도 술을 좋아하여

飮千鍾百榼　음천종백합

헤아릴 수 없을 만큼 많은 술잔과 술통을 잡으시니,

人間美祿非此麽　인간미록비차마

이것이 인간에게는 아름다운 녹봉이 아니겠는가?

天地愛酒(천지애주) 出酒星酒泉(출주성주천) : 이백(李白)의 독작(獨酌)에 다음과 같은 구절이 있다. "천약불애주(天若不愛酒) 하늘이 만약에 술을 좋아하지 않았다면, 주성부재천(酒星不在天) 주성이 하늘에 있지 않았을 것이오. 지약불애주(地若不愛酒) 땅이 만약에 술을 좋아하지 않았다면, 지응무주천(地應無酒泉) 땅에 주천 (또한) 없었을 것이오."
鍾(종) : 술잔. 술병. 종(=鐘).
榼(합) : 통. 술통. 물통.
美祿(미록) : 아름다운 녹봉(祿俸). 많은 녹봉. 술을 달리 이르는 말.
麽(마) : 의문 조사로서 마(嗎)와 같다.

自古英雄豪傑　자고영웅호걸

예로부터(自古) 영웅호걸(英雄豪傑)이

非酒不做事　비주부주사

술이 아니면(非酒) 일을(事) 못하고(不做),

自古文章學士　자고문장학사

예로부터(自古) 문장에 뛰어난(文章) 학사는(學士)

非酒不作文　　비주부작문

술이 아니면(非酒) 글을(文) 못 지으니(不作),

勸時須進　　권시수진

권할 적에(勸時) 꼭 잡으시오(須進).

　自古(자고) : 예로부터. 자(自)는 '~(으)로부터'의 뜻이다.
　做(주) : 짓다. 만들다.

山水樓臺無限景　　산수누대무한경

산수와(山水) 누대의(樓臺) 끝없이 아름다운 경치라도(無限景)

無酒則無興　　무주즉무흥

술이 없으면(無酒則) 흥이 없고(無興),

淸歌妙舞風流地　　청가묘무풍류지

맑은 목소리로 부르는 노래에(淸歌) 멋지게 추는 춤으로(妙舞) 풍류를 즐기
는 곳에(風流地)

無酒則無味　　무주즉무미

술이 없으면(無酒則) 맛이 없으니(無味),

惟飮酒遊　　유음주유

오직(惟) 술만 마시고(飮酒) 노사이다(遊).

　無酒則(무주즉) : 즉(則)은 가정(假定)을 나타내는 접속사로 '~하면'으로 해석한다.

舊調(구조) 옛 곡조 [부록 19.]

百年假使人人壽 백년가사인인수

가령 사람마다 백 년 수명을 누리더라도

憂樂中分未百年 우락중분미백년⁵⁶⁾

(살아 있는 동안에는) 근심과 즐거움이(憂樂) 서로 엇갈리고(中分), 백 년
수명을 누리는 것은 (더욱) 아니더라(未百年).

寄蜉蝣於天地 기부유어천지

하루살이처럼(蜉蝣) 천지에(於天地) 얹혀사니(寄)

渺滄海之一粟 묘창해지일속⁵⁷⁾

큰 바다에(滄海之) (떠 있는) 하나의 좁쌀 알처럼(一粟) 아주 작으니라(渺).

不飮而何爲 불음이하위

아니 먹고(不飮而) 무엇하리(何爲)?

藥山東臺缺巖 약산동대결암⁵⁸⁾

약산동대(藥山東臺) 여지러진 바위(缺巖)

折花爲籌 절화위주

꽃을 꺾어(折花) 주를(籌) 놓으며(爲)

無窮無盡飮 무궁무진음

무궁무진(無窮無盡) 먹사이다(飮).

---

56) 제2부 이유원(李裕元)의 「가오고략(嘉梧藁略)」 소악부(小樂府) 45수 가운데 분우락(分
憂樂) 참조. 「교방가요」 원문의 백년가사인인수(百年假使人人壽)의 밑줄 친 부분의 오
자(誤字)를 바로잡았다.

57) 소식(蘇軾)의 전적벽부(前赤壁賦)에서 인용했다.

58) 「교방가요(敎坊歌謠)」 권주가(勸酒歌)에서는 약산동대결암(藥山東臺缺巖) 이하에는 여
불진기(餘不盡記) 나머지는 다 기록하지 않는다고 하면서, 우리말 권주가를 생략했다. 해
당 부분의 우리말 권주가는 「조선가요집성(朝鮮歌謠集成)」의 권주가를 그대로 옮겼다.

折花爲籌(절화위주) : 백거이(白居易)의 동이십일취억원구(同李十一醉憶元九)에 "취절화지당주주(醉折花枝當酒籌) 취하여 꽃가지를 꺾어 술잔을 셈하는 산 가지로 삼았다네."라는 표현이 있다.

假使(가사) : 가령. 만일.

缺(결) : 이지러지다. 한쪽 귀퉁이가 떨어져 없어지다.

「대한매일신보(大韓每日申報)」 아속생(啞俗生) 권주가(勸酒歌) : 잡으시오, 잡으시오. 이 술 이름은 합환주(合歡酒)라.

김교제(金敎濟)는 조선 후기, 일제 강점기 때 소설가였다. 호는 아속생(啞俗生)이다. 아속생은 아자(啞者), 곧 말을 하지 못하는 장애인처럼 속세(俗世)를 사는 사람(生)이라는 뜻으로 지은 듯하다. 1876년 강화도조약을 시작으로 1905년 일제는 외교권을 박탈했고, 1907년 군대까지 해산했다. 끝내는 일제의 강압으로 대한제국의 통치권을 일본에 양여(讓與)한다는 한일병합조약을 체결했는데, 이를 공포한 경술년 1910년 8월 29일을 우리는 경술국치(庚戌國恥)라고 부른다. 이런 참담한 시대를 살았던 김교제가 자신의 호를 아속생이라고 이름 붙인 데에는 무언의 반항 같은 것이 담겨 있는 듯하다.

아속생(啞俗生)은 다음 권주가를 1909년 12월 21일 「대한매일신보」에 발표했다. 그 무렵 대한제국은 분명 나라였지만, 나라답지 못했다. 나라의 미세한 명맥만 겨우 이어 갔던 태풍 앞의 호롱불과 같았다. 그렇지만 아속생은 마지막 불꽃을 피우고 싶은 심정에서 애국심과 독립 정신을 고취하고, 나라를 배신하고 일제에 빌붙어서 호위호식(好衣好食)하는 매국노(賣國奴)를 비난하는 권주가를 발표했다. 이 권주가는 내용 면에서 그 무렵 사람들에게 용기를 북돋아 주려는 의도가 더 컸다고 추정된다. 「대한매일신보」는 우리말과 한자 혼용, 우리말, 이렇게 2종으로 신문을 발행했는데, 우리말로 발표한 권주가를 기본으로 하고 우리말과 한자 혼용 본(本)을 참고하여 제시했다. [부록 20.]

1. 한반도(韓半島)의 풍운(風雲)이 참담하여(慘) 시국(時局)의 형세(事)가 급변하니(一變), 국가의 사업(國家事)을 처리(處理)하고자 전국(全國)의 동포(同胞)를 모아 놓고, 권주가(勸酒歌)로 개회(開會)하여 일배(一杯) 일배(一杯) 이천만배(二千萬杯) 차례대로 술잔을 서로 주고받으니, 회장(會場)에 온화한 기색(和氣) 가득하여(滿) 무르녹는도다(融融).

   풍운(風雲) : 바람과 구름을 아울러 이르는 말. 사회적, 정치적으로 세상이 크게 변하려는 기운이나 그로 인해 매우 어지러운 형세를 비유적으로 이르는 말.
   참(慘) : 참담(慘憺)하다. 참혹(慘酷)하다. 비참(悲慘)하다.

2. 잡으시오, 잡으시오. 이 술 이름은 초혼주(招魂酒)라. 이 술 한 잔 잡으시면 정부(政府)안에 나라를 망치는 귀신(亡國鬼神)과 당파 가운데 매국노예(賣國奴隷)가 봄 날씨에 눈 녹듯이 소멸(消滅)하고 병든 나라 소복(蘇復)하여 건강(健康) 장수(長壽)하오리다.

   초혼(招魂) : 혼을 부름.
   소복(蘇復) : 병(病)이 아문 뒤에 이전과 같이 원기(元氣)가 회복(回復)됨.
   매국노예(賣國奴隷) : 사리사욕을 위하여 남의 나라의 앞잡이가 되어 자기 나라에 해를 끼치는 행위를 하는 사람.

3. 잡으시오, 잡으시오. 이 술 이름은 자강주(自强酒)라. 이 술 한 잔 잡으시면 의뢰심(依賴心)이 없어져서 형식적인 일은 모두 버리고, 실제의 일에 뜻을 두어 썼든 굴레를 벗어놓고 자유(自由) 행동(行動)하오리다.

4. 잡으시오, 잡으시오. 이 술 이름은 벽사주(辟邪酒)라. 이 술 한 잔 잡으시면 정대지기(正大之氣) 돌아와서 마귀(魔鬼) 가운데 있더라도 감히 침범(侵犯)하지 못할 것이요. 참마검(斬魔劍)이 없더라도 사불범정(邪不

犯正)하오리다.

<blockquote>
벽사(辟邪) : 요사스러운 귀신을 물리침.

정대지기(正大之氣) : 바르고 큰 기운.

참마검(斬魔劍) : 단칼에 마귀를 베어 쓰러뜨릴 만큼 예리한 칼.

사불범정(邪不犯正) : 요사스러운 귀신도 정의(正義)를 건드리지 못함.
</blockquote>

5. 잡으시오, 잡으시오. 이 술 이름은 합환주(合歡酒)라. 이 술 한 잔 잡으시면 이천만인(二千萬人) 단합(團合)하여 어려운 일에 겁을 내지 않고 문명진보(文明進步)에 힘을 써서 국민의무(國民義務) 다한 후에 만년(萬年) 환락(歡樂)하오리다.

<blockquote>
합환(合歡) : 모여서 기쁨을 함께함.
</blockquote>

우리글 소설 「남원고사」 속 권주가 : 처박이시오, 처박이시오, 이 술 한 잔 처박이시오.

조선 영조(1724~1776)와 정조(1776~1800)의 재위 기간을 조선 후기 문예 부흥기라고 말한다. 상업의 발달과 더불어 실학, 역사, 지리, 음악, 미술 등의 분야에서 문화의 꽃이 활짝 피었던 시기였다. 또한 중국소설 번역본과 함께 「춘향전」 등, 우리글 소설이 창작, 유통되었던 시기이기도 했다.

이런 사회적 분위기에 편승하여 그 무렵 독자들에게 인기를 끄는 작품일수록 더욱 많은 이본(異本)이 만들어졌는데, 「춘향전」이 358종으로 이본이 가장 많았다. 그 가운데 하나가 「남원고사(南原古詞)」로서 남원(南原)의 옛이야기(古詞)라는 뜻이다. 지금부터는 「남원고사」 속 권주가 관련 부분을 살펴보자.59)

이몽룡이 처음 월매의 집으로 가서 춘향과 첫날밤을 맞이했다. 그날 저녁에 몽룡은 춘향에게 이렇게 말했다. "만고(萬古)의 영웅호걸(英雄豪傑)들도 술 없이는 무(無)맛이라.60) 이렇게 좋은 밤에, 이 놀음에 술 없이는 못하리니 술을 바삐 가져오라." 그리하여 산해진미로 가득 차린 주안상이 들어왔다. 춘향이 말했다. "도련님, 이 술 한 잔 잡수시오." 몽룡이 대답했다. "술이란 것이 권주가 없으면 무(無)맛이니 아무래도 그저는 못 먹으리

---

59) 이윤석, 「남원고사 원전 비평」 (보고사, 2009) 및 이윤석, 최기숙 엮음 「남원고사」 (서해문집, 2008)을 참고했다.

60) 이 부분은 정현석(鄭顯奭)의 「교방가요(敎坊歌謠)」 권주가(勸酒歌)에서 "자고영웅호걸 (自古英雄豪傑) 예로부터(自古) 영웅호걸(英雄豪傑)이 ~ 무주즉무미(無酒則無味) 술이 없으면(無酒則) 맛이 없으니(無味)"를 연상시킨다.

라." 그래서 춘향이 권주가를 불렀다.

춘향이 부르는 권주가는 앞에서 살펴본 최남선(崔南善) 소장본 「청구영언(靑丘永言)」, 「조선가요집성(朝鮮歌謠集成)」, 「가요집성(歌謠集成)」의 권주가와 유사한 부분도 있지만, 다른 부분도 많다. 그만큼 권주가의 가사는 일정하게 고정된 형태로만 불렀던 것이 아니라, 부르는 사람이나 상황에 따라 즉흥적으로 개작되었던 것으로 추정된다. 요즘처럼 텔레비전 같은 매체가 없었고, 작자(作者)도 분명하지 않았으며, 저작권이 중시되는 사회도 아니었기 때문이다. 춘향의 권주가는 다음과 같다.

잡으시오, 잡으시오, 이 술 한 잔 잡으시오.
이 술 한 잔 잡으시면 수부다남(壽富多男)하오리다.
이 술이 술이 아니오라 한무제(漢武帝) 승로반(承露盤)에 이슬 받은 것이오니 쓰나 다나 잡으시오.

인간의 영욕(榮辱) 헤아리니 묘창해지일속(渺滄海之一粟)이라.
술이나 먹고 노사이다.

진시황(秦始皇) 한무제(漢武帝)도 장생불사(長生不死) 못하여서
여산(廬山) 무릉(武陵) 송백중(松柏中)에 일부황토(一抔黃土) 그 아닌가?
술만 먹고 노사이다.

인간칠십고래희(人間七十古來稀)라. 칠순행락(七旬行樂)이 덧없도다.
아니 놀고 무엇 하리?

육산포림(肉山脯林) 걸주(桀紂)라도 이 술 한 잔 살았을 적뿐이로다.

꽃을 꺾어 수(數)를 놓고 무진무궁(無盡無窮) 먹사이다.

우리 한번 돌아가면 뉘라 한 잔 먹자 하리?
종정옥백부족귀(鍾鼎玉帛不足貴)요, 단원장취불원성(但願長醉不願醒)을.

봄날은 베틀에 북이 지나듯 빨리 흐르니
꽃 앞에서 술 마시며 소리 높여 노래하세.
가지 위의 꽃은 며칠이나 피어 있으려나?
이 세상 사람들은 또 얼마나 살려나?
九十春光一擲梭 花前酌酒唱高歌
枝上花開能幾日 世上人生能幾何
술이나 먹고 노사이다.

어제 아침 꽃이 피어 오늘 아침에도 아름답더니
오늘 아침에 꽃이 떨어져 시든 꽃이 되었다네.
꽃 앞의 사람은 작년의 그 사람인데
올해의 이 사람은 작년보다 늙었구나.
昨朝花勝今朝好 今朝花落成秋草
花前人是去年身 今年人比去年老

꽃은 오늘 또 피지만
내일 와서 볼 사람은 누구인가?
今日花開又一枝 明日來看知是誰
아니 취하고 무엇 하리?
(여기까지가 춘향의 권주가임)

- 묘창해지일속(渺滄海之一粟) : 소식(蘇軾)의 전적벽부(前赤壁賦)에 다음과 같은 구절이 있다. "기부유어천지(寄蜉蝣於天地) 하루살이처럼 천지에 얹혀사니, 묘창해지일속(渺滄海之一粟) 큰 바다에 (떠 있는) 하나의 좁쌀 알처럼 아주 작다."
- 진시황(秦始皇) 한무제(漢武帝)도 장생불사(長生不死) 못하여서 : 진시황(秦始皇)이 삼신산(三神山)에 불로초(不老草)가 있다는 말을 듣고, 방사(方士) 서시(徐市)에게 불로초를 구해 오도록 하였는데 돌아오지 않았다는 고사(故事)와 한무제(漢武帝) 역시 불로초를 구해 오도록 여러 번 사람을 해상(海上)에 보냈다는 고사를 말한다.
- 부(抔) : 움켜쥐다. 줌(주먹의 준말로서 수량을 나타내는 말 뒤에 쓰임).
- 여산(廬山) 무릉(武陵) 송백중(松柏中)에 일부황토(一抔黃土) : 여산과 무릉의 소나무와 잣나무 사이의 한 줌의 황토. 여산에 진시황의 무덤이 있고, 무릉에 한무제의 무덤이 있다.
- 인간칠십고래희(人間七十古來稀) : 두보(杜甫)의 곡강(曲江) 제2수(第二首)에서 인용했다. "인생칠십고래희(人生七十古來稀) 인생에서 일흔 살은 예로부터 드물었다."
- 칠순행락(七旬行樂)이 덧없도다 : 일흔 살까지(七旬) 즐겁게 지냄이(行樂) 너무 빠르게 흘러 허무하다.
- 육산포림(肉山脯林) 걸주(桀紂)라도 : 하(夏)나라 걸(桀) 왕은 고기를 산더미처럼 쌓아 놓고 육포를 수풀처럼 매달아 놓고, 술로 가득 채운 연못 위에 배를 띄우고, 술을 마셨다는 고사에서 육산포림(肉山脯林), 주지운선(酒池運船)이라는 숙어가 나왔다. 은(殷)나라 주(紂) 왕은 술로 연못을 가득 채우고 고기를 수풀처럼 매달아 놓고, 술을 마셨다는 고사에서 주지육림(酒池肉林)이라는 숙어가 나왔다. 증선지, 「십팔사략 1」 신동준 譯 (올재, 2019) pp.33~42.
- 꽃을 꺾어 수(數)를 놓고 : 백거이(白居易)의 동이십일취억원구(同李十一醉憶元九)에 다음과 같은 구절이 있다. "화시동취파춘수(花時同醉破春愁) 꽃이 피는 시절에 함께 취하여 봄날의 시름을 떨치고, 취절화지당주주(醉折花枝當酒籌) 취하여 꽃가지를 꺾어 술잔을 셈하는 산 가지로 삼았다."
- 우리 한번 돌아가면 뉘라 한 잔 먹자 하리 : 이규보(李奎報)의 속장진주가(續將進酒歌)에 다음과 같은 표현이 있다. "일조거작송하분(一朝去作松下墳) 하루 아침에 이 몸 죽어 소나무 아래 무덤 되면, 천고만고하인고(千古萬古何人顧) 오랜 세월 어떤 사람이 내 무덤을 돌아보겠는가? ~ 쟁긍일래점아미(爭肯一來霑我味) 어찌 누군가 즐거운 마음으로 한번 찾아와서 내가 맛보도록 술 한 잔 따라주겠는가?"

- 종정옥백부족귀(鍾鼎玉帛不足貴)요,　단원장취불원성(但願長醉不願醒)을 : 이백(李白)의 장진주(將進酒)에서 인용했다. 종고찬옥부족귀(鐘鼓饌玉不足貴) 대신에 다른 본(本)에는 종정옥백부족귀(鍾鼎玉帛不足貴)로 되어 있다. 종정(鍾鼎)은 종명정식(鍾鳴鼎食)의 줄임말로 종을 울려 식구(食口)를 모아 솥을 벌여 놓고 밥을 먹는다는 뜻으로, 부유한 생활을 이르는 말이다. 옥백(玉帛)은 옥과 비단으로 재부(財富)를 뜻한다. "종정옥백부족귀(鍾鼎玉帛不足貴) 종정(鍾鼎)과 옥백(玉帛)은 귀중할 게 없고, 단원장취불원성(但願長醉不願醒) 다만 오랫동안 취했으면 좋겠고 제발 깨어나지 않았으면 좋겠다."

＊

'봄날은 베틀에 북이 지나듯 빨리 흐르니' 이하 부분은 당인(唐寅)의 화하작주가(花下酌酒歌)의 일부를 인용했다. 원문은 다음과 같다.

花下酌酒歌　화하작주가
꽃 아래서 술을 마시며 부르는 노래

唐寅　당인[61]

九十春光一擲梭　구십춘광일척사
구십 일(九十) 봄날의 풍광은(春光) 베틀에 한 번 지나가는 북과 같으니(一擲梭),
花前酌酒唱高歌　화전작주창고가
꽃 앞에서(花前) 술을 따르며(酌酒) 소리 높여 노래 부르세(唱高歌).
枝上花開能幾日　지상화개능기일
가지 위 꽃은(枝上花) 며칠이나(幾日) 피어 있으려나(開能)?

---

61) 명나라 문인.

世上人生能幾何　세상인생능기하

세상 사람들은(世上人) (또) 얼마나(幾何) 살려나(生能)?

擲(척) : 던지다. 내던지다.

梭(사) : 베틀에서 날실의 틈으로 왔다 갔다 하면서 씨실을 푸는 기구로, 배 모양을 닮았다.

擲梭(척사) : 피륙(아직 끊지 아니한 베, 무명, 비단 따위의 천을 통틀어 이르는 말)을 짤 때, 북을 이리저리 던지는 일.

酌(작) : 잔에 술을 따르다. 대작(對酌)하다. 술잔. 술.

唱(창) : 노래를 부르다. 노래. 가곡(歌曲).

唱高歌(창고가) : 고가(高歌)는 창(唱)의 목적어다.

開能(개능) : 능(能)은 조동사, 개(開)는 본동사 역할을 한다.

生能(생능) : 능(能)은 조동사, 생(生)은 본동사 역할을 한다.

昨朝花勝今朝好　작조화승금조호

어제 아침(昨朝) 꽃이(花) 피어(勝) 오늘 아침까지도(今朝) 아름답더니(好),

今朝花落成秋草　금조화락성추초

오늘 아침(今朝) 그 꽃이(花) 떨어져(落) 시들어 버렸다네(成秋草).

花前人是去年身　화전인시거년신

꽃 앞의 사람은(花前人) 지난해 (바로) 그 사람이건만(是去年身),

今年人比去年老　금년인비거년로

올해의 이 사람은(今年人) 지난해보다(比去年) 늙었구나(老).

今日花開又一枝　금일화개우일지

오늘(今日) 또 한 가지에(又一枝) 꽃이 피었지만(花開),

明日來看知是誰　명일래간지시수

명일(明日) (어떤 사람이라도) 찾아와서 감상하겠지(來看), 이렇게 확신할 사람은(知) 누구란(誰) 말인가(是)?

明年今日花開否   명년금일화개부

명년(明年)의 오늘과 같은 날(今日)에 꽃이 필지 말지를(花開否),

今日明年誰得知   금일명년수득지

오늘(今日) 누가(誰) 명년 그때를(明年) 알겠는가(得知)?

　　誰(수) : 누구.
　　得知(득지) : 득(得)은 조동사, 지(知)는 본동사 역할을 한다.

天時不測多風雨   천시불측다풍우

천지조화는(天時) 예측할 수 없고(不測) 비바람은 많으며(多風雨),

人事難量多齟齬   인사난량다저어

인생사는(人事) 헤아리기 어렵고(難量) 틀어져서 어긋남은 많다네(多齟齬).

天時人事兩不齊   천시인사양부제

천지조화와(天時) 인생사(人事) 둘 다(兩) 고르지 않으니(不齊),

莫把春光付流水   막파춘광부유수

봄날의 풍광을(春光) 잡고(把) 흐르는 물에(流水) 맡기지 마시게(莫 ~ 付).

　　量(량) : 헤아리다. 추측하다. 분량(分量). 용기(用器).
　　齟齬(저어) : 틀어져서 어긋남. 익숙하지 않아 서툶.
　　齊 : (제) 가지런하다. (재) 재계(齋戒)하다.
　　把(파) : 잡다. 쥐다.
　　付(부) : 주다. 맡기다.

好花難種不長開　　호화난종부장개

좋은 꽃은(好花) 기르기 어렵고(難種) 오래 피지 아니하며(不長開),

少年易老不重來　　소년이로부중래

청춘은(少年) 늙기 쉽고(易老) 거듭 오지 않는다네(不重來).

人生不向花前醉　　인생불향화전취

사람이(人生) 꽃 앞에서(向花前) 취하지 않는다면(不 ~ 醉),

花笑人生也是呆　　화소인생야시매

꽃은(花) 그 사람(人生) 또한(也) 바보라고(是呆) 비웃으리(笑).

種(종) : 씨. (씨를) 뿌리다. (식물을) 심다.
向花前(향화전) : 향(向)은 지점(地點)을 나타내어 '~에서'로 해석한다.
呆(매) : 어리석다. 미련하다.

＊

「남원고사」에서 권주가 장면은 어사 출또(出頭) 직전에 다시 등장한다. 그 날은 변부사의 생일잔치인 만큼 인근 읍의 수령들이 모두 참석했고, 기생들은 옆에서 술 시중을 들었으며, 악공(樂工)들은 연주로 잔치 분위기를 돋우었다. 경비는 삼엄했고, 잡인을 들이지 말라는 명령이 내려졌다. 그런 가운데 몽룡은 남루한 행색으로 잔치 마당으로 들어서며 "여쭈어라, 사령(使令)[62]들아. 멀리 있는 걸객(乞客)으로 좋은 잔치 만났으니 술잔이나 얻어먹자." 이렇게 호기롭게 말했다. 그렇지만 곧바로 사령들이 달려들어 몽룡을 내쫓았다.

---

62) 조선시대 각 관아에서 심부름하던 사람.

그래서 이번에는 뒷문으로 갔다. 그곳도 경비가 삼엄했다. 그래서 일단 한 모퉁이에 쭈그려 앉아서 기회를 엿보았다. 그때 문을 지키던 하인들이 몽룡에게 말했다. "우리 잠깐 입시63)하고 올 사이에 아무라도 들어가거든 이 채찍으로 먹여 주고, 문(門)을 착실히 보아주오. 잔치 파후(罷後)에 음식이나 많이 얻어 주오리다." 몽룡이 대답했다. "글랑은 염려를 아주 놓고 가라니까." 이 틈에 몽룡은 무사히 잔치 마당에 들어섰고, 수령들의 자리에 앉았다가 다시 쫓겨날 뻔했으나, 몽룡의 비범함을 알아본 운봉(雲峯) 영장(營將)64)의 배려로 자리를 잡고 앉게 되었다.

(중략) 운봉 영장의 주안상을 물려받고, 몽룡은 이렇게 말했다. "통인(通引),65) 여보아라. 상좌(上座)에 '말씀 한마디 올라가오.' 하여라. 내 가만히 보니 어떤 데는 기생(妓生) 시켜 권주가(勸酒歌)로 술 들이고, 또 어떤 데는 기생 권주가는 고사하고 떠꺼머리 아이놈 시켜 얼렁뚱땅하니, 어찌한 일인지? 술이란 것은 권주가 없으면 무(無)맛이라. 그중 기생 된 년으로 하나만 내려보내시면 술 한 잔 부어 먹사이다." 그리하여 한 기생이 마지못해 술병을 들고 오니, 몽룡이 말한다. "너 묘(妙)하다. 권주가 할 줄 알거든 하나만 하여 나를 호사(豪奢)시키어라." 그 기생이 술을 부어 들고 외면하며 말한다. "기생 노릇은 못 하겠다. 비렁뱅이도 술 부어라, 권주가가 웬일인고? 권주가가 없으면 줄때기66)에 술이 아니 들어가나?" 혀를 차며 권주가를 한다.

---

63) '입시'는 '입매'의 비표준어다. 입매는 '음식을 간단하게 조금만 먹어 시장기를 면하는 일'을 뜻한다.

64) 운봉(雲峯)은 지명이다. 영장(營將)은 진영의 군사를 지휘하는 장수다. 운봉 영장은 운봉 현감(縣監)을 겸임했다.

65) 조선시대 지방 관아에서 수령의 잔심부름을 하던 사람.

66) '목줄때기'는 '목줄띠'의 방언이다. 목줄띠는 목에 있는 힘줄을 뜻한다. 위 '줄때기'는 '목'이 탈락된 형태로서 목구멍이라는 뜻으로 썼다.

"먹으시오, 먹으시오, 이 술 한 잔 먹으시오."

"여보아라. 요년! 네 권주가가 본래 그러하냐? 남이 시켜서 하는 권주가는 이러하냐? '잡수시오.'라는 말은 생심(生心)⁶⁷⁾도 못 하느냐?"

그 기생이 독(毒)을 내어 종알댄다. "애고, 망측(罔測)하여라. 성가시지 아니하오? 잘하여 주오리다."

"처박이시오, 처박이시오, 이 술 한 잔 처박이시오. 이 술 한 잔 처박이시면 틀림없이 오래 살 것이니, 어서어서 드르지라시오."

이에 몽룡은 말한다. "에라, 요년! 아서라."

어사 출또 직전의 권주가는 매우 해학이 넘쳐나면서도 한편은 외설스러운 느낌까지 든다. '처박이시오'는 처＋박이다('박다'의 사동사)의 명령형으로 짐작된다. '처박다'는 '매우 세게 박다, 함부로 막 박다, 마구 쑤셔 넣거나 푹 밀어 넣다'라는 뜻이니 말이다. '드르지라시오'는 '들이지르다'의 명령형으로 짐작된다. '들이지르다'는 보기 흉하게 닥치는 대로 많이 먹는다는 뜻이니, 그 기생이 몽룡을 대놓고 망신을 주고 있다.

---

67) 어떤 일을 하려고 마음을 먹음.

우리글 소설 「옥단춘전」 속 권주가 : 전에 한번 못 뵈었으나 내일 보면 구면이라.

숙종 임금 무렵에 이정(李楨)과 김정(金楨)이라는 재상이 있었다. 두 재상은 친분이 매우 두터웠고, 두 집안 사이에도 그러했다. 그런데 두 집안 모두 오랫동안 아들이 없었는데, 비슷한 길몽을 꾸고 아들을 낳게 되었다. 이정의 아들은 혈룡(血龍), 김정의 아들은 진희(眞喜)라고 이름을 지었다. 두 집안 사이에 친분이 각별했던 터라 이혈룡과 김진희 역시 우정이 돈독했고, 어려운 일이 있으면 서로 돕겠다고 굳게 언약까지 맺었다. 세월이 흘러 진희는 과거에 급제하여 평양감사로 부임했고, 혈룡의 집안은 가세가 점차 기울어 끼니를 걱정할 정도로 매우 곤궁했다. 그래서 '진희가 옛 우정을 생각하여 조금이나마 도움을 주겠지.' 그렇게 믿고 혈룡은 어렵게 노잣(路資)돈을 마련하여 평양감사의 관아(官衙)까지 찾아갔다. 관속(官屬)[68]과 이방(吏房)에게 차례로 옛 친구 혈룡이 왔다는 말을 전해달라고 부탁했지만, 문전박대(門前薄待)했다. 혈룡은 이렇게 기회를 엿보면서 달포를 평양에서 머물렀다.

그러던 차에 대동강 연광정(練光亭)에서 연회를 베푼다는 소식을 듣게 되었다. 마침내 그날이 되자 큰 잔치가 벌어졌고, 혈룡은 틈을 타 평양감사 진희 앞으로 나아갔다. 그렇지만 진희는 혈룡을 미친 사람 취급했고, 사공을 불러 혈룡을 배에 태우고 가서, 대동강 물에 수장(水葬)시키도록 명을 내렸다. 이때 혈룡의 비범함을 직감했던 기생 옥단춘이 사공들을 매수하

---

68) 지방 관아의 아전과 하인을 통틀어 이르던 말.

여, 가까스로 혈룡은 죽음을 면하게 되었고, 옥단춘은 몰래 혈룡을 그녀의 집에까지 데리고 가서 후하게 대접했다.

이때 옥단춘은 향긋한 계강주(桂薑酒)[69]를 유리잔에 가득 부어 혈룡에게 권하면서 다음과 같이 권주가를 불렀다.[70]

"잡으시오, 잡으시오. 한 잔(一杯) 한 잔(一杯) 또(復) 한 잔(一杯)이라. 이 술이 술이 아니라 한무제(漢武帝) 승로반(承露盤)에 이슬 받은 술이오니, 이 술 한 잔 잡으시면 천만년을 사오리다. 권할 때 잡으시오. 전에 한번 못 뵈었으나 내일 보면 구면이라."

(중략) 드디어 혈룡이 과거 급제하고, 평안도 암행어사가 되어 남루한 행색으로 옥단춘을 찾아갔다. 그리고 거짓으로 자신이 거기까지 오게 된 사연을 말했다. 그렇지만 옥단춘은 한결같이 애틋하게 혈룡을 맞이했다.

"일생을 살다 보면 무슨 일인들 당하지 않으리까? 한(恨)을 말고, 원(怨)을 말고, 일체(一切) 근심 마옵소서. 과거(科擧)는 천수(天數)[71]이오니, 금년뿐 아니오라 후일에 다시 보옵소서. 내 집에 옷이 없소, 밥이 없소? 그만한 일을 장부가 근심하면 큰일을 이루지 못하옵니다."

옥단춘은 비록 기생의 신분이었지만, 혈룡에 대한 신의를 저버리지 않았고, 끝까지 정절을 지켰다. 그동안 편지 한 장 없다가 거지꼴로 옥단춘을

---

69) 계피와 생강을 넣고 만든 술.
70) 국립중앙도서관 필사본 「옥단춘전」과 1922년 박문서관(博文書館) 「옥단춘전」을 참고했다.
71) 하늘이 정한 운명.

찾아갔지만, 박대하기는커녕 한결같이 애틋하게 혈룡을 맞이했다. 그런 신의와 정절을 지킨 보답으로 천인(賤人)의 신분을 벗어나 우의정의 부실(副室)[72]이 되어 정덕부인(貞德夫人)의 칭호를 받게 되었다. 「춘향전」과 「옥단춘전」은 서로 닮은 듯하면서도 구별된다. 신의와 정절을 지켰고, 신분을 뛰어넘는 사랑을 나누었고, 결국은 신분 상승을 도모했다는 면에서는 같다. 반면에 「춘향전」에서는 미혼 청춘 남녀의 사랑을 그렸지만, 「옥단춘전」은 기혼자였던 유부남과 기생 사이의 사랑을 그렸고, 옥단춘이 부실이 되었다는 면에서 전근대적(前近代的) 사고(思考)의 한계를 뛰어넘지 못했다.

어쨌든 출세한 사람들 가운데는 어려웠던 시절에 함께했던 사람들을 외면하고, 또한 초심을 지키지 않고 오만방자(傲慢放恣)하여 그동안의 업적을 모두 날려버리는 사람들이 요즘도 있다. 차라리 그 자리에 오르지 않았다면 더 나았겠다는 그런 사람들이 있다.

---

72) 첩(妾).

우리글 소설 「이춘풍전(李春風傳)」 속 권주가 : 잡고, 잡고 잡으시오. 권할 때 잡으시오.

이춘풍(李春風)은 이름부터 예사롭지 않다. 춘풍(春風), 곧 봄바람은 '봄철에 부는 따뜻한 바람'을 뜻하지만, 한편은 이성 관계로 들뜬 마음이나 행동을 비유적으로 이르는 말이기도 하다. 그 이름 속에 이미 가정을 돌보지 않고, 기생집이나 드나들면서 재산을 탕진하고, 아내 속을 썩이는 그런 모습이 담겨 있다. 춘풍과 대비되는 인물이 기생 추월(秋月)이다. 추월은 온갖 교태를 부려 춘풍의 돈 이천오백 냥을 빨대로 쪽쪽 빨아들이듯이 발라먹은 인물이다.

「이춘풍전」의 줄거리는 대략 다음과 같다.[73] 이춘풍은 서울 '타락' 골 사람이다. 마을 지명부터 타락이다. 필사본에는 한글 '타락'으로 되어 있지만, 한자 타락(墮落)[74]을 연상시킨다. 그는 장안(長安)의 거부(巨富)였지만, 춘풍이라는 이름값이라도 하듯 주색잡기(酒色雜技)로 재산을 모두 탕진했다. 그의 아내는 삯바느질 등으로 사오 년 열심히 돈을 벌었다. 이제 집안 살림이 폈고 살만해졌다. 춘풍의 봄바람 병이 다시 도졌다. 춘풍은 아내의 만류에도 불구하고 호조(戶曹) 돈 이천 냥을 빌리고 그동안 아내가 벌었던 돈 오백 냥을 보태어, 장사를 하겠다고 평양으로 떠났다. 때는 마침 봄(春)이었다. 평양에 도착하여 기숙(寄宿)한 집이 공교롭게도 미모가 뛰어났던 기생 추월(秋月)의 옆집이었다. 추월은 춘풍을 홀리려고 사창(紗窓)[75]을 반쯤 열고 추파(秋波)를 던졌고, 이를 그냥 보고만 말 춘풍이 아

---

73) 「이춘풍전」 임현순, 조주연, 홍성란 譯 (다운샘, 2015)를 참고했다.
74) 올바른 길에서 벗어나 나쁜 길로 빠짐.

니었다. 그렇게 춘풍은 추월의 덫에 걸려들었고, 어느새 추월의 미모에 홀딱 반했다. (중략)

추월이 황색 빛깔 소주(黃燒酒)를 유리배(琉璃杯), 앵무배(鸚鵡杯)에 한 잔 가득 따라 춘풍에게 권했다. 그리고 교태(嬌態)를 떨면서 권주가를 불렀다.

"잡고, 잡고, 잡으시오. 권할 때 잡으시오. 내 술 한 잔 잡으시오. 일천백 년 못살 인생 아니 놀고 무엇하리? 이 술이 술이 아니라 한무제(漢武帝) 승로반(承露盤)에 이슬 받은 술이오니, 권할 때 잡으시오. 역려(逆旅)의 건곤(乾坤)76)에 부유(蜉蝣)77) 같이 섞여지면 일장춘몽(一場春夢) 그 아닌가? 잡고, 잡고, 잡으시오."

춘풍이 술을 받아 마시고, 취흥(醉興)이 나서 답가를 불렀다. 계속 이어지는 가사 속 추월, 춘풍은 사람의 이름이면서 동시에 자연으로서의 추월, 춘풍을 뜻하는 절묘한 어휘의 놀음이다.

"춘풍(春風), 추월(秋月)이 평양 대동강 위에 쌍쌍이 날려고 한다. 추월(秋月)이 밝거든 추월, 춘풍 연분(緣分) 맺어 한가지78)로 놀고 가세."

추월이 이어서 화답했다.

"이백도홍(李白桃紅) 유록시(柳綠時)79)에 춘풍도 좋을시고. 노백풍한(露白

---

75) 얇고 성기게 짠 비단으로 바른 창문.
76) 역려(逆旅)는 나그네를 맞이한다는 뜻으로서 여관을 말한다. 역려(逆旅)의 건곤(乾坤)은 '마치 나그네가 잠시 머무르는 여관 같은 세상'이라는 뜻이다.
77) 하루살이.
78) 형태, 성질, 동작 따위가 서로 같은 것.

風寒) 황국절(黃菊節)[80]에 추월이 밝았으니 춘풍도 좋거니와 추월이 새삼 좋다. 진실로 추월, 춘풍 연분 맺어 놀아 볼까?"

이렇게 춘풍은 추월에게 홀려 이천오백 냥을 모조리 탕진했다. 추월이 본색을 드러냈다. 추월은 우려먹을 돈이 없으니 춘풍을 내쫓는다. 이제 춘풍은 땡전 한 푼 없는 거지 신세가 되었다. 그래서 춘풍은 추월의 하인 노릇이라도 하겠다고 간청했다. 급기야 추월은 자신을 '아기씨'라 부르라고 했다. 때는 시월 보름이었다. 춘풍은 신세를 한탄하며 다음과 같이 노래했다.

"백설(白雪)은 흩날리고 해 다 저문 날에 찬 바람, 밝은 달에 떠오른 저 기러기야. 이내 진정(眞情) 가져다가 명천(明天)[81]께 전하여라."

음력 시월 보름은 계절로는 늦가을로서 겨울로 들어가는 문턱이다. 돈 한 푼 없는 빈털터리가 되어 신세를 한탄하는데 흰 눈이 흩날리고, 저녁이 되자 찬 바람까지 불고, 시월 보름달이 떠올랐다. 이 보름달이 바로 추월(秋月)이다. 그런 춘풍에게 시월 보름달 추월이 반가웠을까? 기생 추월이 춘풍을 대하는 태도가 쌀쌀맞은 시월 보름달의 이미지를 닮았다. 참으로 표현이 절묘하다.

---

79) 오얏 꽃은 희고(李白) 복숭아 꽃은 붉고(桃紅), 버들 잎은 푸른 시절(柳綠時).
80) 이슬은 희고(露白) 바람은 차고(風寒) 국화가 노랗게 피는 계절(黃菊節).
81) 밝은 하늘. 모든 것을 똑똑히 살피는 하느님.

판소리 「춘향가」 속 권주가 : 진실로 이 잔 곧 잡으면, 천만 년이나 그 모양으로

앞에서 살펴본 「춘향전」의 다른 본(本)인 「남원고사」에는 한시, 민요, 고사(故事), 상식, 방언 등이 넘쳐난다. 한가지 예를 살펴보면, 몽룡과 춘향의 첫날밤에 산해진미로 가득 차린 주안상이 들어왔다. 바로 그 주안상의 차림을 설명하는 부분이 매우 장황하다. 지나치다 싶을 정도로 다양한 종류의 그릇, 병, 술, 음식들이 등장한다. 「남원고사」 한편을 잘 읽으면 매우 유식한 사람이 될 정도다. 판소리 「춘향가」 역시 그에 조금도 뒤지지 않는다. 그래서 더욱 소리꾼에게는 가창력(歌唱力) 그 이상의 역량과 역할을 요구한다고 하겠다. 판소리 이론가였고, 교육자였던 신재효(申在孝, 1812~1884)도 이와 유사한 고민을 했던 것 같다. 그는 「광대가(廣大歌)」에서 판소리 극예술의 4대 기본 요소를 다음과 같이 제시했다.[82]

첫째, 인물 치레[83]로서 광대는 외모뿐만 아니라, 부단한 예술적 수양(修養)을 쌓는 가운데 형성되는 인품이나 기품을 갖추어야 한다. 둘째, 사설(辭說)[84] 치레로서 광대는 사설에 대한 폭넓은 배경지식을 쌓아야 한다. 현존 판소리 대본에 담긴 한시, 민요, 고사, 상식, 방언 등과 관련된 과거의 역사, 문화, 전적을 이해하고, 상황에 알맞게 적절히 구사하는 능력을 말한다. 광대 자신이 그와 같은 배경지식에 대한 이해 없이 소리를 한다

---

82) 이두현 等, p.329.

83) 잘 손질해서 모양을 냄. 또는 그렇게 하는 일.

84) 사설(辭說)은 ① 판소리의 가사(歌詞)를 뜻하기도 하고, ② 판소리에서 소리와 소리 사이에 가락을 붙이지 않고 일상적인 말투로 이야기하듯 설명하는 부분(아니리)을 뜻하기도 한다.

면, 사설의 의미를 정확하게 전달하기 어렵고, 청중은 더욱 이해하기 어렵게 된다. 이런 이유로 사설 치레를 득음이나 발림(너름새)보다 앞서 강조한 듯하다. 셋째, 득음(得音)으로서 오랜 수련의 과정을 거쳐 마침내 판소리 대목마다 갈고닦은 목소리로 상황에 알맞게 자유자재로 구사하는 경지를 말한다. 넷째, 발림(너름새)으로서 판소리 가사(歌詞)에 나타난 극적인 내용을 소리나 말과 몸짓으로 연기하는 능력이다. 이는 판소리에서 광대의 창작 역량을 지적한 부분이다.

이상은 판소리 공연을 이끌어가는 소리꾼의 역량과 역할을 강조한 측면인데, 이는 곧 관객들에게는 판소리 공연을 듣고 즐기는 데에 한계에 봉착하게 된다는 것을 암시한다. 미술사학자 유홍준에게 사람들이 질문했다. "어떻게 미술에 대한 안목을 키울 수 있는가?" 그의 대답은 다음과 같이 명료했는데, 사람들의 입에 자주 오르내리는 명언이 되었다. "사람은 아는 만큼 느낄 뿐이며, 느낀 만큼 보인다."[85] 이는 미술 감상뿐만 아니라 거의 모든 분야에 적용된다. 따라서 관객들이 판소리 공연을 듣고 즐기자면, 그 판소리 작품에 대한 상당한 사전(事前) 지식이 필요하다. 그렇지 않으면 공연장에서 자신의 인내심을 실험하는 마당이 된다.

「김연수 완창 판소리 다섯 바탕 사설집」의 「춘향가」[86]에서도 어사 출또(出頭) 직전에 「남원고사」와 비슷한 다음과 같은 권주가 장면이 나온다.

[아니리][87] 어사또 운봉 옆으로 바싹 다가앉으며, "운봉 영감, 거, 여러 관장(官長)네[88] 입이나 이런 과객(過客)의 입이나 입은 마찬가지일 테니, 나

---

85) 유홍준, 「나의 문화유산답사기 1 : 남도답사 일번지」(창비, 2010) 서문.
86) 최동현, 「김연수 완창 판소리 다섯 바탕 사설집」(민속원, 2008) pp.241~243.
87) 판소리에서 창을 하는 중간에 가락을 붙이지 않고 일상적인 말투로 엮어나가는 사설.

도, 거, 약주 한 잔 주오." 운봉이 받았든 술을 내어주며, "자, 이 술 잡수시오." 어사또 술을 받아 자리에 놓고 부채를 까꾸로 들더니, 운봉 갈비를 꾹 찌르며, "여보, 운봉 영감!" 운봉이 깜짝 놀래, "어, 이 양반 왜 이러시오?" "저기 저 상에 갈비 한 대 좀 먹게 해 주오." "아, 이 냥반아. 갈비를 달라면 익은 쇠갈비를 달라 헐 일이지, 사람의 생갈비를 자시려 한한 말이오? 이리 오너라! 저 상에 갈비 내려다 이 양반께 올려라." "고만두오. 얻어먹는 사람이 남의 수고까지 빌릴 게 있소?" 벌떡 일어나 이 상 저 상을 다니면서 진미(珍味)만 쏵 갖다 놓고, "어허, 이래 놓고 보니 내 상도 모냥이 나는군그래." 부채꼭지로 운봉 갈비를 또 꾹 찌르며, "여보, 운봉!" 운봉이 질색허여, "아니, 이 양반 미쳤소?" "내가 미친 게 아니라, 기생 보니 술을 그대로 먹을 수가 있소? 저기 저 본관 곁에 앉은 기생 불러, 날 권주가 한 자리 시켜주오." "글쎄, 권주가는 좋으나, 그 부채 좀 놓고 말씀허시오." "예. 놓지요." "네 여봐라. 저 기생 이리 와 이 냥반께 권주가 한 자리 불러 드려라." 저 기생 일어서며, "하이고, 참. 간밤 꿈에 박작89)을 쓰고 벼락을 맞아 뵈이더니, 별꼴을 다 보겠네." 어사또 이 말 듣고, "어, 거, 네 꿈 영락없이 잘 꾸었구나. 꿈을 그렇게 꾸었으면, 무슨 좋은 일을 볼는지 알겠느냐? 어디 권주가나 한 마디 불러 보아라." "권주가는 모르오." 운봉이 호령을 허며, "이년! 허라면 헐 것이지!" 딱 을러노니, 저 기생 할 수 없어 술을 부어 들고 권주가를 허는디, '잡수시오' 허자니 너무 과(過)허고, '쳐먹어라' 헐 수도 없고, 선후부지(先後不知) 두 어간(語間)에 중팽팽(中平平)이로 허든 것이었다.90)

[시조창] "진실로 이 잔 곧 잡으면, 천만 년이나 그 모양으로."

---

88) 연회에 참석한 수령들.
89) 바가지의 전라도 방언.
90) 앞 뒷말이 무엇인지 모를 말로 음의 높낮이가 없고 흥(興)이 없이 하던 것이었다.

[중모리]91) 어사또님 들으시더니, "네 권주가를 들어보니 새로 난 권주가가 분명쿠나. 명기(名妓)로다. 명기로고나. 이 술 너와 둘이 동배주(同杯酒)92)허자." 기생에게 술을 권하거니, 기생은 술을 안 받을랴거니, 밀치락 달치락 허다 술이 자리에 쏟아졌구나. "어, 이 점잖은 좌석에 좋은 자리를 버렸도다." 도포 소매에 술을 적셔 좌우로 냅다 뿌려노니, 좌중(座中)이 발동(發動)93)허여, "어, 이 운봉은 우스운 것을 다 청하야 좌석이 이리 요란하오?" 그 때여 본관은 속이 과히 붉혀94) 곰곰이 생각터니, '저놈이 양반의 자식은 분명헌디, 젊은 놈이 저리 버릇이 없을진댄, 제 집안이 난봉95)이요, 필경 무식헐 터이니 운자(韻字)96)를 내어 쫓으리라.' (후략)

위 [시조창] "진실로 이 잔 곧 잡으면, 천만년이나 그 모양으로." 대신에 다른 본(本)에는 [시조창] "진실로 이 잔을 잡수시면 천만년이나 빌어먹으리다." 또 다른 본에는 [시조창] "진실로 이 잔 곧 받으시면 천만년이나 이 모양 이 꼴. 엣수 잡수!" 이렇게 모두 해학이 넘쳐난다.

---

91) 판소리는 느린 장단인 진양, 보통 빠른 중모리, 조금 빠른 중중모리, 빠른 자진모리, 매우 빠른 휘모리 등, 창의 완급(緩急)과 장단(長短)의 조화라고 말할 수 있다.

92) 하나의 술잔으로 같이 마시는 술.

93) 시끄럽게 떠듦.

94) 불쾌하여.

95) 주색이나 잡기 따위의 허랑방탕한 짓. 또는 그런 짓을 하는 사람.

96) 한시(漢詩)에 운(韻)으로 다는 글자.

판소리 「흥보가」 속 권주가 : 내가 남의 초상 마당에서도 권주가 없이는 술 안 먹는 속 잘 알지?

「김연수 완창 판소리 다섯 바탕 사설집」의 「흥보가」97)에서는 권주가를 직접 부르는 장면은 없다. 다만, 다음과 같은 해학적 장면이 나온다. 흥보(부)가 부자가 되었다는 소문을 듣고, 놀보(부)가 이를 확인하러 흥보네 집에 갔는데, 이에 흥보는 산해진미로 가득 차린 주안상을 올렸다. 이때 놀보는 제수(弟嫂), 곧 흥보의 부인에게 권주가를 부르도록 요구한다.

[아니리] 흥보 허는 말이, "여보, 마누라. 마누라가 먼저 한 잔 부어 올린 후에 며눌아기들도 한 잔씩 부어 올리도록 허시오." 흥부 마누래가 속에서 주먹 같은 것이 치밀어 오르건마는, 가장 체면 생각허여 술을 부어 공손히 올리며, "시숙(媤叔)님98), 약주 드십시오." 허거들랑, 이놈이 그냥 썩 받어 먹는 것이 아니라, "여봐라, 흥보야!" "예." "내가 남의 초상 마당에서도 권주가 없이는 술 안 먹는 속99) 잘 알지? 네 저것들 곱게 꾸민 김에 권주가 한 꼭대기100)씩 시켜라."

[진양조] 흥보 마누라 기가 막혀, 들었든 술잔을 후닥딱 방바닥에다 부딪치더니마는, "여보시오, 시숙님! 여보, 여보, 아주버니. 제수다려101) 권주

---

97) 최동현, pp.536~537.
98) 시(媤)아주버니.
99) 사람이나 사물을 대하는 자세나 태도.
100) '곡조'를 속되게 일컫는 말.
101) 제수에게.

가 허라는 법 고금천지(古今天地)[102] 어디서 보았소? 전곡(錢穀)자세[103]를 고만허오. 나도 이제는 돈과 쌀이 많이 있소." (후략)

놀보(부)는 매우 심술궂고, 흉악하기 짝이 없는 사람으로 설정되어 있다. 오죽하면 인색하고 심술궂은 마음씨를 '놀부 심보'라 하고, 놀보가 제사 지낼 때 제물 대신 돈을 놓았다는 데서, 몹시 인색하고 고약한 짓을 비유적으로 '놀부 제사 지내듯 한다.'라는 속담까지 만들어졌을까? '시아주버니와 제수는 백년손님'이라는 속담이 있다. 시아주버니와 제수는 촌수(寸數)로는 매우 가까운 사이지만, 심리적으로는 친척 가운데 가장 거리가 멀고 서먹한 사이라는 말이다. 이런 우리의 정서를 깬 사람이 바로 놀보다. 그런 놀보였으니 남의 초상 마당에서도 권주가 없이는 술을 안 마셨고, 제수, 곧 홍보의 부인에게 권주가를 부르도록 요구했다. 이런 면에서 「홍보전」이나 「홍보가」는 어린 시절 우리 국민의 도덕성 교육에 큰 역할을 했다.

17세기 후반부터 조선은 화폐 경제라는 새로운 환경으로 이행되는 과정에 있었다. 그러므로 기존의 사회 질서가 점차 무너지고 경제적 가치를 중시하는 새로운 질서가 만들어지는 시기였다. 이런 경제적 측면에서 「홍보전」이나 「홍보가」를 해석하는 관점이 있다.

놀보는 많은 토지를 소유하여 더욱 부를 축적하게 되었다. 반면에 아무런 재산도 받지 못하고 쫓겨난 홍보는 소작농 신세가 되어 점점 더 궁핍해졌다. 말하자면 놀보와 홍보는 출발점부터 불공평했다. 이런 자본주의적 폐단이 이미 조선 후기에 나타났다. 이처럼 홍보 같은 가난한 사람이 부자가 되기는 현실적으로 요원했다. 그래서 상황을 급반전시키는 매우 비현실적

---

102) 옛날부터 지금에 이르기까지의 온 세상.
103) 돈과 곡식이 있다고 뻐기고 으스대는 일.

인 박 씨가 등장하게 되었다. 흥보는 제비가 물어다 준 그 박 씨를 정성껏 심고 가꾸어 가을에 큰 박을 많이 땄는데, 그 속에서 금은보화가 나와 큰 부자가 되었다. 요즘으로 말하면 로또(lotto) 복권에 당첨된 것이다. 비현실적이지만 쾌감은 여기에 있다. 그래서 요즘도 일확천금을 꿈꾸며 복권과 경마장을 찾도록 부추기는 요인이 아닌가 한다.

이런 권주(勸酒) 시조(時調)는 어떠한가?

1728년 원본 「청구영언(靑丘永言)」에서는 앞머리에 실명씨(失名氏)의 시조 6수를 소개하고, 그 뒤에 바로 고려 말기의 이색(李穡, 1328~1396)[104]과 정몽주(鄭夢周, 1337~1392)[105]의 시조를 소개하고 있다. 이처럼 시조는 그 연원이 적어도 고려 말까지 올라갈 정도로 역사가 깊은 문학의 한 분야이고, 음악의 한 분야로서 시조창(時調唱)에 일정한 형식이 있으며, 오늘날까지 전승되고 있는 자랑스러운 우리 문화유산이다. 이런 시조들 가운데 술을 권하는 권주 시조는 수를 헤아리기 어려울 정도로 너무나 많다. 이제부터는 1728년 원본 「청구영언」 가운데 독자 여러분에게 흥미를 끌 만한 권주 시조를 선정하여 소개하고자 한다.

송인(宋寅)[106]은 한 달 내내 술을 마셨다. 그런데 술 마시느라 애쓴 팔도 입도 병이 날 법한데, 팔이나 입 모두 멀쩡했다. 그래서 병이 나지 않는 동안만큼은 매일 술에 취하여 깨어나지 않았으면 좋겠단다. 구구절절이 해학이 넘쳐난다. 중종(中宗)의 부마(駙馬)였으니 겉보기에는 화려했을지 몰라도 나름의 애로가 있었겠다. 과거나 현재나 최고 권력자의 친인척은 견제나 매수(買收)의 대상이 되었기에 나름 자기 관리가 필요했을 터이니, 이런 관점에서 보면 그의 다음 시조 2수는 세파에 시달리지 않으려는 그의 의지와 고심을 드러냈다고 하겠다.

---

104) 호는 목은(牧隱). 벼슬은 고려 공민왕 때 문하시중에 이르렀다.
105) 호는 포은(圃隱). 벼슬은 고려 공양왕 때 문하시중에 이르렀다.
106) 호는 이암(頤菴). 중종의 부마(駙馬)였다. 예학에 밝고 서법에 뛰어났다.

특히, 제2수는 어른 노릇을 할 수밖에 없는 사람들에게는 경구와도 같다. 부모, 시부모, 직장 상사로서 때로는 듣고도 못 들은 척, 보고도 못 본 척 해야 하는 경우가 있다. 벙어리 삼 년, 장님 삼 년, 귀머거리 삼 년이라는 속담을 며느리가 아니라 요즘은 부모가 되새겨야 한다. 부모로서 아들, 며느리의 살림에 시시콜콜 간섭했다가는 오히려 그동안 괜찮았던 관계마저 깨지고 마는 일이 많다.

한 달 서른 날에 잔(盞)을 아니 놓았노라.
팔 병(病)도 아니 들고 입덧도 아니 난다.
매일(每日)에 병(病) 없는 동안은 깨지 맒이 어떠하리.

　입덧 : (옛말) 입병. 임신 초기에 입맛이 떨어지고 구역질이 나는 증세.

들은 말 즉시(卽時) 잊고 본 일도 못 본 듯이,
내 인사(人事)가 이러함에 남의 시비(是非) 모르겠도다.
다만 손이 성하니 잔(盞) 잡기만 하노라.

　내 인사(人事)가 : 내 하는 일이.

＊

1728년 원본 「청구영언(靑丘永言)」에 수록된 작품 총 580수 가운데, 정철(鄭澈)의 장진주사와 시조 51수, 신흠(申欽)의 시조 30수, 김천택(金天澤)의 시조 30수로서, 세 사람의 작품이 약 20%에 육박할 정도로 비중이 높다. 위 세 사람의 시조 가운데 술과 관련된 작품 몇 수를 살펴보자.

정철(鄭澈)의 다음 시조는 얼핏 보면 앞에서 소개했던 장진주사(將進酒辭)의 후속 작품처럼 보인다. 아래 시조에서 '일정백년(一定百年) 산들'은 실제로 정해진 백 년을 산다는 말이 아니다. 인간 수명의 최고 기대치로 여겼던 상수(上壽), 곧 100세라는 막연한 목표를 믿고 살아간다는 말이다. 그렇지만 그 무렵에는 하수(下壽), 곧 60세를 넘기기도 쉽지 않았다. 그래서 더욱 초라한 인생이라 했다. 그런 덧없는 인생이 무슨 일을 하겠다고 권하는 잔을 덜 마시려 하는가? 허무하고 덧없는 인생 시름을 술로써 잠시나마 떨쳐 버리자! 아마도 술상 머리 친구에게 건네는 말이면서 또한 자신을 타이르는 말인 듯하다.

일정백년(一定百年) 산들 그 아니 초초(草草)한가?
초초(草草)한 부생(浮生)이 무슨 일 하려 하여,
내 잡아 권(勸)하는 잔(盞)을 덜 먹으려 하는가?

> 일정(一定) : 어떤 것의 크기나 모양, 범위, 시간 따위가 하나로 정해져 있음.
> 초초(草草)하다 : 보잘것없이 초라하다.
> 부생(浮生) : 허무하고 덧없는 인생.

*

다음 정철의 시조로부터 그 무렵 술을 마셨던 풍속을 살펴보자. 성혼(成渾)[107]이 술이 익었다면서 정철을 초대했다. 술을 마시지 못한 날이 며칠이 흘러 마침 컬컬한 목을 축이고 싶었는데, 얼마나 기뻤겠는가? 누워 있

---

107) 호는 우계(牛溪). 조선 중기의 문신이며 학자다. 정철(鄭澈) 등 서인과 정치노선을 함께 하였다.

는 소를 발로 냅다 박차고 소를 타고 떠나는 모습에서, 그리고 성혼의 집에 당도하여 하인에게 정철 자신이 왔다고 아뢰라는 말에서 서두르는 기색이 분명하다. 술꾼들이 며칠 술을 굶으면 이런 조급함이 나타난다. 이렇게 그 무렵에는 술 익은 집에서 먼저 초대했다.

재 너머 성권농(成勸農) 집에 술 익었단 말 어제 듣고,
누운 소 발로 박차 언치 놓아 지즐 타고,
아이야 네 권농(勸農) 계시냐 정좌수(鄭座首) 왔다 아뢰어라.

성권농(成勸農) : 성혼(成渾)을 지칭한다. 권농(勸農)은 조선시대에 지방의 방(坊)이나 면(面)에 속하여 농사를 장려하던 직책이다.
언치 : 안장이나 길마 밑에 깔아 말이나 소의 등을 덮는 방석이나 담요.
지즐 타다 : (옛말) 지질러 타다.
정좌수(鄭座首) : 정철(鄭澈)을 지칭한다. 좌수(座首)는 조선시대에 지방의 자치 기구인 향청(鄕廳)의 우두머리다.

다음 시조는 1728년 원본 「청구영언」에서는 김성최(金盛最)[108]의 작품으로,[109] 장서각본 「청구영언」에서는 김육(金堉)[110]의 작품으로 소개하고 있다.[111] 자네 집에 술 익거든 '제발, 꼭' 그런 의미로 '부디' 자신을 불러 달라는 표현에서 한편 간절함이 묻어난다. 그러면 자신도 초당에 꽃 피고 술 익으면 초대하여 보답하겠단다.

---

108) 호는 일로당(逸老堂). 조선 후기의 문신이다. 벼슬은 충주목사에 이르렀다.
109) 「청구영언(靑丘永言)」 권순희 등 譯 (국립한글박물관, 2017) p.132.
110) 호는 잠곡(潛谷). 인조 때 과거에 급제하였고, 벼슬은 영의정에 이르렀다.
111) 「청구영언(靑丘永言)」 권순희, 이상원 譯 (한국학중앙연구원, 2021) p.145.

자네 집에 술 익거든 부디 날 부르시소.
초당(草堂)에 꽃 피거든 나도 자네 청(請)하옴세!
백년(百年) 덧 시름없을 일을 의론(議論)하고자 하노라.

백년(百年) 덧 : 백 년 동안. 한평생.

그렇다면 그 무렵에는 오늘날의 술집 같은 주점이 없었는가? 사극에서 주막이 심심찮게 등장하는데 말이다. 그러나 강명관의 「조선의 뒷골목 풍경」에 따르면 조선 전기에는 오늘날과 같은 술과 안주를 제공하는 주점은 없었다. 다만 술을 빚어 판매하는 사람들은 있었다. 술집에 대한 최초 기록은 「숙종실록」 22년(1696) 7월 24일에 드디어 나타난다. 17세기 후반, 상업의 발달과 더불어 주점이 등장했을 것으로 추측하는 근거다.[112] 상황이 그러했으니 정철처럼 친구를 찾아 술을 마시러 가고, 위 시조처럼 술 익거든 불러달라고 부탁했을 것이다. '인정도 품앗이라.' 이런 속담이 있다. 일방적으로 초대만 하는 법은 없다. 서로 주고받는 가운데 인정도 피어난다.

＊

신흠(申欽)[113]은 술 마시고 노는 일이 바람직하지 않다고 했다. 술을 지나치게 마시면 건강을 해치고, 실수를 저지르기 때문이리라. 그럼에도 불구하고 술을 마셔야 하는 그 나름의 이유가 있다. 신릉군(信陵君)은 어떤 사람인가? 이름은 무기(無忌)다. 전국시대(戰國時代) 위(魏)나라 소왕(昭王)

---

112) 강명관, 「조선의 뒷골목 풍경」 (푸른역사, 2009) pp.127~135.
113) 호는 상촌(象村). 선조 때 과거에 급제하였고, 벼슬은 영의정에 이르렀다.

의 아들이고, 안리왕(安釐王)의 이복동생이다. 안리왕이 무기를 신릉군으로 봉(封)했다. 신릉(信陵)은 옛 지명으로서 지금의 하남성(河南省) 영릉현(寧陵縣)이다. 신릉군은 지략이 뛰어났고 병법에도 능했다. 또한 그는 깊은 산과 계곡에 은둔했던 현자들을 찾아가 만났고, 신분이 미천한 사람들과 사귀는 것을 부끄러워하지 않았다. 그래서 그에게는 삼천 명에 이르는 빈객들이 모여들었다고 하며, 그의 세력을 두려워하여 주변 나라들도 10년 동안 위(魏)를 침공하지 못했다고 한다. 그렇지만 사후에 그런 신릉군의 무덤도 세월이 흐르면 찾는 사람이 없고, 돌보는 사람이 없다. 결국에는 무덤의 흔적조차 희미해지고, 사람들은 그 땅을 갈고 농사를 짓는 지경에 이른다. 이백(李白)의 양원음(梁園吟)에 다음과 같은 구절이 있다. "석인호귀신릉군(昔人豪貴信陵君) 옛사람으로 호걸이었고 귀인이었던 신릉군이었지만, 금인경종신릉분(今人耕種信陵墳) 지금 사람은 신릉군 무덤 위에 밭을 갈고 씨앗을 뿌린다네." 신릉군도 그러할진대 일반인들은 말해야 무엇하겠는가?

술 먹고 노는 일을 나도 왼 줄 알건마는,
신릉군(信陵君) 무덤 위에 밭 가는 줄 못 보셨는가?
백년(百年)이 역(亦) 초초(草草)하니 아니 놀고 어찌하리.

왼 줄 : 잘못인 줄.
역(亦) 초초(草草)하니 : 또한 보잘것없이 초라하니.

＊

김천택(金天澤)114)은 비록 높은 관직에 오르지는 못했지만, 1728년 원본 「청구영언」의 편찬자로 학식이 상당했던 것으로 보인다. 아래 시조만 해도 그의 박학다식(博學多識)이 드러난다. 살았을 때 부귀(富貴)하기는 한 잔 술만 한 것이 없다고 했는데, 중국 서진(西晉) 때 장한(張翰)의 고사(故事)에 근거한다.

이백(李白)은 행로난(行路難) 제3수에서 "오관자고현달인(吾觀自古賢達人) 내가 예로부터 현달한 사람들을 살펴보았는데, 공성불퇴개운신(功成不退皆殞身) 공을 이룩하고 물러나지 않아서 모두 자신을 죽음에 이르도록 했다네."라고 읊었다. 오자서(伍子胥), 굴원(屈原), 육기(陸機), 이사(李斯)는 한때 명성이 높았지만, 공을 이룩하고 제때 물러나지 않아서 말로(末路)가 참담했다. 그렇지만 장한(張翰)만은 관직을 버리고 가을바람에 문득 고향 강동(江東)으로 떠나서 행복한 여생을 보냈다. "차락생전일배주(且樂生前一杯酒) 우선 살았을 때 한 잔 술을 즐길 뿐이오, 하수신후천재명(何須身後千載名) 죽음 이후에 천년의 명성이 무슨 소용이 있겠는가?" 이렇게 이백은 장한의 말을 인용하면서 행로난(行路難) 제3수를 끝냈다.115)

백거이(白居易)의 권주(勸酒) 가운데 "신후퇴금주북두(身後堆金拄北斗) 죽음 이후에 북두칠성을 떠받칠 만큼 금을 쌓는다 해도, 불여생전일준주(不如生前一樽酒) 살아서 한 통(잔)의 술만 못하리."와도 상통한다. 또한 사후(死後) 풍류(風流)는 맥상화(陌上花)뿐이라고 했는데, 소식(蘇軾)의 '맥상화'를 인용했다. 맥상화는 길가나, 논밭 두렁에 핀 꽃이다. 비록 그 꽃이 아름답더라도 사람들이 거들떠보지 않음을 말한 것이다. 그만큼 사후 풍류는 의미가 없다는 말이다.

---

114) 호는 남파(南坡). 조선 후기 여항가객(閭巷歌客)이자 「청구영언」의 편찬자. 숙종 때 포교(捕校)를 지냈다.
115) 전통문화연구회 동양고전종합DB 「당시삼백수(唐詩三百首) 1」 권이(卷二) 칠언악부(七言樂府) 참조.

생전(生前)에 부귀(富貴)하기는 일배주(一杯酒)만 한 것 없고,
사후(死後) 풍류(風流)는 맥상화(陌上花)뿐이거니,
무슨 일로 이 좋은 성세(聖世)에 아니 취(醉)하고 어찌하리.

　성세(聖世) : 어진 임금이 다스리는 세상.

＊

'우리글 소설「남원고사」속 권주가'에서 살펴본 바와 같이, 영조(1724~
1776)와 정조(1776~1800)의 재위 기간은 문화의 꽃이 활짝 피었던 문예
부흥기였는데, 이 시기에 시조에서도 새로운 변화가 나타났다. 기존 시조
가 일정한 형식을 지키면서 읊조리는 평시조였다면, 형식에 구애받지 않는
새로운 모습의 사설시조(辭說時調)가 창작되고 흥행했던 시기였다. 기존
시조가 사대부, 양반 계층의 문학이었다면, 사설시조는 몰락 양반, 중인
(中人), 부녀자, 기녀 등 서민 계층까지 아우르는 문학이었다. 사설시조는
형식과 규범의 파격으로 음담(淫談), 애욕(愛慾) 등, 인간의 원초적인 면모
까지 서슴없이 묘사하거나, 그 무렵 사회를 풍자하는 내용을 담고 있다.
그 가운데 다음 사설시조 한 수를 살펴보자. 인생의 무상(無常)과 비애(悲
哀)가 짙게 배어 있다. 그러니 이런 시름을 잠시나마 떨쳐 버리는 데 술만
한 게 또 있겠는가? 다음 사설시조는 실명씨(失名氏) 작품이다.

허허 세상(世上) 사람들아!
주덕송(酒德頌) 유령(劉伶)이라도 살았을 때 취흥(醉興)이오,
적선(謫仙) 이청련(李靑蓮)도 죽은 뒤에 고혼(孤魂)이오,
석숭(石崇) 같은 부귀(富貴)로도 하늘 밖의 부운(浮雲)이라.

의돈(猗頓)의 황금(黃金)도 노상(路上)의 진애(塵埃)로다.

안기생(安期生) 적송자(赤松子)를 어디 가 물어보며 어디 가 알아보리.

우산(牛山)에 지는 해는 제경공(齊景公)의 눈물이라.

옹문금(雍門琴) 한 곡조(曲調)에 맹상군(孟嘗君)이 울고 있다.

만고영웅(萬古英雄) 진시황(秦始皇) 한무제(漢武帝)도 죽음을 못 면하고,

여산(廬山)과 무릉(武陵)에 황제(皇帝) 능묘(陵廟) 모셨으니,

아니 놀던 못 하리라.

- 유령(劉伶)은 제2부에서 이미 살펴보았다. 위말(魏末) 진초(晉初)의 문인으로 죽
  림칠현(竹林七賢) 가운데 한 사람이다. 자(字) 백륜(伯倫).
- 취흥(醉興) : 술에 취하여 일어나는 흥취.
- 적선(謫仙) 이청련(李靑蓮) : 제2부에서 이미 살펴보았다. 하지장(賀知章)이 이백
  (李白)을 적선인(謫仙人), 곧 '귀양 온 신선'이라고 불렀다. 호는 청련(靑蓮).
- 고혼(孤魂) : 의지할 곳 없이 떠돌아다니는 외로운 넋.
- 석숭(石崇) : 중국 서진의 대부호(大富豪)로 항해와 무역으로 큰 재산을 모았다.
- 부운(浮雲) : 뜬구름.
- 의돈(猗頓) : 춘추시대 노(魯)나라의 대부호(大富豪).
- 진애(塵埃) : 티끌과 먼지를 통틀어 이르는 말.
- 안기생(安期生)은 진(秦)나라 때 사람으로 신선술(神仙術)을 익혀 신선이 되었다
  고 한다.
- 적송자(赤松子)는 중국 전설의 선인(仙人)으로 신농(神農) 때의 우사(雨師)로서 후
  에 곤륜산에 입산하여 선인이 되었다고 한다.
- 춘추시대 제(齊)나라 경공(景公)이 우산(牛山)에 올라, 지는 해를 보고 눈물을 흘
  리며 "세월의 빠름이여! 어찌 인생으로 하여금 죽음의 길을 재촉하는가?"라고 하
  며 탄식했다고 한다.
- 옹문금(雍門琴)은 옹문주(雍門周)의 거문고라는 말이다. 옹문주가 거문고를 타서
  제(齊)나라의 맹상군(孟嘗君)을 흐느끼게 했다는 고사로 유명하다.
- 여산(廬山)에 진시황의 무덤이 있고, 무릉(武陵)에 한무제의 무덤이 있다.

- 능묘(陵廟) : 무덤과 사당(祠堂).

＊

강명관의 「조선의 뒷골목 풍경」에 따르면, 조선시대에 술은 식량을 축내는 주범으로 인식되어 금주령을 내린 사례가 많았다.116) 그 가운데 「조선왕조실록」 태종 7년(1407) 8월 27일 금주령 기사에 흥미로운 부분이 있다. 늙고 병들어서 약으로 먹는 사람과 시장에서 술을 빚어 술을 판매하는 일을 생업으로 삼는 가난한 사람은 금주령의 예외 대상이었다. 「조선왕조실록」에서 이와 유사한 기사는 여러 번 반복된다. 그 무렵 사람들은 술을 일종의 약으로 여겼다는 점이 이채롭다. 그런 관념이 녹아들어 지금까지도 술을 약주(藥酒)라 하고, 술 마시는 일에 관용(寬容)적이며, 술을 칭송하는 관습까지 만들어졌다고 말한다면 지나친 가정일까? 다음 사설시조는 여러 전고(典故)까지 인용하면서 장황할 정도로 술을 칭송하고 있으니, 주당들에게는 술을 마셔야 하는 더 없는 핑곗거리가 될 듯하다. 다음 사설시조 또한 실명씨(失名氏) 작품이다.

술이라 하는 것이 어찌 생긴 것이건대,

일배(一杯) 일배(一杯) 부일배(復一杯)하면 한자설(恨者泄) 우자락(憂者樂)에,
액완자(扼腕者) 도무(跳舞)하고 신음자(呻吟者) 구가(謳歌)하며,
백륜(伯倫)은 송덕(頌德)하고 사종(嗣宗)은 요흉(澆胸)하고,
연명(淵明)은 갈건(葛巾) 소금(素琴)으로 면정가이이안(眄庭柯以怡顔)하고,
태백(太白)은 접라(接蘺) 금포(錦袍)로 비우상이취월(飛羽觴而醉月)하니,

---

116) 강명관, pp.117~140.

아마도 시름 풀기는 술만 한 것이 없어라.

전반적인 이해를 돕기 위하여 위 사설시조를 다시 풀어 쓰면 다음과 같다.

술이라 하는 것이 어찌 생긴 것이건대,
한 잔, 한 잔, 또(復) 한 잔하면, 한(恨)이 있는 사람은 한을 풀고, 근심이 있는 사람은 즐거워지기에, 팔짱을 끼어 부축받던 사람이 춤을 추고, 신음(呻吟)하던 사람이 노래를 부르며, 백륜(伯倫)은 주덕송을 짓고, 사종(嗣宗)은 맺혔던 가슴을 쓸어내리고, 연명(淵明)은 갈건(葛巾)과 질박한 거문고에도(풍요롭지 못한 형편임에도) 정원의 나뭇가지를 바라보며 기쁜 표정을 짓고, 태백(太白)은 비단 도포를 입고서 새의 깃 모양의 술잔을 날리며(주고받으며) 술잔에 비친 달을 마셔 취하니,
아마도 시름 풀기는 술만 한 것이 없어라.

- 설(泄) : 없애다. 배설(排泄)하다.
- 액(扼) : 잡다. 움켜쥐다.
- 완(腕) : 팔뚝.
- 구(謳) : 노래하다.
- 요(澆) : 물을 대다.
- 사종(嗣宗)은 요흉(澆胸) : 사종은 가슴에 물을 댄다. 사종은 술을 잘 마신다는 말을 그렇게 표현했다. 완적(阮籍)의 자(字)는 사종(嗣宗)이다. 위말(魏末) 진초(晉初)의 문인으로 죽림칠현(竹林七賢) 가운데 한 사람이다.
- 갈건(葛巾) : 갈포(葛布)로 만든 천.
- 연명(淵明)은 갈건(葛巾) 소금(素琴) : 이백(李白)의 희증정률양(戱贈鄭溧陽)에 나온다. 관련 부분을 인용하면 다음과 같다. "도령일일취(陶令日日醉) 도연명(陶淵明) 선생은 날이면 날마다 술에 취하여, 부지오류춘(不知五柳春) 다섯 그루 버들에 봄이 온 것도 몰랐다네. 소금본무현(素琴本無絃) 질박한 거문고에는 본래 줄이 없었고, 녹주용갈건(漉酒用葛巾) 갈건(葛巾)으로 술을 걸렀다네."
- 도령(陶令) : 령(令)은 남을 높이는 말이다. 우리말로는 '도연명(陶淵明) 선생' 정도로 해석된다.

- 녹(漉) : 거르다.
- 면(眄) : 곁눈질하다. 바라보다.
- 가(柯) : 가지.
- 이(怡) : 즐거워하다. 기뻐하다.
- 면정가이이안(眄庭柯以怡顏) : 정원의 나뭇가지를 바라보며 기쁜 표정을 짓는다. 도연명(陶淵明)의 귀거래사(歸去來辭)의 한 구절이다.
- 접라(接蘿) : 「주해(註解) 악학습령(樂學拾零)」 이상규, 이정옥 註解 (국립국악원, 2013) 및 「사설시조」 김홍규 譯註 (고려대 민족문화연구소, 1993)에 '접라(接蘿)'로 되어 있는데, 그 뜻을 헤아리기 어렵다.
- 금포(錦袍) : 비단으로 만든 도포.
- 우상(羽觴) : 새의 깃 모양의 술잔.
- 비우상이취월(飛羽觴而醉月) : 새의 깃 모양의 술잔을 날리며(주고받으며) 달 아래 취한다. 새의 깃 모양의 술잔(羽觴)이기에 '날리다(飛)'라고 했다. 취월(醉月)을 '술잔에 비친 달을 마셔 취한다.'라고 낭만적으로 번역하기도 한다. 이백(李白)의 춘야연도리원서(春夜宴桃李園序)에 나온다.

*

다음 시조는 1728년 원본 「청구영언」에서는 실명씨(失名氏), 장서각본 「청구영언」에서는 맹사성(孟思誠), 국립국악원 「주해(註解) 악학습령(樂學拾零)」에서는 김굉필(金宏弼) 작품으로 소개하는 등, 작자가 불분명하다. 세상사는 대개 뜻대로 되지 않는다. 세상사가 뜻대로 된다면야 걱정할 일이 있겠는가? 지나친 기대는 버려야 한다. 그런데 공교롭게도 톱니바퀴가 서로 맞물려 돌아가는 듯이 괜찮은 기회가 잇달아 가끔은 찾아오는데, 잘 잡기만 하면 소소한 기쁨은 누릴 수 있다.

가을이 깊어 가면서 대추 볼이 붉게 익었는데 마침 밤이 떨어지고, 벼 벤 그루에는 마침 참게가 내려왔다. 참게는 바다에 가까운 하천 제방, 논두렁

등에 구멍을 파고 살다가, 가을철이 되면 살던 곳을 떠나 바다로 내려가 알을 낳는다. 참게는 이때 살이 올라 가장 맛이 좋다. 벼를 벤 다음이니 더욱 참게가 눈에 잘 띄어 잡기 쉽다. 대추와 밤, 참게까지 갑자기 안줏감이 풍성해졌다. 게다가 술이 익어서 체로 걸러야 할 때, 마침 체 장수까지 지나가니, 인생이 이렇게 풀리면 얼마나 좋겠는가? '술 익자 체 장수(장사) 간다.' 이 속담이 이 시조에서 나왔는지, 아니면 본래부터 있던 속담을 이 시조에서 인용했는지, 궁금하다.

대추(大棗) 볼 붉은 골에 밤은 어찌 떨어지며,
벼 벤 그루에 게는 어찌 내려오는가?
술 익자 체 장사 돌아가니 아니 먹고 어찌하리.

앞서 박인로(朴仁老)의 권주가(勸酒歌)에서 네 가지 아름다움을 모두 갖추었다는 뜻으로 사미구(四美具)를 소개했다. 양신(良辰) 좋은 날, 미경(美景) 아름다운 경치, 상심(賞心) 이를 감상하는 마음, 낙사(樂事) 즐거운 일, 이렇게 네 가지를 사미(四美)라고 했다. 아래 시조에서 사미(四美)는 꽃, 술, 달, 벗을 말한다. 꽃이 피자 마침 술이 익고, 달 밝자 마침 벗이 왔다. 그러니 이같이 좋은 때를 어찌 그저 보내겠는가? 긴 밤 취할 수밖에. 참으로 절묘한 조화다. 죽이 딱딱 들어맞는다. 다음 시조는 실명씨(失名氏) 작품이다.

꽃 피자 술이 익고, 달 밝자 벗이 왔네.
이같이 좋은 때를 어찌 그저 보낼 손가?
하물며 사미구(四美具)하니 장야취(長夜醉)를 하리라.

장야취(長夜醉) : 긴 밤 술에 취하다.

다음 시조 역시 위와 정서가 비슷하다. 여기서 사미(四美)는 국화, 술, 벗, 달을 말한다. 시르렁둥당 거문고 소리까지 더하니 절로 흥이 나고, 술이 술술 들어갔겠다. 참으로 아름다운 밤 풍정(風情)이 눈에 선하다. 다음 시조 또한 실명씨(失名氏) 작품이다.

창밖에 국화를 심어 국화 밑에 술을 빚어,
술 익자 국화 피자 벗님 오자 달 돋아온다.
아이야 거문고 청쳐라 밤새도록 놀리라.

> **청쳐라** : 거문고의 '청줄'을 쳐서 가락을 맞추어라. '청줄'은 거문고의 괘상청(棵上淸), 괘하청(棵下淸), 문현(文絃)을 통틀어 이르는 말이다.

＊

술꾼들은 술을 마시게 되는 구실을 늘 찾기 마련이다. 기분이 좋아서 한 잔, 기분이 나빠서 한잔, 날씨가 좋아서 한잔, 비가 와서 한잔. 날씨까지도 술을 마시는 구실이 된다. 그렇게 이런저런 구실로 술을 즐긴다. 그 가운데 자신의 주색(酒色)을 탐하는 성향을 합리화하기에 적절한 시조가 가장 제격이었을 듯하다. 그래서 술꾼들이 술상 머리에서 다음과 같은 시조들을 가장 즐겨 읊조리지 않았을까 추측해본다. 정해진 백 년을 사는 게 확실하다면 주색을 참는데 무슨 문제가 있으랴? 그러나 주색을 참았음에도 백 년을 못 살면 얼마나 원통하고 슬프겠는가? 사람의 목숨은 하늘이 정(定)한 대로 따르는 것이니, 주색을 참았다고 하여 백 년까지 살기는 쉽지 않다는 그럴듯한 논리다. 다음 시조는 실명씨(失名氏) 작품이다.

일정백년(一定百年) 살 줄 알면 주색(酒色) 참다 관계(關係)하랴?
행여 참은 후(後)에 백년(百年)을 못 살면 그 아니 애달프랴?
인명(人命)이 재우천정(在于天定)이라 주색(酒色)을 참은들 백년(百年) 살기 쉬우랴?

> 인명(人命)이 재우천정(在于天定) : 사람의 목숨은 하늘이 정한 바에 달려 있다. 우(于)는 전치사로 '~에'의 뜻이다.

주색을 참은 후에 정해진 백 년을 사는 게 확실하다면, 중국 춘추시대 월나라의 미인이었던 서시(西施)에게도 눈길을 주지 않았고, 담근 지 천 일 만에 마시는 천일주라도 거들떠보지 않았을 텐데. 그런데 그게 아니다. 백 년도 못 살면서 주(酒)와 색(色) 모두를 참으면, 결국 주(酒)와 색(色) 모두를 잃게 된다는 그럴듯한 논리다. 다음 시조 또한 실명씨(失名氏) 작품이다.

주색(酒色)을 삼간 후(後)에 일정백년(一定百年) 살 터이면,
서시(西施)인들 돌아보며 천일주(千日酒)를 마실소냐?
아마도 참고 참다가 양실(兩失)할까 하노라.

시대에 따라 진화(進化)하는 권주가

자연 만물은 시간이 흐르면서 진화를 거듭했다. 사람의 생각까지도 시대에 따라 변했다. 그런 면에서 전통의 계승은 문화의 원형을 훼손하지 않고 계승한다는 의미를 포함하면서도, 그 시대 상황에 적합하게 계승하고 발전시킨다는 의미를 포함한다고 하겠다. 요즘 사람들이 실제로 조선 후기 십이가사를 듣고 얼마나 공감할지 의문이다. 조선 후기 십이가사를 원형 그대로 계승하는 것도 한편은 의미가 있겠지만, 그 시대 사람들이 쉽게 부르고 즐기도록 계승하고 발전시킬 필요가 있다. 그런 노력이 계속될 때, 우리 전통 음악은 새로운 중흥기(中興期)를 맞이할 것으로 기대한다.

제1부 품격 있는 술자리를 위한 제언에서 선인들의 멋진 권주시나 권주 시조를 읊조리고, 아니면 멋진 권주가를 부르거나, 아니면 멋진 권주사(勸酒辭)라도 준비하여 안주로 삼자고 제안했다. 그 가운데 권주가는 전문 국악인이나 부른다고 오해할 소지가 있다. 요즘 전문 국악인이 아니면서 권주가를 부르는 사람을 보기는 쉽지 않기 때문이다. 그래서 우리는 멋스러운 권주가로부터 더욱 멀어지고 있다.

다음은 최남선 소장본 「청구영언」, 1933년 한성도서 주식회사 「조선가요집성」, 등의 권주가에서 약간 가사에 차이가 있지만, 공통으로 등장하는 가사다. 요즘 YouTube에서 소개하는 권주가 대다수는 다음 가사에 기본을 두고 있다. 그러면서도 우리의 전통적인 리듬과 가락을 계승하는 권주가로부터 요즘 젊은 사람들의 취향에 알맞게 만든 권주가도 있다. 그 가운데 가사의 내용이 평이하고, 간결하면서도 권주의 메시지가 분명한 권주가

몇 곡을 소개하고자 한다.

> 잡으시오, 잡으시오, 이 술 한 잔(盞) 잡으시오.
> 이 술이 술이 아니라 한무제(漢武帝) 승로반(承露盤)에 이슬 받은 술이오니,
> 이 술 한 잔(盞) 잡으시면 천년만년(千年萬年) 사오리다.

국악인 최인주 권주가부터 배워보자. 전통적인 리듬과 가락을 계승하면서도 간결하고 예스럽다. 권주가와 답가로 되어 있다. 편안하게 내지르는 창법을 사용하여 초보자라도 따라 부르기 쉬운 곡이다.

받으시오, 받으시오, 이 술 한 잔을 받으시오.
이 술은 술이 아니라 잡수고 노자는 불로주(不老酒)요.
이 술을 마시고 나면 만수무강(萬壽無疆)하오리라.

받기는 받소이다. 이 술 한 잔을 받습니다.
이 술을 마시고 나서 술에 취하면 어찌를 하나?
취할 때 취할망정 이 술 한 잔을 받습니다.

국악인 안소라 권주가 소리는 약간은 애처로운 듯, 애틋한 듯, 하소연하는 듯하여 그 여운이 오래 남는다. 가사 한 음절마다 꺾는 음, 흘러내리는 음 등을 섬세하게 표현하여 전통적인 리듬과 가락을 계승하고 있다. 모두 다섯 수로 되어 있어, 술자리에 사람들이 여럿일 때 멋스러운 분위기를 돋우기에 그만일 듯하다. 술자리를 베푼 사람이 권주가로 제1수를 부르면, 참석자 가운데 한 사람이 답가로 제2수를 부르고, 그다음 사람이 계속하여 화답하듯이 부른다. 가사를 분위기에 알맞게 개작하여 리듬과 가락에 따라 불러도 좋겠다.

받으시오, 잡수시오, 이 술 한 잔을 받으시오.
이 술은 술이 아니라 먹고 놀자는 불로주(不老酒)요.
마시고 또 마시며 술에 취하여 놀아 보세.

받기는 받소이다. 이 술 한 잔을 받습니다.
이 술을 마시고 나서 술에 취하면 어찌를 하나?
취할 때 취할망정 이 술 한 잔을 받습니다.

받은 술이 불로주(不老酒)냐? 마신 술이 신선주(神仙酒)냐?
선녀가 빚으셨나 오색 향기가 완연하다.
마시고 또 마시며 신선 선녀가 되어 보세.

한 잔 술에 초면(初面)이요, 두 잔 술에 구면(舊面)이라.
일배(一杯) 이배(二杯) 삼배주(三杯酒)에 야월삼경(夜月三更) 깊어가니,
오늘 시름 다 떨쳐 버리고 술에 취하여 놀아 보세.

네가 살면 천년을 사냐? 내가 살면은 만년을 사냐?
오늘같이 좋은 날에 아니 놀지는 못 하리라.
마시고 또 마시며 근드렁거리고 놀아 보세.

국악인 박정미 권주가는 2022년 2월 1일 KBS 역사스페셜 「술의 시대 정조」
에서 소개되었다. 우리 전통적인 리듬과 가락을 계승하면서도 요즘 젊은
사람들의 취향에 더 가깝고, 한편은 우아한 느낌마저 든다. 점잖은 술자리
에서 부르면 분위기를 돋우기에 좋을 듯하다.

받으시오, 받으시오, 이 술 한 잔을 받으시오.
받으시오, 받으시오, 이 술 한 잔을 받으시오.
이 술은 술이 아니라 먹고 놀자는 동배주(同杯酒)요.
이 술을 마시고 나면 천년만년을 사오리라.
받으시오, 받으시오, 받으시오.

창작 오페라 「선비」는 영주의 소수서원을 설립하는 과정을 배경으로 만들었다. 한국 오페라 70년 역사상 최초로 2016년 미국 카네기홀에서 공연했다. 오페라 속 권주가는 전통적인 가사 형식을 계승하면서도, 권주가의 리듬과 가락은 우리 전통 음악과 서양 음악적 요소가 조화롭게 결합되어 있다.

잡으시오, 잡으시오, 이 술 한 잔을 잡으시오.
인생이 한번 가면 누가 다시 권하리오.
허망하다, 인생살이, 살았을 때 이리 노세.
허망하다, 인생살이, 살았을 때 이리 노세.

잡으시오, 잡으시오, 이 내 손목을 잡으시오.
청춘이 한번 가면 어느 시절에 돌아올까?
잡으시오, 잡으시오, 이 내 손목을 잡으시오.
잡으시오, 잡으시오, 이 내 손목을 잡으시오.

부록

1. 중국 주천(酒泉)

2. 「가오고략(嘉梧藁略)」 소악부(小樂府) 일부

二八

月上之時舟泛泛去來無定惱人情。滄波萬斛儂愁
野夜半撓歌夢不成。

鷓鴣天

洞僻桑麻五柳村陶潛處士欲忘言琴自無絃手自
撫知音鶗鴃舞蹲蹲。

無價寶

無語青山汗漫水。清風明月不論錢。間中身世渾無
事無是無非便是仙。

笑白髮

青春莫笑白頭翁公道人間貴賤同少年邪得青春
駐今白頭翁伊昔紅。

嘉梧藁略

分憂樂

人生能得百年壽憂樂中分未百年。三萬六千難若
是無如長醉此生前。

小重山

山是自然水自然山水之間我自然。自然生長此身
世老了昇平亦自然。

醉落魄

古人無復落花風歲歲年年人不同人則不同花則
似住人淚對落花紅。

3. 「동국이상국집(東國李相國集)」 속장진주가(續將進酒歌)

酒席答少年
少年莫笑插花翁霜鬢何妨映紫紅着取月明
歸路影較君頭上一般同
聞僧錄光叙八山
獸被都官不愛着紫衣脫却入青山紛紛俗子
何容語禪教緇黃尚厚顏

惜花
春君用意剪成花其奈狂風擺落何風是春風
春不制忍教紅錦委泥沙

續將進酒歌
李相國集第十九 十…

云
李賀將進酒曰酒不到劉伶墳上土山誠
達道之言也故廣其辭命之曰續將進酒
寄語杯中藍色酒百年莫歎相逢遇綠髮朱顏
能幾時此身危脆如朝露一朝去作壟千
古萬古何人顧不期而生萬與逢不遂而至孤
興兔酒難平生手上物爭肯一來霑我味達哉
達哉劉伯倫載酒自隨長醉倒請君聽山莫辭
飲酒不到劉伶墳上土
題普濟寺住老規禪師壁上畫竹

4. 「동국이상국집(東國李相國集)」 취가행 주필(醉歌行 走筆)

醉歌行 走筆
古律詩
天若使我不飲酒不如不放花與柳花柳芳時
能不飲春寧負我我不負把酒賞春春更好起
舞東風醉揮手花亦為之媚笑顏柳亦為之展
眉皺着花歌柳且高歌百歲浮生非我有君不
見千金不散將何用癡人只為他人守
御殿春帖子 五言七言
瑞雲浮綵伏壽酒溢金罍化國春何尋常日
自長
皇恩與暢發生權催辦東風麗景天誰識大平
緣 帝力只將歌吹作新年
嘲睡僧
貪傾大道涔水正到睡鄉境毛鞠莫輕投安知不
八定
手末脣頭被病侵終朝伏枕苦呻吟忽聞驪哄
喧街巷起倩兒童整紐襟指似怒攅難奉履口
如鉗固莫論心唯餘兩眼知羞澁泣感高軒肯
病中謝金學士仁鏡見訪
李相國集第七 一

5. 「목은시고(牧隱詩藁)」 서린조판사이아랄길래명천길(西隣趙判事以阿刺吉來名天吉)

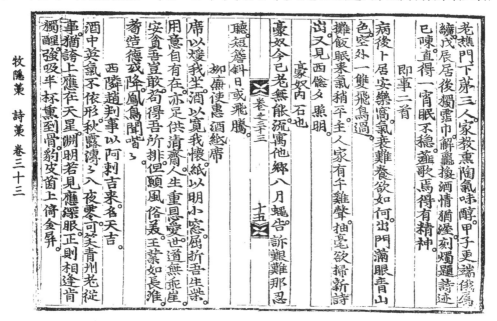

牧隱藁　詩藁　卷三十三

老燕門下蔗三人家教薰陶氣味醇。甲子更端俄
纔代辰居後獨露巾解靄撥酒情猶渥刻燭題詩迹
已陳直得一宵眠不穩歌謌馬得有精神。

即事二首

病後卜居安樂窩氣養難養欲如何出門滿眼靑山
色空外一雙飛鳥過。

攤飯眠來氣稍平主人家有午雞聲抽毫欲掃新詩
出又見西鄰石也。

豪奴今已老無能流寓他鄉八月蠅告訴艱難那忍
聽短簷斜日或飛騰。

　　　　　　　　卷之三十三
　　　　　　　　十五

席以煖我坐酒以寬我懷紙以明小窓屈吾生榮
柳庶使惠酒絁席

用意自有在亦足供淸齊人生重恩愛世道無乖崖
安貧吾豈敢苟得吾所排倡侗風俗義王蘗如長淮

蓍告德裒降鳳鳥聞啅了

酒中英氣不依形秋露瀼瀼入夜零可笑屈正則靑州老從
西隣趙判事以阿刺吉來名天吉。

事猶誇上應在天星淵明若見應緘眼正則相逢肯
獨醒強吸半杯薰到骨豹夔箇上倚金屏

6. 1763년 「송강가사(松江歌辭)」 장진주사(將進酒辭)

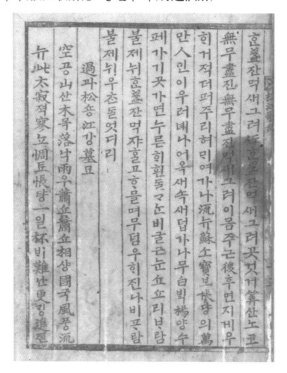

7. 성주본(星州本)「송강가사(松江歌辭)」 장진주사(將進酒辭) 1

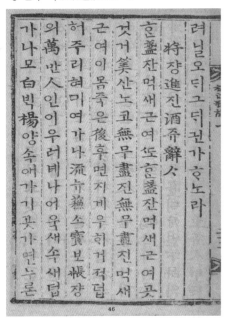

8. 성주본(星州本)「송강가사(松江歌辭)」 장진주사(將進酒辭) 2

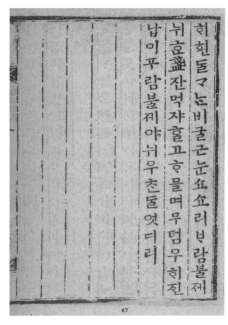

9. 최남선(崔南善) 소장「청구영언(靑丘永言)」 장진주사(將進酒辭)

○玉ᄀ튼 님을일코 님과ᄀ튼 ᄌᆞ벼물보니 네긔나긔 ᄀᆞ네나 中에 쥐고나갈 가ᄒ노라

○모시ᄅ이리져리삼아 두루삼아 감습다가 가다가 ᄒᆞᆫ가온디 뚝근쳐지옵거든 皓齒 丹脣으로 홈쎨며 감쵸아 바뷔쳐이으리라 纖纖 玉手로 두낫마죠줍아 우리님

○一定百年 살줄알면 酒色춤다 關係ᄒᆞ랴 힘혀 춤은後에 百年을못슬면긔아니이다론

○文讀春秋左氏傳ᄒᆞ고 武使靑龍偃月刀ㅣ라 獨行千里ᄒᆞ여 五關을지나 갈제 저 將帥ㅣ야 固城북소ᄅᆡ를드러ᄂᆞᆫ야 못드러ᄂᆞᆫ야 千古에 關公을 未信者ᄂᆞᆫ 翼德인가

○야人命이在乎天定이라 酒色을춤은百年 살기쉬우랴

將進酒

호잔먹새그려 또 호잔먹새그려 곳것거 算노코 無盡無盡먹새그려 이몸죽은後에 지게우희적덥퍼 주리혀 매여가나 流蘇寶帳에 百服緫麻 우러예나 어욱새 속새 덥가나무 白楊수페 가기곳가면 누른해 흰달 가는비 굴근눈 쇼쇼리바람 불제 뉘ᄒᆞᆫ잔먹쟈ᄒᆞᆯ고 호믈며 무덤우희 잔나비 파람불제야 뉘우친들 엇ᄃᆞ리

一六五
鄭松江

10. 「경오본(庚午本) 노계가집(蘆溪歌集)」 권주가(勸酒歌) 1

11. 「경오본(庚午本) 노계가집(蘆溪歌集)」 권주가(勸酒歌) 2

12. 「경오본(庚午本) 노계가집(蘆溪歌集)」 권주가(勸酒歌) 3

13. 「경오본(庚午本) 노계가집(蘆溪歌集)」 권주가(勸酒歌) 4

14. 「경오본(庚午本) 노계가집(蘆溪歌集)」 권주가(勸酒歌) 5

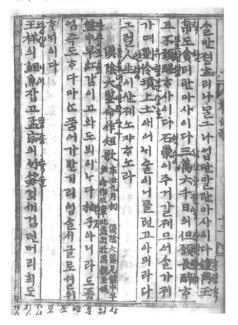

15. 최남선(崔南善) 소장 「청구영언(靑丘永言)」 권주가(勸酒歌)

업시 즛아닌여 白馬金鞭으로 冶遊園을 츳자가니 花香은 襲衣ᄒ고 月色은 滿庭ᄒ듸
狂客인듯 醉客인듯 徘徊顧眄ᄒ야 有情이셧노라니 翠瓦朱欄 놉
혼집의 綠衣紅裳 一美人이 紗窓을 半開ᄒ고 玉顔을 잠간 들러 웃는듯 ᄲᅥ
ᄒ여ᄒ므는듯 淸歌一曲으로 春興을 즛아니니

勸 酒 歌

○잡으시오ᄉᄉᄉᄉ 이 술흔盞 잡으시오 이 술흔盞 잡으시면 千萬年이나 사오리다 이
술이 술이아니라 漢武帝承露盤의 이슬바든 술이오니 ᄊ나다나 잡수시오 若飛蛾之
撲燈이며 斯赤子之入井이라 단들이 아니아니 흐리졀ᄉᄉ 飛蛾之
고蠆蜻蜒而相屬이라 寄蜉蝣於天地ᄒ니 渺滄海之一粟이라 哀吾生之須臾ᄒᄊ
長江之無窮이라 挾飛仙而敖遊호야 知不可卒得惡일서 托遺響
於悲風이라ᄒ여ᄉᄉ라 호믈며 蒼茫호구름밧긔 횐소리뿐이런가 서리친
ᄇ람의 외기러기 우러옌다 長江에 주흘니노서시버서리친
王將軍之庫子ᅵ로다 明沙 十里海棠花야 못진다 슬허마라 明年三川 도라오면너는
다시피려니와 可憐흐다 우리人生뿌리업슨浮草ᅵ라 紅顔白髮이졀노가니권들아
니ᄉ거온가梧桐秋夜붉은달의 任生覺이셔로와라

一六七

第二十三、勸酒歌

【其 一】（新舊雜歌所載）

一、不老草로술을비져　萬年盃에가득부어　잡으신盞마다비나이다南山壽를、이盞곳잡으시면　萬壽無疆ㅎ오리다

二、잡으시오잡으시오　이슬한盞잡으시오　이슬이슬아니라　漢武帝承露盤에　이슬밧은술아오니　이슬한盞잡으시면　千年萬年사오리다

三、藥山東臺여지럼진바위　꼿슬석거籌을노며　無盡無盡쇼이다、　人生한번도라가면　다시오기어려워라　勸할적에잡으시오（一本에는　뉘라다시먹자하리　살아슬제이리놀쇠）　百年假使人人壽라도　憂樂을中分未百年을、勸할적에잡으시오　羽曰壯士鴻門樊噲、　斗巵酒를能飮ㅎ되　이슬한盞못먹엇네　勸할적에잡으시요　勸君更進一盃酒하니　西出陽關無故人을、　勸할적에잡으시오

四、쳐것두고못먹으면　王將軍에고즈오니　은盞못盞다던지고　沙器잔에삽으시오　첫지盞은長壽酒요　둘재盞은富貴酒요　셋재盞은生男酒니　잡고連해잡으시요　古來賢人이皆寂寞ㅎ되　뉘뉴飮者ㅣ유가명ㅎ니　잡고잡고잡으시오

一五一

莫惜床頭沽酒錢ᄒ라 千金散盡還復來ᄒ니 닛잔아 勸한盞을 辭讓말고잡으시요

五、萬壽山 萬壽峰에 萬壽井이잇더이다、그물노비진술을 萬年酒라ᄒ더이다、진실로 이盞곳잡으시면萬壽無彊ᄒ오
리다

【其 二】（靑丘永言所載）

잡으시오ᄉᄉᄉᄉᄉ이술흔盞잡으시오 이술흔盞잡으시면千萬年이나사소오리다 이술이、술이아니라漢武帝承露盤의 이슬

바든술이오니 ᄡᅳ나다나잡으시오 若飛蛾之撲燈이며似赤子之入井이라 단불의나븨몸이、아니놀고어이ᄒ리 駕一葉之

扁舟ᄒ고擧匏樽而相屬이라 寄蜉蝣於天地ᄒ니渺滄海之一粟이라 哀吾生之須臾ᄒᄀ羨長江之無窮이라 挾飛仙而遨遊ᄒ

야抱明月而長終이라 知不可乎驟得일ᄉᆡ托遺響於悲風이라 우리흔번도라가면뉘라ᄒᆡ盞먹ᄌᄒ리 ᄉ라실제이리노ᄉ시 ᄉ

벽쉬리찬ᄇ람의 외기러기우려옌다 蒼茫흔구름밧긔 빈소래쐰이로다 쥐것두고아니먹으면 王將軍之庫資로다 明沙十

里海棠花야꼿진다슬허마라 明年三月도라오면너는다시피려니와 可憐ᄒ다우리人生 ᄲᅮ리업슨萍草라 紅顏白髮이절

노가니 권들아니늣거온가 梧桐秋夜붉은달의 넘生覺이시로와라

一五二

18. 「교방가요(敎坊歌謠)」권주가(勸酒歌)
  신조(新調)

19. 「교방가요(敎坊歌謠)」권주가(勸酒歌)
  구조(舊調)

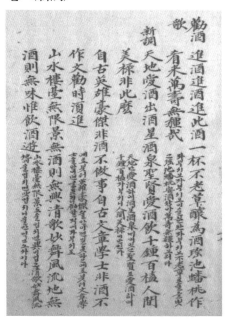

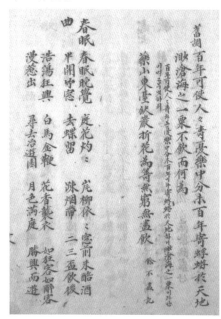

20. 「대한매일신보(大韓每日申報)」아속생(啞俗生) 권주가(勸酒歌)

○시 ᄉ 평론

권쥬가 아속생

▲반도풍운 참담ᄒ야 시국
 가 일변ᄒᆞ니 국가소를 쳐
 리코져 전국동포 모화노코
 권쥬가로 긔회ᄒᆞ야 일빈일
 비 이쳔만번 초례딕로 권
 쥬ᄒᆞ니 만장괴고 응응ᄒᆞ다
▲잡으시오 잡으시오 이술
 잡으시오 이술혼잔 잡
 으시면 됴흔쥬라 이술혼잔
 일홈 쵸혼쥬라 이슐혼잔
 으시면 정부안의 망주귀신
 당파중의 매국노례 츈셜ᄀᆞᆺ
 치 쇼멸ᄒᆞ고 벽든나라
 복흥ᄒᆞ야 강변쟝슈
▲잡으시오 잡으시오 이술
 일홈 즈강쥬라 이슐혼잔 잡
 으시면 의뢰심이 업셔져셔
 혐식상은 다 ᄇᆞ리고 실다샹
 에 뜻을두어 썻든굴네 버
 셔노고 조유힝동 ᄒᆞ오리라
▲잡으시오 잡으시오 이술
 일홈 벽샤쥬라 이슐혼잔
 으시면 정대지긔 도라와셔
 마귀즁에 잇드리도 불감침
 범 흘거시오 참마검이 업
 드리도 샤불범졍 ᄒᆞ오리라
▲잡으시오 잡으시오 이술
 일홈 합환쥬라 이슐혼잔
 으시면 이쳔만인 단합ᄒᆞ야
 어려운것 겁안내고 문명진
 보 힘을써셔 국민의무
 혼후에 만년환락 ᄒᆞ오리다

인문학 술상머리

초판 1쇄 발행 2023. 7. 3.

지은이 조완기
펴낸이 김병호
펴낸곳 주식회사 바른북스

편집진행 황금주
디자인 최유리

등록 2019년 4월 3일 제2019-000040호
주소 서울시 성동구 연무장5길 9-16, 301호 (성수동2가, 블루스톤타워)
대표전화 070-7857-9719 | **경영지원** 02-3409-9719 | **팩스** 070-7610-9820

•바른북스는 여러분의 다양한 아이디어와 원고 투고를 설레는 마음으로 기다리고 있습니다.

이메일 barunbooks21@naver.com | **원고투고** barunbooks21@naver.com
홈페이지 www.barunbooks.com | **공식 블로그** blog.naver.com/barunbooks7
공식 포스트 post.naver.com/barunbooks7 | **페이스북** facebook.com/barunbooks7

ⓒ 조완기, 2023
ISBN 979-11-93127-50-6 03380